# 東北經濟評論

## NORTHEAST ECONOMIC REVIEW

### 2023年第1期 （总第11辑）

主编 ◎ 林木西

中国财经出版传媒集团

经济科学出版社

Economic Science Press

·北 京·

**图书在版编目（CIP）数据**

东北经济评论/林木西主编 . -- 北京：经济科学
出版社，2023.10
ISBN 978 - 7 - 5218 - 5279 - 0

Ⅰ.①东… Ⅱ.①林… Ⅲ.①区域经济发展 - 东北地
区 - 文集 Ⅳ.①F127.3 - 53

中国国家版本馆 CIP 数据核字（2023）第 200275 号

责任编辑：杨　洋　杨金月
责任校对：李　建
责任印制：范　艳

东北经济评论

2023 年第 1 期（总第 11 辑）

林木西　主编

经济科学出版社出版、发行　新华书店经销

社址：北京市海淀区阜成路甲 28 号　邮编：100142

总编部电话：010 - 88191217　发行部电话：010 - 88191522

网址：www. esp. com. cn

电子邮箱：esp@ esp. com. cn

天猫网店：经济科学出版社旗舰店

网址：http://jjkxcbs. tmall. com

北京季蜂印刷有限公司印装

787×1092　16 开　12.25 印张　240000 字

2023 年 10 月第 1 版　2023 年 10 月第 1 次印刷

ISBN 978 - 7 - 5218 - 5279 - 0　定价：45.00 元

# 目 录

CONTENTS

# 高质量发展

# 环 境 规 制

# 本 期 特 稿

# 新时代东北全面振兴的
# 新内涵、新立足点和新路径

张培丽<sup>*</sup>

2023 年 9 月 9 日，习近平总书记在主持召开的新时代推动东北全面振兴座谈会上，对新时代推动东北振兴提出了两个"牢牢把握"的新要求，即要牢牢把握东北在维护国家"五大安全"中的重要使命，牢牢把握高质量发展这个首要任务和构建新发展格局这个战略任务，统筹发展和安全，谱写东北全面振兴新篇章。两个"牢牢把握"的新要求，揭示了推动东北全面振兴的新时代内涵、新切入点和新发展路径。

## 一、东北全面振兴的新时代内涵

两个"牢牢把握"是我国经济发展进入新时代对东北振兴的全新要求，是在对我国新发展阶段社会主要矛盾转变，以及经济从高速经济增长转向高质量发展科学把握基础上，对东北全面振兴的新定位，从而明确将东北振兴从发展阶段上区分为两个不同阶段，东北全面振兴在推进中国式现代化新征程中被赋予了新时代内涵。

一是将东北振兴从过去加快单个区域经济发展以实现区域均衡发展的定位，转变为从中国式现代化新征程高度进行通盘考虑，东北全面振兴被纳入中国式现代化新征程，被赋予了战略支撑作用的新定位。这意味着，东北地区在推进中国式现代化新征程中，主要需要不断夯实和巩固在粮食安全、产业安全、能源安全、生态安全和国防

* 作者简介：张培丽（1976～），山东临朐人，中国人民大学经济学院教授、博士生导师，研究方向：发展经济学、教育经济学、中小企业。

安全中的作用，为中国式现代化顺利推进保驾护航。习近平总书记指出，推进中国式现代化，需要强化东北的战略支撑作用。①

二是区别于过去高投入高排放的传统经济增长模式，东北全面振兴必须把坚持高质量发展作为新时代的硬道理，以实体经济为根基，积极推动产业升级，加快形成新质生产力，增强发展新动能，促进东北经济实现质的有效提升和量的合理增长。作为老工业基地，东北地区经济重化工业比重高，生产方式落后，战略性新兴产业发展不足，新旧动能转换压力大，任务重，东北全面振兴就必须坚持高质量发展方向，以科技创新推动产业创新，加快构建具有东北特色优势的现代产业体系。

三是区别于过去区域各自为政相对独立发展模式，新时代东北全面振兴必须增强与国内区域经济发展重大战略对接，更好融入国内统一大市场，发挥东北地区在构建新发展格局中的重要战略地位，在畅通国内大循环、联通国内国际双循环中发挥更大作用。习近平总书记指出，东北是我国向北开放的重要门户，在我国加强东北亚区域合作、联通国内国际双循环中的战略地位和作用日益凸显。为此，新时代东北全面振兴要牢牢把握新发展格局这项战略任务，增强前沿意识、开放意识，加快建设现代化基础设施体系，提升对内对外开放合作水平。

## 二、新时代东北全面振兴的新切入点和立足点

东北全面振兴的新时代内涵意味着，东北振兴承担维护国家"五大安全"的重要使命，必须坚持以高质量发展为主题，积极融入新发展格局，东北地区在高质量发展和加快构建新发展格局过程中，又必须牢记维护国家"五大安全"的使命担当，这就使得新时代东北全面振兴有了更强的约束条件。因此，立足东北地区经济发展基础和条件，找准新时代东北全面振兴的切入点和立足点，对于破局新时代东北全面振兴非常重要。充分发挥国有经济比较优势是新时代东北全面振兴的新切入点和立足点，原因主要在于以下三点。

第一，东北全面振兴的新时代使命要求国有经济发挥更积极作用。东北地区维护国家"五大安全"重要使命的新时代定位，决定了在统筹发展和安全中，东北地区更主要在安全上发力。与发展不同，安全问题经济性的缺失决定了在有效市场和有为政府组合中，要更好发挥有为政府作用，这既包含了政府需要往安全领域配置更多的资源，也包含了国有企业需要承担起更多的维护经济安全和国家安全的主体责任。习近平总书记指出，坚持党对国家安全工作的绝对领导，坚持党中央对国家安全工作

---

① 牢牢把握东北的重要使命 奋力谱写东北全面振兴新篇章 [N]. 人民日报，2023 – 09 – 10 (1).

的集中统一领导，加强统筹协调，把党的领导贯穿国家安全工作各方面全过程。① 国有企业作为党执政兴国的重要支柱和依靠力量，就需要全力服务国家战略安全，发挥好托底支撑作用。针对产业安全，习近平总书记指出，中央企业等国有企业要勇挑重担、敢打头阵，勇当原创技术的"策源地"、现代产业链的"链长"。针对能源安全，习近平总书记指出，要明确重要能源资源国内生产自给的战略底线，发挥国有企业支撑托底作用。②

第二，国有经济是驱动东北全面振兴的重要比较优势。在构建新发展格局中，区域经济发展必须立足当地比较优势，加快融入新发展格局。从东北地区来看，除了特殊的资源条件、产业基础和区位优势以外，国有经济比重高、国有企业数量多、基础好也是东北地区经济发展的重要特点和比较优势。以工业企业为例，根据统计，辽宁省、吉林省、黑龙江省三省国有资产的占比分别达到 45.8%、54.1% 和 64.7%，远远高于国内其他地区。③ 然而，东北地区国有经济主要集中在装备制造等传统产业，大部分产品都处于产业链、价值链中低端，产业结构不合理，国有企业的体制机制僵化，所以国有企业比重高也常常被认为是东北地区近年来经济发展相对落后的重要原因。实际上，国有企业作为兼顾经济职能和社会职能的特殊企业，政府可以通过调节、引导国有企业发展，更好地服务于国家和社会战略，发挥好有为政府作用。解铃还须系铃人，打破过去东北老工业基地振兴的传统思路，以国有经济作为切入点和立足点，加快推进国有企业深化改革，推动国有经济转型升级，将国有经济比重大、层级低的劣势转化为发展优势，塑造新时代东北全面振兴新优势，走出一条不同于过去的东北振兴新路子，才有可能从根本上驱动东北全面振兴。

第三，国有经济与东北全面振兴的新时代使命和功能定位高度契合。国有企业作为中国特色社会主义的重要物质基础和政治基础、党执政兴国的重要支柱和依靠力量，始终在服务国家战略上发挥关键作用，这与当下东北全面振兴的新时代定位有相当程度的重合，加快推动国有经济高质量发展，对于实现东北全面振兴非常重要。一是从国有经济和国有企业分布来看，大量国有企业都分布在关系国家安全、国民经济命脉的重要行业和关键领域，东北地区也不例外。以粮食安全为例，黑龙江拥有我国最大的国营农场群，有 9 个管理局，100 多个农牧场，很好地保障了国有经济在重要商品粮基地方面的作用。④ 国有经济在东北地区粮食、产业、能源等方面广泛分布，积极发挥国有经济比较优势，就能够很好助力东北地区担负起"五大安全"重要时

① 习近平主持中央政治局第二十六次集体学习并讲话 ［EB/OL］. 新华社，2020 - 12 - 12.
② 习近平. 习近平著作选读（第二卷）［M］. 北京：人民出版社，2023：577.
③ 投资预计超 5000 亿元！东北地区国资国企改革向纵深推进 ［N/OL］. 华夏时报，2023 - 06 - 26.
④ 十八连丰背后 在黑龙江现代化国营农场里 人们都在忙些什么 ［EB/OL］. 和讯网，2021 - 12 - 06.

代使命。二是从国有经济和国有企业新时代、新征程肩负的重要使命来看，国有企业主要发挥科技创新、产业控制和安全支撑的作用。习近平总书记指出："国有企业要做落实新发展理念的排头兵、做创新驱动发展的排头兵、做实施国家重大战略的排头兵。"① 其中，科技创新是产业控制和安全支撑的重要前提，产业控制和安全支撑是科技创新的核心结果，三者相辅相成，这与东北地区承担的维护国家"五大安全"以及高质量发展要求完全一致。三是从国有企业改革的重点和方向来看，继国企改革三年行动之后，以习近平同志为核心的党中央站在党和国家工作大局的战略高度，部署和实施国有企业改革深化提升行动。围绕经济高质量发展，国有企业一方面通过对原创性技术创新进行更多资本布局，针对关键核心技术开展科技攻关，以科技创新引领产业升级，服务经济高质量发展，以实现高水平自立自强畅通国内大循环；另一方面，部署和推动国有企业自身高质量发展和积极引领和融入新发展格局。因此，东北地区国有企业以提高核心竞争力和增强核心功能为重点，做强做优做大国有资本和国有企业的过程，也就是驱动东北全面振兴的过程。

## 三、深化国资国企改革带动东北全面振兴

基于东北地区的国有经济比较优势，东北地区全面振兴就可以借助国有企业在资金、人才、产业等方面优势，以深化国资国企改革为契机，带动民营经济全面发展，构建国企民企共同繁荣的新局面，推动东北全面振兴。这就要求做到以下三个方面。

第一，以国有企业为龙头，以实体经济为重点，加大投资力度，积极培育战略性新兴产业，布局未来产业，增强东北地区经济发展新动能，强化东北地区在中国式现代化进程中的战略支撑作用。主要包括：一是加快建设高标准农田，扎实推进种业振兴计划，坚定实施"藏粮于地，藏粮于技"战略；二是加大研发投入，推进基础研究，掌握更多关键核心技术，将真正大国重器掌握在自己手里；三是加快推进传统制造业数字化、网络化、智能化改造，做优做强装备制造业；四是积极参与现代化基础设施体系建设，提升在畅通国内大循环、联通国内国际双循环中发挥更大作用。

第二，深入实施国有企业改革深化提升行动，提高东北地区国有企业核心竞争力和增强核心功能。一是严格遵循国有资本布局和结构性调整的基本原则，推动国有企业聚焦主责主业投资，推动东北地区国有企业加快"两非"剥离和"两资"清退，推动国有资本牢牢把握东北地区"五大安全"的新时代使命，向关系粮食安全、产业安全、生态安全、能源安全和国防安全等重要行业和关键领域集中布局和配置资

---

① 习近平在广西考察时强调：扎实推动经济社会持续健康发展［EB/OL］. 新华网，2017 – 04 – 21.

源。二是继续深化国有企业改革，深入实施国有企业振兴专项行动，创新体制机制，激发国有企业活力，推动国有企业真正在按市场化机制运营上取得明显成效，提高东北地区国有企业核心竞争力，增强国资国企龙头带动能力，彻底扭转东北地区国有企业体制机制僵化、竞争力不足劣势。三是坚持党的全面领导，不断完善东北地区国有企业法人治理结构，健全中国特色现代企业制度，有效提升国有企业治理能力和治理水平，提高国有企业活力和效率。习近平总书记指出："坚持党对国有企业的领导是重大政治原则，必须一以贯之；建立现代企业制度是国有企业改革的方向，也必须一以贯之。"①

第三，做强做优做大国有企业，以国有企业为龙头，带动民营经济发展，构建国资民资共同参与、国企民企共同繁荣的特色产业链和产业集群，形成多种所有制企业共同发展的良好局面。一是始终坚持社会主义基本经济制度，不断完善和落实"两个毫不动摇"的体制机制，打造公平开放统一竞争高效的市场环境，为国有经济和民营经济共同发展创造良好的社会环境和发展氛围。二是加快推进混合所有制改革，以传统制造业数字化、网络化、智能化改造为契机，支持鼓励国有企业延伸和开放产业链，打造数字化公共服务平台，加大与地方企业供应链合作，引入各类社会资本，促进社会投资和民营企业转型升级，带动民营经济共同发展。三是依托国有经济和民营经济各自优势，发挥好国有企业稳定器、先锋队和排头兵作用，以及民营企业市场敏感度高、灵活高效的特点，取长补短，相互促进，形成分工合理，竞争有序，相互协作，共同发展的强大合力。

---

① 习近平在全国国有企业党的建设工作会议上强调：坚持党对国企的领导不动摇［EB/OL］. 人民网，2016－10－11.

# 东 北 经 济

# 数字经济时代小微企业高质量
# 发展水平测度及地区差异分析
## ——以辽宁省小微工业企业为例

吕秋芬　韩婷婷[*]

【摘　　要】小微企业是发展的生力军、就业的主渠道、创新的重要源泉。数字经济的大力发展给小微企业带来了挑战与机遇，如何让数字技术赋能小微企业高质量发展，成为企业发展面临的新命题。由此，加强对小微企业高质量发展水平的测度研判，探索数字经济背景下小微企业高质量发展路径尤为重要。本文以高质量发展理念和企业效率理论为基础，从企业经营情况、规模与质量、创新能力、投资热度以及政策与环境五个维度构建数字经济时代小微企业高质量发展水平的评价体系，并以辽宁省小微工业企业为例，对全省 14 个地级市小微工业企业高质量发展水平进行测度，发掘其在高质量发展过程中出现的亮点、存在的短板及地区差异，旨在找到辽宁省小微工业企业高质量发展的路径和方法，并提出相应的对策建议。

【关键词】数字经济；小微企业；高质量发展；测度研判

　　小微企业作为市场主体的重要组成部分，在促进经济增长、增加就业、科技创新等方面发挥着不可替代的作用。数字经济大力发展的背景下，小微企业的高质量发展面临更大的挑战和机遇，加强对小微企业高质量发展水平的综合测度研判，推动小微

---

　　* 作者简介：吕秋芬（1978～），辽宁大连人，辽宁省统计局调查队副处长、高级统计师，辽宁省统计学会会员，研究方向：抽样调查、普查、国民经济核算及小微企业理论；韩婷婷，辽宁省统计局调查队高级统计师，辽宁省统计学会会员。

企业高质量发展尤为重要。

# 一、理论框架及内涵

小微企业是我国国民经济和社会发展的重要组成部分，在促进经济增长、增加就业、科技创新等方面发挥着不可替代的作用。当前，中国经济已由高速增长阶段转向高质量发展阶段，作为推动经济高质量发展的主体之一和实现共同富裕的关键因素，应以要素质量、创新动力、质量技术为基础条件，来满足人民日益增长的美好生活需要。高质量发展主要体现在宏观经济、产业、企业三个层面，从企业经营层面理解，高质量发展包括一流竞争力、质量的可靠性与持续创新、品牌的影响力，以及先进的质量管理理念与方法等。为了准确把握小微企业高质量发展的水平，并对其进行科学合理的评价，需要构建衡量企业高质量发展水平的理论框架，这个框架应是以企业理论为基础，以新发展理念为指引，以高质量发展内涵为标准的。

从宏观角度来看，高质量发展就是转变发展方式、优化经济结构、转换增长动力。从微观角度来看，经济高质量发展的核心途径就是全要素生产率的不断提高。而作为微观主体的企业，高质量发展就意味着企业内部生产效率的不断攀升，企业间资源的优化配置。因此，判断一个企业的发展是否是高质量发展，依然是效率当先，同时还要看它的内在驱动力和发展方式。

高质量发展理念包含创新、协调、绿色、开放、共享五个方面，从这五个方面出发，小微企业的高质量发展也是围绕这五个方面开展的。创新是小微企业发展的内在驱动力和发展方式；协调是小微企业之间、不同地域企业之间、不同行业企业之间的平衡发展；绿色是小微企业通过对传统产业升级改造，发展节能、环保、新能源产业，并对资源进行综合利用，同时大力发展电子技术、生物、航空航天、新材料、海洋等战略性新兴产业；开放是小微企业解决好发展的内外联动问题，增强企业驾驭和统筹国际国内两个市场、两种资源和两类规则的本领；共享是小微企业的资源共享，企业之间、企业与政府之间、企业与消费者之间建立资源共享模式，解决创新发展过程中小微企业在人力资源、资金、管理、产品、技术、研发等方面面临的问题。

因此，本文基于高质量发展理念和企业效率理论构建小微企业发展质量评价指标体系的基本理论框架，旨在从企业基本情况、规模与质量、创新能力、投资热度以及政策与环境五个维度来评价小微企业的高质量发展水平。

# 二、指标体系的构建

## （一）构建原则

一是坚持系统性原则。小微企业发展质量指标体系必须系统地表达小微企业高质量发展的内涵和本质特征，覆盖小微企业高质量发展水平的各个方面，形成有机联系的整体。二是坚持可操作性原则。选取的指标必须口径清晰、可度量、可采集。三是坚持前瞻性原则。小微企业发展是一个动态过程，指标设计需要兼顾当前与长远，体现前瞻性、导向性。

## （二）指标选取

基于数字经济时代要求、高质量发展理念及小微企业发展的企业绩效理论，构建小微企业高质量发展指标体系，选取反映数字经济时代小微企业高质量发展水平的指标，刻画小微企业在企业基本情况、规模与质量、创新能力、投资热度以及政策与环境五个方面的发展水平，衡量小微企业的高质量发展程度。同时，结合数字经济时代的新要求，深入分析小微企业地区之间发展的差异性水平。如表1所示，小微企业高质量发展指标体系包括5个一级指标、10个二级指标、29个三级指标。其中，经营情况包括盈亏状况和吸纳就业的能力2个二级指标和5个三级指标，用来反映小微企业生产经营状况及生存能力等方面的影响因素；规模与质量包括产业规模、企业质量2个二级指标和6个三级指标，用来反映小微企业高质量发展竞争能力方面的影响因素；创新能力包括创新投入和创新产出2个二级指标和8个三级指标，用来反映小微企业创新发展的影响因素；投资热度包括融资情况和投资情况2个二级指标和5个三级指标，用来反映小微企业在开拓市场、研发创新资金筹集等方面的影响因素；政策与环境包括政策环境和配套服务2个二级指标和5个三级指标，用来反映小微企业在高质量发展过程中受到的外界影响因素。

表1　　　　　　　　　　　小微企业高质量发展评价指标体系

| 一级指标 | 二级指标 | 三级指标 | 变量 | 指标方向 |
| --- | --- | --- | --- | --- |
| 经营情况 | 盈亏状况 | 利润率 | y1 | 正向 |
| | | 负债率 | y2 | 反向 |

| 一级指标 | 二级指标 | 三级指标 | 变量 | 指标方向 |
|---|---|---|---|---|
| 经营情况 | 吸纳就业的能力 | 人工成本增长率 | y3 | 反向 |
| | | 员工平均受教育年限 | y4 | 正向 |
| | | 从业人数 | y5 | 正向 |
| 规模与质量 | 产业规模 | 小微企业地区分布情况 | y6 | 正向 |
| | | 小微企业行业分布情况 | y7 | 正向 |
| | 企业质量 | 注册资本总额 | y8 | 正向 |
| | | 网站建设情况 | y9 | 正向 |
| | | 高新技术企业数量 | y10 | 正向 |
| | | 数字经济企业数量 | y11 | 正向 |
| 创新能力 | 创新投入 | 研发人员人数 | y12 | 正向 |
| | | 研发费用占比 | y13 | 正向 |
| | | 研发设备 | y14 | 正向 |
| | | 技术来源 | y15 | 正向 |
| | | 创新活动 | y16 | 正向 |
| | 创新产出 | 创新收入 | y17 | 正向 |
| | | 专利申请数量 | y18 | 正向 |
| | | 发明申请数量 | y19 | 正向 |
| 投资热度 | 融资情况 | 融资方式 | y20 | 正向 |
| | | 融资金额 | y21 | 正向 |
| | | 资金流动情况 | y22 | 正向 |
| | 投资情况 | 有投资活动企业数量 | y23 | 正向 |
| | | 投资方向 | y24 | 正向 |
| 政策与环境 | 政策环境 | 出台支持小微企业高质量发展的政策数 | y25 | 正向 |
| | | 支持小微企业高质量发展的政策落实情况 | y26 | 正向 |
| | 配套服务 | 搭建服务小微企业高质量发展的平台数 | y27 | 正向 |
| | | 小微企业创业发展基地数量 | y28 | 正向 |
| | | "专精特新"培育企业数量 | y29 | 正向 |

## （三）数据资料来源及数据预处理

本文的数据资料主要来源于 2021 年辽宁省规模以下工业抽样调查数据、辽宁省基本单位名录库数据、辽宁省工商局统计信息数据库数据及部分网络收集数据等。通过分析辽宁省小微工业企业高质量发展 14 个地级市的数据，构建评价数字经济时代下小微工业企业高质量发展水平的评价指标体系，并将其运用到评价辽宁省小微工业企业高质量发展的测度和评价中。

小微工业企业高质量发展的相关数据中包含着不同的量纲，因此需要对这些数据库数据进行汇总，使用极差正规化处理方法对数据进行提取和处理。同时，使用数据整体平移的方法来消除无量纲化后的数据中零和负值的影响，以保证数据运算处理的意义。为了最大限度地保证原始数据的内在规律，本文将无量纲数据向右整体平移 0.00001 个单位。

## （四）指标权重的确定

依据 2021 年辽宁省小微工业企业高质量发展的无量纲化结果，运用熵值法计算得出各指标的熵值、差异性系数和权重。各指标的最终权数如表 2 所示，从一级指标这个层面来看，评价数字经济时代小微企业高质量发展水平的五个维度所占权重的排序依次是创新能力（32.33%）、规模与质量（22.09%）、政策与环境（21.59%）、投资热度（18.99%）、经营情况（5.0%）。显然，创新能力维度的权重最高，说明创新是企业高质量发展的试金石，是引领企业高质量发展的第一动力。规模与质量维度的权重仅次于创新能力维度，说明企业的规模和质量也在高质量发展过程占据重要地位，企业规模反映了生产要素和产品在企业里集中的程度，而企业的质量尤其是企业的发展质量则反映了企业的技术水平、产品和服务质量，是立足高质量发展的重要因素。政策与环境维度权重略低于规模与质量维度，说明营商环境是企业面临的重要外部环境，是企业生存与发展的基础性条件，良好的营商环境对企业高质量发展有着毋庸置疑的促进作用。投资热度维度权重在五个维度中排名第四，说明有效和持续的投资热度为小微企业高质量发展注入了"动力引擎"。企业经营情况维度权重较小，但不代表这个维度不重要，只能说明在小微工业企业高质量发展水平评价体系中不占绝对主导地位。因此，测算结果权重与实际情况是吻合的，据此进行相关测评也是客观合理的。

表 2　　　　　　　　小微工业企业高质量发展指标评价体系权重

| 一级指标 | 权重（%） | 二级指标 | 权重（%） | 三级指标 | 权重（%） |
|---|---|---|---|---|---|
| 经营情况 | 5.00 | 盈亏状况 | 1.26 | 利润率 | 0.61 |
|  |  |  |  | 负债率 | 0.65 |

续表

| 一级指标 | 权重（%） | 二级指标 | 权重（%） | 三级指标 | 权重（%） |
|---|---|---|---|---|---|
| 经营情况 | 5.00 | 吸纳就业的能力 | 3.74 | 人工成本增长率 | 0.71 |
| | | | | 员工平均受教育年限 | 1.74 |
| | | | | 从业人数 | 1.29 |
| 规模与质量 | 22.09 | 产业规模 | 6.72 | 小微企业地区分布情况 | 4.85 |
| | | | | 小微企业行业分布情况 | 1.87 |
| | | 企业质量 | 15.37 | 注册资本总额 | 4.93 |
| | | | | 网站建设情况 | 1.80 |
| | | | | 高新技术企业数量 | 3.68 |
| | | | | 数字经济企业数量 | 4.96 |
| 创新能力 | 32.33 | 创新投入 | 19.11 | 研发人员人数 | 1.83 |
| | | | | 研发费用占比 | 2.38 |
| | | | | 研发设备 | 4.22 |
| | | | | 技术来源 | 6.99 |
| | | | | 创新活动 | 3.69 |
| | | 创新产出 | 13.22 | 创新收入 | 3.16 |
| | | | | 专利申请数量 | 2.72 |
| | | | | 发明申请数量 | 7.34 |
| 投资热度 | 18.99 | 融资情况 | 10.93 | 融资方式 | 1.59 |
| | | | | 融资金额 | 8.01 |
| | | | | 资金流动情况 | 1.33 |
| | | 投资情况 | 8.06 | 有投资活动的企业数量 | 4.16 |
| | | | | 投资方向 | 3.90 |
| 政策与环境 | 21.59 | 政策环境 | 2.78 | 出台支持小微企业高质量发展的政策数 | 0.78 |
| | | | | 支持小微企业高质量发展的政策落实情况 | 2.00 |
| | | 配套服务 | 18.81 | 搭建服务小微企业高质量发展的平台数 | 7.94 |
| | | | | 小微企业创业发展基地数量 | 6.32 |
| | | | | "专精特新"培育企业数量 | 4.55 |

# 三、基于评价指数的实证分析

## （一）总体情况

以辽宁省小微工业企业为例，通过测度可以得出：一是高质量发展总体水平不高且地区间不平衡。根据表3测度结果可知，2021年，辽宁省14个地级市小微工业企业高质量发展的综合评价指数数值分布在0.0700~0.6467，总体水平不高。其中，沈阳的总评价指数为0.6467，数值最高，排名第一；而朝阳总评价指数仅为0.0700，数值最低，排名最后。由此可见，辽宁省各地区小微工业企业高质量发展水平总体水平不高且不平衡，并随着地区经济发展面临的环境发生着深刻变化，呈现出不同的阶段性特征。

表3　　　　　　辽宁省14个地级市小微工业企业高质量发展总测度结果

| 地区 | 总测度指数 | 排序 |
| --- | --- | --- |
| 沈阳 | 0.6467 | 1 |
| 大连 | 0.5799 | 2 |
| 鞍山 | 0.3858 | 3 |
| 抚顺 | 0.1192 | 11 |
| 本溪 | 0.1355 | 10 |
| 丹东 | 0.2764 | 5 |
| 锦州 | 0.1534 | 8 |
| 营口 | 0.2339 | 6 |
| 阜新 | 0.1520 | 9 |
| 辽阳 | 0.1148 | 12 |
| 盘锦 | 0.2801 | 4 |
| 铁岭 | 0.1020 | 13 |
| 朝阳 | 0.0700 | 14 |
| 葫芦岛 | 0.2260 | 7 |

二是从区域协同发展看，"一圈""一带"远远领先"一区"。沈阳经济圈（一圈）和辽宁沿海经济带（一带）综合指数相差不大，分别为1.8897、1.7498，两者远远领先于辽西北地区（0.4480）。从分项构成看，沈阳经济带在企业经营状况、规

模与质量、政策与环境方面比较突出，辽宁沿海经济带在创新能力与投资热度两个方面相对突出，辽西北地区在各个方面均表现落后，尤其在政策与环境方面得分最低（见表4）。

表4                    三大经济区域综合测度结果及构成

| 经济区域 | 综合指数 | 经营情况 | 规模与质量 | 创新能力 | 投资热度 | 政策与环境 |
|---|---|---|---|---|---|---|
| 沈阳经济圈 | 1.8897 | 0.2063 | 0.4564 | 0.5692 | 0.2700 | 0.3878 |
| 辽宁沿海经济带 | 1.7498 | 0.1600 | 0.3546 | 0.5981 | 0.3427 | 0.2943 |
| 辽西北地区 | 0.4480 | 0.0681 | 0.0776 | 0.1215 | 0.1489 | 0.0319 |

三是分阶段看，沈阳、大连牵引作用明显，其他地区处于"金字塔"底部。为了进一步分析地区之间的差异，根据发展评价指数结果将小微工业企业高质量发展水平划分为五个阶段。第一阶段：数值在0.2以下的定义为起步发展阶段；第二阶段：数值在0.2~0.4的定义为雏形发展阶段；第三阶段：数值在0.4~0.6的定义为初级发展阶段；第四阶段：数值在0.6~0.8的定义为中级发展阶段，第五阶段：数值在0.8以上的定义为高级阶段。

位于第一阶段的地区有7个，分别是抚顺（0.1192）、本溪（0.1355）、锦州（0.1534）、阜新（0.1520）、辽阳（0.1148）、铁岭（0.1020）、朝阳（0.0700），小微工业企业高质量发展水平处于起步探索阶段，水平较低。除了朝阳外，处于这个阶段的各地区小微工业企业发展综合指数差距不大。位于第二阶段的地区有5个，分别是鞍山（0.3858）、丹东（0.2764）、营口（0.2339）、盘锦（0.2801）、葫芦岛（0.2260），小微工业企业高质量发展水平处于刚刚形成雏形阶段。位于第三阶段的地区仅有大连（0.5799），虽然大连处于小微工业企业高质量发展的初级发展阶段，但其综合评价指数数值很接近中级发展阶段的最低值（0.6），说明大连地区的小微工业企业高质量发展的综合水平马上要进入中级发展阶段。位于第四阶段的地区仅有沈阳（0.6467）一个地区，沈阳作为省会城市，东北地区最大的中心城市，是中国重要的装备制造业基地，在小微工业企业高质量发展的道路上比辽宁其他地区先行一步，进入了高质量发展的中级阶段，但距高质量发展的高级阶段还存在一定差距。辽宁目前还没有进入第五阶段的地区，还需要小微工业企业转型升级，加快高质量发展的步伐（见图1）。

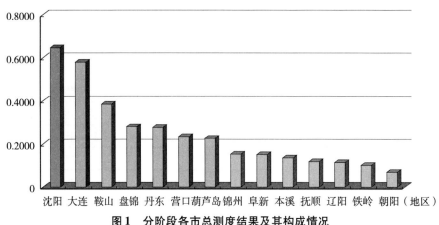

图1　分阶段各市总测度结果及其构成情况

## （二）不同维度指数的基本判断

一是经营情况指数。经营情况指数是对各地区小微工业企业盈亏状况、吸纳就业能力等生产运营方面的总体发展水平进行评价。

从整体测度结果来看，全省14个市的小微工业企业在经营情况方面差距不明显。其中，大连（0.0384）、沈阳（0.0334）排在全省前两位，小微工业企业经营情况水平相对比较高；营口（0.0207）和铁岭（0.0206）排在末两位，企业经营情况水平相对较低。经营情况指数最高的大连比最低的铁岭高出0.0178。

从构成来看，盈亏状况与吸纳就业能力排名不尽相同。盈亏状况排在全省前三位的是鞍山（0.0118）、锦州（0.0109）、朝阳（0.0109），末三位的是大连（0.0070）、阜新（0.0039）、葫芦岛（0.0022）；而吸纳就业能力排在全省前三位的是大连（0.0314）、沈阳（0.0236）、本溪（0.0220），末三位的是铁岭（0.0108）、朝阳（0.0107）、营口（0.0107）。值得注意的是，小微工业企业从业人员的受教育程度在不断提高，根据辽宁省第七次全国人口普查结果显示，各地区人口平均受教育年限都比10年前有不同程度的提高，但增长速度均比上年明显回落；各市适龄劳动力人口比重普遍低于上年，且有加速下降趋势（见表5和图2）。

表5　　　　　　　　　　　　经营情况总指数及其构成情况

| 地区 | 经营情况总指数 | | 盈亏状况 | | 吸纳就业能力 | |
| --- | --- | --- | --- | --- | --- | --- |
| | 指数 | 位次 | 指数 | 位次 | 指数 | 位次 |
| 沈阳 | 0.0334 | 2 | 0.0099 | 5 | 0.0236 | 2 |
| 大连 | 0.0384 | 1 | 0.0070 | 12 | 0.0314 | 1 |
| 鞍山 | 0.0270 | 5 | 0.0118 | 1 | 0.0152 | 11 |
| 抚顺 | 0.0243 | 10 | 0.0086 | 9 | 0.0157 | 9 |
| 本溪 | 0.0296 | 3 | 0.0076 | 11 | 0.0220 | 3 |
| 丹东 | 0.0273 | 4 | 0.0097 | 7 | 0.0175 | 6 |
| 锦州 | 0.0263 | 6 | 0.0109 | 2 | 0.0155 | 10 |
| 营口 | 0.0207 | 13 | 0.0100 | 4 | 0.0107 | 14 |
| 阜新 | 0.0246 | 9 | 0.0039 | 13 | 0.0207 | 4 |
| 辽阳 | 0.0260 | 7 | 0.0087 | 8 | 0.0173 | 8 |
| 盘锦 | 0.0253 | 8 | 0.0079 | 10 | 0.0174 | 7 |
| 铁岭 | 0.0206 | 14 | 0.0098 | 6 | 0.0108 | 12 |
| 朝阳 | 0.0216 | 12 | 0.0109 | 3 | 0.0107 | 13 |
| 葫芦岛 | 0.0220 | 11 | 0.0022 | 14 | 0.0198 | 5 |

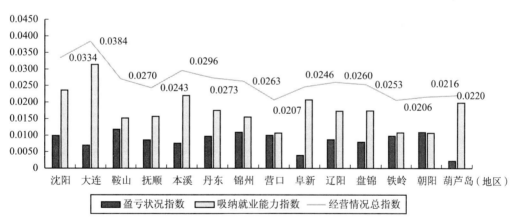

图2　经营情况总指数及其构成情况

二是规模与质量指数。企业的规模与质量代表企业高质量发展的竞争力。

从整体测度结果看，地区间发展的不平衡性较为显著。其中，沈阳的小微工业企业规模与质量总指数数值最高，为0.1987，比排名第二的大连（0.1493）高出0.0494，是排名第三的鞍山（0.0743）的2.7倍，而其他11个市的规模与质量总指数都远远低于排名前三的地区。

从产业规模来看，地区分布较集中，行业分布较均匀。小微工业企业主要集中分布在沈阳和大连两地，两市指数分别为 0.0450 和 0.0555。据辽宁省第四次全国经济普查数据显示，沈阳和大连两地的小微工业企业调查单位数占比接近 50%；行业分布上，虽然各地区小微企业单位数分布差距较大，但各地区的小微企业中工业企业占比差距不大，各地区的工业小微企业占比在 6%～20%，占比最高的是抚顺（18.6%），占比最低的是盘锦（6.9%）。

从企业质量来看，企业注册资本总额逐年增加，高技术企业同比增长，数字企业占比大。根据辽宁省工商局注册企业信息显示，2016 年以来，辽宁省小微工业企业注册资本总额逐年增加，平均每年增加 44.1 亿元，侧面反映出企业偿还债务的能力也在不断提升。根据 2021 年辽宁省规模以下工业抽样调查样本数据显示，高新技术小微工业企业占比 4.2%，比上年增长 1.9 个百分点，2021 年工商新注册为高新技术小微企业的数量为 6167 家，比上年增长 11.6 个百分点。根据《数字经济及其核心产业统计分类（2021）》标准，辽宁省第四次全国经济普查及基本单位名录库数据显示，2021 年，全省有数字工业企业 2564 家，其中，小微数字工业企业 2190 家，占比 85.4%。从地区分布来看，小微数字工业企业主要集中分布在沈阳、大连、鞍山三个地区，占比分别为 38.1%、15.6%、13.0%（见表6）。

表6 规模与质量总指数及其构成情况

| 地区 | 规模与质量总指数 | | 产业规模 | | 企业质量 | |
|---|---|---|---|---|---|---|
| | 指数 | 位次 | 指数 | 位次 | 指数 | 位次 |
| 沈阳 | 0.1987 | 1 | 0.0450 | 2 | 0.1538 | 1 |
| 大连 | 0.1493 | 2 | 0.0555 | 1 | 0.0938 | 2 |
| 鞍山 | 0.0743 | 3 | 0.0288 | 3 | 0.0455 | 3 |
| 抚顺 | 0.0303 | 8 | 0.0226 | 6 | 0.0077 | 14 |
| 本溪 | 0.0157 | 13 | 0.0067 | 10 | 0.0090 | 11 |
| 丹东 | 0.0532 | 5 | 0.0195 | 8 | 0.0337 | 4 |
| 锦州 | 0.0236 | 12 | 0.0074 | 9 | 0.0162 | 9 |
| 营口 | 0.0581 | 4 | 0.0252 | 4 | 0.0329 | 5 |
| 阜新 | 0.0258 | 10 | 0.0059 | 11 | 0.0199 | 7 |
| 辽阳 | 0.0288 | 9 | 0.0202 | 7 | 0.0086 | 12 |
| 盘锦 | 0.0313 | 7 | 0.00001 | 14 | 0.0313 | 6 |

| 地区 | 规模与质量总指数 | | 产业规模 | | 企业质量 | |
|------|------|------|------|------|------|------|
| | 指数 | 位次 | 指数 | 位次 | 指数 | 位次 |
| 铁岭 | 0.0245 | 11 | 0.0054 | 12 | 0.0191 | 8 |
| 朝阳 | 0.0126 | 14 | 0.0046 | 13 | 0.0080 | 13 |
| 葫芦岛 | 0.0392 | 6 | 0.0251 | 5 | 0.0141 | 10 |

三是创新能力指数。创新能力是衡量小微工业企业发展水平的显著指标之一。

从整体测度结果看，地区差距较为明显。其中，鞍山（0.1885）、大连（0.1819）作为第一梯队领跑全省，盘锦（0.1502）、沈阳（0.1293）、丹东（0.1151）作为第二梯队紧随其后，其余地区与前五名地区的差距比较大。

从创新投入来看，指数得分在0.0006~0.1127，各地区在人才投入量、研发资金占比方面差距不大，在研发设备方面差距较为明显。大连创新投入指数得分最高，为0.1127，盘锦第二，为0.1045。创新活动和创新技术来源方面，根据2021年"四下"① 企业创新情况调查问卷结果显示，在被调查企业中全省进行创新活动的企业有463家，占比9.4%，仅有5.8%的被调查企业有创新技术来源。

从创新产出看，鞍山创新产出得分尤为突出，为0.1066，排名第一，各市间专利申请数量差异大，但创新收入大多高于全省平均水平。创新收入方面，问卷调查结果显示，2021年全省被调查的小微工业企业通过创新获得的收入总额为33.0亿元，占被调查企业营业收入的15.6%，从各地区情况来看，占比超过20%的地区有大连、丹东、营口和盘锦，而占比接近全省平均水平的地区有沈阳、抚顺、阜新和葫芦岛，除了鞍山、本溪和葫芦岛略低于前面几个地区外，其他地区都低于全省平均水平（见表7）。

表7　　　　　　　　　创新能力总指数及其构成情况

| 地区 | 创新能力总指数 | | 创新投入 | | 创新产出 | |
|------|------|------|------|------|------|------|
| | 指数 | 位次 | 指数 | 位次 | 指数 | 位次 |
| 沈阳 | 0.1293 | 4 | 0.0921 | 3 | 0.0372 | 6 |
| 大连 | 0.1819 | 2 | 0.1127 | 1 | 0.0692 | 2 |

① "四下"企业为规模以下工业企业、限额以下批发和零售企业、限额以下住宿和餐饮企业、规模以下服务业企业。

续表

| 地区 | 创新能力总指数 | | 创新投入 | | 创新产出 | |
|---|---|---|---|---|---|---|
| | 指数 | 位次 | 指数 | 位次 | 指数 | 位次 |
| 鞍山 | 0.1885 | 1 | 0.0819 | 4 | 0.1066 | 1 |
| 抚顺 | 0.0256 | 11 | 0.0210 | 10 | 0.0046 | 12 |
| 本溪 | 0.0395 | 9 | 0.0324 | 8 | 0.0071 | 11 |
| 丹东 | 0.1151 | 5 | 0.0753 | 5 | 0.0398 | 4 |
| 锦州 | 0.0303 | 10 | 0.0104 | 12 | 0.0199 | 7 |
| 营口 | 0.0800 | 6 | 0.0407 | 7 | 0.0393 | 5 |
| 阜新 | 0.0791 | 7 | 0.0671 | 6 | 0.0121 | 8 |
| 辽阳 | 0.0033 | 13 | 0.0006 | 14 | 0.0027 | 13 |
| 盘锦 | 0.1502 | 3 | 0.1045 | 2 | 0.0457 | 3 |
| 铁岭 | 0.0238 | 12 | 0.0157 | 11 | 0.0082 | 10 |
| 朝阳 | 0.0017 | 14 | 0.0017 | 13 | 0.00001 | 14 |
| 葫芦岛 | 0.0406 | 8 | 0.0311 | 9 | 0.0095 | 9 |

四是投资热度指数。投资热度是从小微企业经营者的资金投向、融资难易度等方面，反映企业对未来发展的一种预期。

从整体测度结果看，地区间差距明显。大致可以划分为三个梯队，第一梯队是葫芦岛（0.1085）、沈阳（0.0919）、大连（0.0903），第二梯队是丹东（0.0551）、鞍山（0.0390）、本溪（0.0362），其他地区为第三梯队（见表8）。

表8　　　　　　　　投资热度总指数及其构成情况

| 地区 | 投资热度总指数 | | 融资情况 | | 投资情况 | |
|---|---|---|---|---|---|---|
| | 指数 | 位次 | 指数 | 位次 | 指数 | 位次 |
| 沈阳 | 0.0919 | 2 | 0.0174 | 8 | 0.0745 | 1 |
| 大连 | 0.0903 | 3 | 0.0192 | 6 | 0.0711 | 2 |
| 鞍山 | 0.0390 | 5 | 0.0190 | 7 | 0.0200 | 4 |
| 抚顺 | 0.0218 | 11 | 0.0171 | 9 | 0.0046 | 11 |
| 本溪 | 0.0362 | 6 | 0.0324 | 2 | 0.0037 | 12 |

续表

| 地区 | 投资热度总指数 | | 融资情况 | | 投资情况 | |
|------|------|------|------|------|------|------|
| | 指数 | 位次 | 指数 | 位次 | 指数 | 位次 |
| 丹东 | 0.0551 | 4 | 0.0199 | 5 | 0.0352 | 3 |
| 锦州 | 0.0289 | 9 | 0.0215 | 4 | 0.0074 | 9 |
| 营口 | 0.0303 | 7 | 0.0114 | 13 | 0.0189 | 5 |
| 阜新 | 0.0172 | 13 | 0.0095 | 14 | 0.0077 | 8 |
| 辽阳 | 0.0166 | 14 | 0.0166 | 11 | 0.000008 | 14 |
| 盘锦 | 0.0297 | 8 | 0.0241 | 3 | 0.0055 | 10 |
| 铁岭 | 0.0172 | 12 | 0.0170 | 10 | 0.0003 | 13 |
| 朝阳 | 0.0232 | 10 | 0.0120 | 12 | 0.0112 | 6 |
| 葫芦岛 | 0.1085 | 1 | 0.0982 | 1 | 0.0103 | 7 |

从融资情况来看，融资活动少，方式以自有资金为主，资金流动情况基本正常。问卷调查结果显示，全省仅有 4.9% 的企业进行了融资活动，平均融资金额仅为 889.4 万元，平均融资金额排名前三的地区分别是葫芦岛（8392.4 万元）、辽阳（1674.8 万元）和本溪（1255.9 万元）。各地区融资方式基本相同，自有资金是首要的融资方式，其次是银行贷款。各地区小微工业企业资金流动基本正常，占比较高的前三个地区分别是锦州（84.9%）、鞍山（84.5%）和沈阳（83.4%），各地区资金流动缺口超过 20% 的企业占比分布在 2%~14%，资金缺口比较严重的前三个地区分别是营口（13.7%）、阜新（12.8%）和抚顺（8.4%）。

从投资情况来看，各地区小微工业企业投资活动差别较大，投资方向略有差别。沈阳投资情况指数最高，为 0.0745；大连为 0.0711，排名第二。问卷调查结果显示，各地区小微工业企业投资活动差别较大，有投资活动企业占比分布在 13%~42%，占比较高的前三个地区分别是阜新（41.7%）、丹东（40.3%）和沈阳（34.8%），占比较低的后三个地区分别是葫芦岛（20.8%）、抚顺（18.9%）和辽阳（13.0%）。各地区的小微工业企业的投资方向略有差别，除了抚顺和营口地区把资金投向扩大生产规模外，其他地区的小微工业企业都把资金投向设备升级改造和开发新产品，其中，占比最高的前三个地区分别是铁岭（51.9%）、辽阳（46.4%）和营口（45.6%），前两个投向设备升级改造，后者投向新产品开发。

五是政策与环境指数。良好的营商环境和有效的扶持政策对小微企业的高质量发展起到了重要作用。

从政策与环境总体来看，全省小微工业企业的总指数差异较大，可以将它们划分为三个梯队，第一梯队是沈阳和大连，分别为 0.1934 和 0.1200，第二梯队是鞍山、营口、锦州、盘锦和辽阳，分别为 0.0570、0.0447、0.0444、0.0437、0.0401，第三梯队是丹东、抚顺、铁岭、葫芦岛、本溪、朝阳和阜新，分别为 0.0258、0.0172、0.0158、0.0158、0.0144、0.0109 和 0.0052。可见沈阳和大连在小微工业企业营商环境和配套政策措施方面领跑全省其他地区（见表9）。

表 9 政策与环境总指数及其构成情况

| 地区 | 政策与环境总指数 | | 政策环境 | | 配套服务 | |
|---|---|---|---|---|---|---|
| | 指数 | 位次 | 指数 | 位次 | 指数 | 位次 |
| 沈阳 | 0.1934 | 1 | 0.0053 | 13 | 0.1881 | 1 |
| 大连 | 0.1200 | 2 | 0.0122 | 5 | 0.1078 | 2 |
| 鞍山 | 0.0570 | 3 | 0.0170 | 3 | 0.0400 | 3 |
| 抚顺 | 0.0172 | 9 | 0.0072 | 11 | 0.0099 | 9 |
| 本溪 | 0.0144 | 12 | 0.0111 | 7 | 0.0033 | 12 |
| 丹东 | 0.0258 | 8 | 0.0119 | 6 | 0.0139 | 8 |
| 锦州 | 0.0444 | 5 | 0.0203 | 2 | 0.0241 | 6 |
| 营口 | 0.0447 | 4 | 0.0108 | 8 | 0.0339 | 4 |
| 阜新 | 0.0052 | 14 | 0.0045 | 14 | 0.0007 | 13 |
| 辽阳 | 0.0401 | 7 | 0.0255 | 1 | 0.0146 | 7 |
| 盘锦 | 0.0437 | 6 | 0.0097 | 10 | 0.0339 | 4 |
| 铁岭 | 0.0158 | 10 | 0.0105 | 9 | 0.0053 | 10 |
| 朝阳 | 0.0109 | 13 | 0.0063 | 12 | 0.0046 | 11 |
| 葫芦岛 | 0.0158 | 11 | 0.0157 | 4 | 0.00002 | 14 |

从政策环境方面来看，国家和地方制定并落地实施的有关小微工业企业的扶持政策大致包括 9 个方面：国家财政资金支持、地方财政资金支持、税收政策优惠（包括减半征收所得税、免征金融机构借款合同印花税、免征增值税政策）、开拓市场的政策支持、社会保险的政策支持、银行贷款优惠、"国家中小企业发展基金"支持、简政放权、创新支持。

问卷调查结果显示，78.2% 的被调查企业享受到至少一项上述相关的政策扶持，从各地区情况来看，享受到至少一项上述相关的政策扶持的被调查企业占比在 60%~90%，大致也可以划分为三个梯队，第一梯队是抚顺、盘锦、辽阳、锦州、鞍山、铁岭、葫芦岛、朝阳，占比分别为 88.1%、88.1%、87%、86.5%、83%、

82.9%、82%、80.1%。第二梯队是大连、本溪、营口、丹东、沈阳,占比分别为79.3%、77%、73.2%、72.5%、72.1%。第三梯队是阜新,占比为64.3%。

在政策落实问题上,9个方面政策落实情况最好的是税收优惠政策,问卷调查结果显示,51.1%的被调查企业享受到此项政策措施;其次是社会保险政策,11.4%的被调查企业享受到此项政策措施;再次是创新扶持政策,9.2%的被调查企业享受到此项政策措施;其余各项措施政策落实情况差别不大,占比为2%~8%。各项政策措施在各地区落实的情况差别较大,且落实情况较好的主要集中在沈阳和大连两地。国家财政资金政策落实情况中,排名前三位的是沈阳、大连和鞍山,分别为30.6%、17.7%和9.1%。地方财政资金政策落实情况中,排名前三位的是大连、沈阳和鞍山,分别为24.3%、19.1%和10.0%。税收优惠政策落实情况中,排名前三位的是大连、沈阳和丹东,分别为21.8%、17.8%和9.3%。开拓市场政策落实情况中,排名前三位的是大连、沈阳、锦州和营口,分别为25.0%、21.8%、9.5%和9.5%。社会保险政策落实情况中,排名前三位的是大连、沈阳和鞍山,分别为24.6%、18.2%和8.5%。银行贷款优惠政策落实情况中,排名前三位的是营口、大连和沈阳,分别为20.6%、15.3%和13.7%。"国家中小企业发展基金"政策落实情况中,排名前三位的是营口、沈阳和大连,分别为16.0%、14.6%和13.9%。简政放权政策落实情况中,排名前三位的是大连、鞍山和沈阳,分别是14.9%、12.3%、11.8%。创新扶持政策落实情况中,排名前三位的是大连、沈阳和辽阳,分别是18.8%、15.6%和10.9%。其他地区各项政策的落实情况占比都在10%以下(见表10)。

表10　　　　　　　各地区各项政策措施落实情况（比重）　　　　　　单位：%

| 各项政策措施 | 沈阳 | 大连 | 鞍山 | 抚顺 | 本溪 | 丹东 | 锦州 | 营口 | 阜新 | 辽阳 | 盘锦 | 铁岭 | 朝阳 | 葫芦岛 |
|---|---|---|---|---|---|---|---|---|---|---|---|---|---|---|
| 国家财政资金政策 | 30.6 | 17.7 | 9.1 | 4.2 | 3.4 | 4.5 | 1.9 | 5.7 | 3.8 | 4.2 | 3.4 | 1.9 | 4.2 | 5.7 |
| 地方财政资金政策 | 19.1 | 24.3 | 10.0 | 5.2 | 5.7 | 5.2 | 9.6 | 4.3 | 2.2 | 2.2 | 0.9 | 3.5 | 3.9 | 3.9 |
| 税收优惠政策 | 17.8 | 21.8 | 8.5 | 4.5 | 2.9 | 9.3 | 3.9 | 4.5 | 3.1 | 3.2 | 4.5 | 3.1 | 6.2 | 6.8 |
| 开拓市场政策 | 21.8 | 25.0 | 7.7 | 1.4 | 2.3 | 7.3 | 9.5 | 9.5 | 0.9 | 2.3 | 1.8 | 2.7 | 1.8 | 5.9 |
| 社会保险政策 | 18.2 | 24.6 | 8.5 | 5.2 | 3.6 | 7.9 | 3.6 | 5.0 | 1.8 | 4.7 | 6.5 | 2.5 | 3.8 | 4.1 |
| 银行贷款优惠政策 | 13.7 | 15.3 | 4.6 | 3.1 | 4.6 | 7.6 | 4.6 | 20.6 | 0.0 | 7.6 | 5.3 | 3.1 | 2.3 | 7.6 |

续表

| 各项政策措施 | 沈阳 | 大连 | 鞍山 | 抚顺 | 本溪 | 丹东 | 锦州 | 营口 | 阜新 | 辽阳 | 盘锦 | 铁岭 | 朝阳 | 葫芦岛 |
|---|---|---|---|---|---|---|---|---|---|---|---|---|---|---|
| "国家中小企业发展基金"政策 | 14.6 | 13.9 | 11.8 | 4.9 | 3.5 | 9.0 | 6.9 | 16.0 | 2.8 | 1.4 | 4.9 | 4.2 | 1.4 | 4.9 |
| 简政放权政策 | 11.8 | 14.9 | 12.3 | 3.1 | 3.4 | 3.1 | 7.9 | 6.5 | 1.3 | 8.9 | 1.8 | 5.2 | 14.9 | 4.7 |
| 创新扶持政策 | 15.6 | 18.8 | 9.6 | 2.5 | 2.5 | 8.7 | 6.3 | 7.1 | 3.6 | 10.9 | 2.7 | 2.5 | 2.9 | 6.5 |

从配套服务方面来看，沈阳和大连领跑全省，指数得分分别为0.1881、0.1078，与排名第三的鞍山差距较大，小微企业服务平台、"专精特新"小微企业和"小升规"企业也主要集中在沈阳和大连。根据2021年辽宁省工信厅公布的数据显示，全省"专精特新"小微企业有379家，这些企业主要分布在沈阳和大连两地，其中，沈阳142家，占比37.5%；大连59家，占比15.6%，其他地区占比都未超过10%。2021年，辽宁省"小升规"工业企业863家，占全部规模以上工业企业总数的10.0%，企业数量比上年增长1.41%。从地区分布情况来看，"小升规"工业企业主要分布在大连、沈阳、鞍山等地，占总数的57.9%，其中大连208家，占本地区全部规模以上工业企业总数的9.8%；沈阳183家，占本地区全部规模以上工业企业总数的10.1%；鞍山109家，占本地区全部规模以上工业企业总数的14.1%。从行业分布情况来看，"小升规"工业企业主要分布在非金属矿物制品业和通用设备制造业等行业，占总数的26.3%，也主要分布在大连、沈阳、鞍山等地，三个地区这两个行业的"小升规"工业企业数量合计占比为67%。

# 四、结论及对策建议

## （一）结论

一是辽宁省各地区小微工业企业高质量发展水平呈现明显的不均衡性，基本上呈现出以工业基地为辐射点、从沿海到内陆梯度分布和空间集聚性特点。沈阳、大连、鞍山三个地区是引领辽宁省小微工业企业高质量发展的"领头羊"，沈阳成为带动辽宁中部地区小微工业企业高质量发展的龙头老大，沈阳周边地区的抚顺、本溪、辽阳、铁岭竞争激烈，四个地区小微工业企业高质量发展总评价指数得分差距较小。而朝阳在小微工业企业高质量发展总评价指数得分上表现不佳，其作为京津冀连接东北的重要通道，是京津冀制造业产能转移半径最短的承接区域之一，也是东部地区产业梯度转移的理想区域。应加快辽西北地区协同发展步伐，缩小辽宁省各地区之间小微工业企业高质量发展的差距。

二是不同地区的小微工业企业发展各具优势和特点，短板也不尽相同。沈阳在小微工业企业规模质量、政策环境两个方面均位于第一，但创新能力却是其最大短板。大连和鞍山小微工业企业在经营状况和创新能力方面分别位于第一，其他方面发展比较均衡，优势指标明显。丹东是小微工业企业高质量发展进步最快的地区，面临的短板主要是营商环境。葫芦岛是小微工业企业投资热度最高的地区，但是其他方面却并不突出。抚顺、辽阳、本溪、铁岭的主要问题是小微工业企业的产业结构、提质增效和创新动能的问题，产业结构不合理，科技创新能力不强，小微工业企业质量效益低，转型升级压力较大。锦州、营口、盘锦具有较强的同质性，都是辽宁沿海经济带上的重要城市，但小微工业企业高质量发展过程中仍存在发展不充分、质量不高的突出问题，即企业活力欠佳、创新能力不足、投资热度不强、营商环境不完善等问题。阜新、朝阳小微工业企业高质量发展步伐较慢，问题主要表现在小微工业企业的经营状况欠佳、企业效能低、创新能力缺乏、投资热度不高、营商环境不完善等方面。

## （二）对策建议

一是对症下药，补齐小微工业企业发展中的短板。小微工业企业是小微企业的缩影，针对辽宁省小微工业企业存在的问题，补齐短板才能形成合力，推动小微工业企业高质量发展。例如，沈阳应将创新产出能力作为小微工业企业未来发展的重点任务，通过梯度培育和引导扶持，推进"专精特新"发展道路，培育一批创新能力强、市场占有率高、专注于细分市场的"专精特新"的"小巨人"企业，提高"小巨人"企业创新产出水平。大连、鞍山小微工业企业发展的重点应该放在投资热度方面，发展适合小微工业企业特点的专业化投资模式，吸引各类金融机构参与小微工业企业的投融资活动，利用市场化手段缓解小微工业企业融资难题。丹东应将优化营商环境作为一项重要任务，系统提升政府服务效能，持续增强企业获得感，持续优化公平、诚信、透明的营商环境，助推小微工业企业高质量可持续发展，减少政策环境的制度性障碍。葫芦岛应积极利用其有利的地理位置，加快小微工业企业转型升级的步伐，提高企业创新能力，并为小微工业企业的高质量发展营造良好环境。抚顺、辽阳、本溪、铁岭应依托沈阳经济区一体化发展战略优势，推动小微工业企业产业集群转型升级，引导小微工业企业集群式发展，实现小微工业企业高质量发展。锦州、营口、盘锦应创建良好的政策环境，吸进小微工业企业发展投资，发挥经济带规模效益，推动辽宁沿海经济带的大中小微型工业企业协同发展。阜新、朝阳应主要依托辽西北承接产业转移示范区平台，推动重点承接与本地小微工业企业产业结构的相匹配度，设立符合一定本地小微工业企业高质量发展需要的配套项目，设计包括装备制造、原材料、新能源、农产品加工、通用航空等产业领域的小微工业企业。

二是把薪助火，培育小微工业企业由"规下"转"规上"。首先，继续推进企业"小升规"和高成长创新型企业的培育工作，通过建立对接机制，指导和服务被纳入培育库的小微工业企业，从财税政策扶持、金融支持、推动科技创新等角度具体培育潜在达标的小微工业企业达标。其次，巩固或落实对首次纳统的小微工业企业给予一次性奖励，充分调动达标企业入库的积极性。借鉴他省经验，从省级层面制定政策，发挥引领指导作用，如广东省、河北省等省和地区也在不同时期制定相应文件并保证了文件落实和政策连贯，取得了一定效果。四川省制定《关于做好"十四五"时期"转企升规"工作的通知》，从强化财税政策扶持、金融支持等角度更加具体地培育"四上"企业。最后，加快"小升规"转型升级步伐，推动地区间小微企业结构与行业结构日趋合理。

三是梧高凤至，营造良好的外部环境。蓬生麻中，不扶自直。良好的外部环境对企业而言同样重要。首先，降低办事成本。全面落实市场准入负面清单制度，严格执行市场准入"全国一张清单"管理模式，持续优化审批流程，推动清单事项网上办理，降低市场主体办事成本，切实提升办税缴费服务水平，不断拓展电子缴费方式。其次，切实解决融资难问题。在近年来的中央经济工作会议上，针对小微企业多次提出了"引导金融机构加大对小微企业、科技创新、绿色发展等领域支持力度"[1]"突出企业科技创新主体地位"[2]"依法保护民营企业产权和企业家权益"等要求，因此，金融机构应精准施策，设计研发多种融资产品、提供多元金融服务，解决融资难、融资贵等融资问题。最后，通过数字技术赋能小微工业企业发展。通过减税来激励企业加大技术研发方面投入和加大智能化、自动化生产管理系统的投入，以减少企业的负担。加快完善小微工业企业数字化和智能化管理制度，构建小微工业企业信息化建设的良好环境。

# 参 考 文 献

[1] 何健聪. 小微企业融资问题实证分析 [J]. 辽宁经济，2011 (9).

[2] 武汉大学银行管理研究所课题组. 小微企业贷款难问题的中国式解答：对国内金融机构小额贷款的调查报告 [J]. 武汉金融，2012 (5).

[3] 辜胜阻. 巩固实体经济急需缓解小微企业困境 [N]. 第一财经日报，2012 –

---

① 中央经济工作会议在北京举行　习近平李克强作重要讲话　栗战书汪洋王沪宁赵乐际韩正出席会议 [EB/OL]. 新华网，2021 – 12 – 10.
② 中央经济工作会议举行　习近平李克强李强作重要讲话 [EB/OL]. 新华网，2022 – 12 – 17.

12 - 28.

［4］万舒晨．小微企业发展战略研究［J］．现代管理科学，2015（8）.

［5］杨波，冯悦旋．小微企业成长的影响因素及关键环节研究［J］．价值工程，2015（8）.

［6］王欢．新冠疫情下数字经济支持中小微企业复苏路径研究［J］．时代金融，2020（12）.

［7］卢扬，马靖雯．吉林省小微企业发展困境及对策研究［J］．财金观察，2021（2）.

# Measurement of the High Quality Development Level of Small and Micro Enterprises in the Era of Digital Economy and Analysis of Regional Differences

## —Taking Small and Micro Industrial Enterprises in Liaoning Province as an Example

**Lv Qiufen    Han Tingting**

[**Abstract**] Small and micro enterprises are the new force of development, the main channel of employment and the important source of innovation. The vigorous development of digital economy brings challenges and opportunities to small and micro enterprises. How to enable the high-quality development of small and micro enterprises by digital technology has become a new proposition for the development of enterprises. Therefore, it is particularly important to strengthen the measurement, research and judgment of the high-quality development level of small and micro enterprises and explore the high-quality development path of small and micro enterprises under the background of digital economy. Based on the concept of high-quality development and the theory of enterprise efficiency, this paper constructs an evaluation system for the high-quality development level of small and micro enterprises in the era of digital economy from the five dimensions of enterprise operation, scale and quality, innovation ability, investment enthusiasm, policy and environment, and takes small and micro industrial enterprises in Liaoning Province as an example to measure the high-quality development level of small and micro enterprises in 14 cities in the province. To explore the bright spots, shortcomings and regional differences in the process of high-quality development of small and micro enterprises in Liaoning Province, the purpose is to find out the path and method of high-quality development of small and micro enterprises in Liaoning Province, and put forward corresponding countermeasures and suggestions.

[**Key words**] Digital Economy; Small and Micro Enterprises; High Quality Development; Measurement Research and Judgment

# 辽宁省对外贸易韧性测度
# 与影响因素研究[*]

贾占华　　王缦阁[**]

【摘　　要】随着世界政治格局的巨大变化和新冠疫情的冲击，世界各国的对外贸易均出现低迷态势。近年来，辽宁省的贸易实力在东北地区的整体地位不断提高，与东北亚各国联系密切，对东北地区的贸易发展起带动作用。因此，在新形势下，研究对外贸易的韧性特点，有利于提高我国经济的抵抗力与恢复力，还可以进一步丰富经济韧性的相关研究。本文结合辽宁省对外经济贸易现状和相关理论，系统分析了辽宁省对外贸易目前存在的问题，从抵抗力与恢复力以及重构能力方面构建对外贸易韧性指标体系，运用熵权法测算出辽宁省 14 个地级市的贸易韧性并进行区域差异分析。研究发现，辽宁省大部分地区对外贸易韧性的均值呈上升趋势，这表明辽宁省对外贸易抗风险能力逐步增强，呈现持续向好发展的态势明显。沈阳、大连、营口、阜新、辽阳、盘锦、朝阳、葫芦岛贸易韧性在 2005～2021 年基本保持稳定增强，其中大连韧性最强，而鞍山的对外贸易韧性指数明显下降，其余城市呈现不稳定波动。运用地理探测器方法分析政府因素、市场因素、数字贸易因素、科技教育因素、结构因素交互因子分析对辽宁省对外贸易韧性的影响，发现科技发展水平、互联网普及率对其影响具有促进作用，并以此提出相应的对策建议。

【关键词】对外贸易韧性；空间差异；地理探测器

---

当今世界正处于百年未有之大变局，新冠疫情带来的影响以及世界政治格局的变化导致中国外贸环境的复杂性、严峻性上升。虽然受到国内外经济环境变化带来的巨大压力，但中国经济韧性强、潜力足、长期向好的基本面没有改变，这是我国经济发

---

　*　基金项目：辽宁省社会科学规划青年基金项目"'一体两翼'背景下辽宁省对外开放的时空效应研究"（L20CJY009）。

　**　作者简介：贾占华（1994～），山西应县人，辽宁大学经济学院讲师，研究方向：空间计量经济学、结构与经济韧性、城市与区域；王缦阁，辽宁大学经济学院本科生。

展和抵御外部风险的根本依托。① 所谓经济韧性，指的是一个经济体通过调整经济结构和增长方式，有效应对内外部干扰、抵御冲击，实现经济可持续发展的能力，是决定一个经济体在遭受冲击之后是"成功复苏并重新实现经济稳步增长"还是"从此步入经济下行轨道"的关键所在（王永贵，2020）。而对外贸易作为拉动经济的动力之一，其发展的稳定性成为我国抵御外部风险的重要支柱，是提升经济韧性的重要内容。对外贸易韧性则是一国或一个地区在面对外部冲击以及内部各种因素的影响时表现出的抵抗能力与重构能力。世界政治格局的变化、新冠疫情的影响、财政政策、经济发展水平、互联网发展水平的变化都有可能对区域的对外贸易韧性产生影响，在这些因素变动时，对外贸易能够保持较强的稳定性，并具有能在风险发生后快速恢复的能力，则说明其对外贸易韧性强。

# 一、辽宁省对外贸易韧性的测度与评价

## （一）辽宁省对外贸易韧性现状

改革开放 40 多年来，辽宁省坚持解放思想、转变观念，深入开展对外贸易，取得了显著成效和快速发展。特别是在党的十八大以来，以习近平同志为核心的党中央提出了东北全面振兴新方案，辽宁省坚持新发展理念，深入实施对外开放战略，不断优化营商环境，对外开放水平明显提升。2021 年，辽宁省对外贸易总额占东三省对外贸易总额的 70% 以上。② 2011～2021 年辽宁省的对外贸易发展水平稳步增长，尤其是随着与"一带一路"沿线各国的经贸合作稳步推进，与各国的联系日益紧密，外贸的活力得到了进一步的释放。通过分析 2011～2021 年辽宁省对外贸易的相关数据，可以总结出辽宁省对外贸易呈现出以下几个特点。

从总体规模来看，辽宁省的对外贸易低于全国的平均水平，整体竞争力较弱。2021 年辽宁省进出口总额相较于 2011 年增长 24.51%，而同期全国增长 77.15%，差距较大；尤其是辽宁省的出口较为薄弱，总体上增长幅度较小；进口额大幅度提高，2021 年比 2011 年提高了 233.1 亿美元。10 年间，辽宁省外贸经历 2008 年全球金融危机、2015 年全球经济下滑、2020 年公共卫生事件突发，导致辽宁省进出口出现三次较为明显的降幅。

2016～2021 年，对外贸易进口额大于出口额，辽宁省对外贸易呈现出外向型经

---

① 习近平. 2022 年世界经济论坛［N］. 人民日报，2022 - 01 - 18.
② 资料来源：2022 年《中国统计年鉴》。

济下滑的特点。在实际外商直接投资额方面，2011～2014 年达 200 亿美元以上，然而近几年却不超过 50 亿美元，主要原因是辽宁省外资引进企业及机构以国企为主，民营企业数量占比较低。

在进出口商品中，主要出口商品有成品油、钢材、电动机及发电机，根据数据可知，成品油在 2019～2021 年出口量骤减，电动机及发电机、钢材出口量总体减少。结合辽宁省出口情况来看，说明辽宁对外出口竞争力较弱，缺乏支撑出口增长、有强劲竞争力的主导产品。主要进口产品大豆与原油稳定增长，印刷电路呈减少趋势。

进出口最大的国家基本稳定，分别为日本、韩国、美国。其中与日本的贸易量稳居首位，其原因为区位优势，日本与我国有着较长海岸线相邻，通关口岸较多，交通方便。与韩国进出口贸易波动较大，无较明显的增加或减少趋势，自中韩建交以来直至 2021 年，韩中贸易均保持顺差，然而 2022 年韩国对中国出现了两个月的逆差，其原因可能与俄乌局势导致的能源等的价格上涨、韩国政府"亲美亲日"、韩国有着对华贸易脱钩倾向、美联储加息等因素有关。综上所述，区位交通、政治局势、货币政策等可能会成为辽宁省对外贸易发展的影响因素（见表 1）。

**表 1**　　　　　　　　　　**辽宁省对外贸易现状信息**

| 年份 | 辽宁省对外贸易 10 年数据（亿美元） | | | | | |
|---|---|---|---|---|---|---|
| | 全国各省份进出口总额均值 | 辽宁省进出口总额 | 出口总额 | 进口总额 | 进出口差额 | 实际外商直接投资额 |
| 2011 | 1251.2 | 959.6 | 510.4 | 449.2 | 61.2 | 242.7 |
| 2012 | 1337.8 | 1039.9 | 579.5 | 460.4 | 119.1 | 267.9 |
| 2013 | 1447.8 | 1142.8 | 645.4 | 497.4 | 148.0 | 290.4 |
| 2014 | 1597.9 | 1139.6 | 587.6 | 552.0 | 35.6 | 274.2 |
| 2015 | 1486.2 | 960.8 | 508.4 | 452.4 | 56.0 | 51.9 |
| 2016 | 1402.3 | 865.2 | 430.7 | 434.6 | -3.9 | 30.0 |
| 2017 | 1549.3 | 994.2 | 448.8 | 545.5 | -96.7 | 53.4 |
| 2018 | 1746.6 | 1144.3 | 488.0 | 656.3 | -168.3 | 49.0 |
| 2019 | 1730.0 | 1052.6 | 454.4 | 598.2 | -143.8 | 33.2 |
| 2020 | 1715.4 | 944.6 | 383.3 | 561.3 | -178.0 | 25.2 |
| 2021 | 2216.6 | 1194.8 | 512.5 | 682.3 | -169.8 | 32.0 |

| 年份 | 海关同主要国家（前三名）进出口总额（万美元） | | |
| --- | --- | --- | --- |
| | 日本 | 韩国 | 美国 |
| 2011 | 1721208 | 865247 | 784037 |
| 2012 | 1721209 | 901567 | 1023228 |
| 2013 | 1721210 | 944830 | 1089378 |
| 2014 | 1721211 | 956558 | 1022220 |
| 2015 | 1721212 | 872153 | 892816 |
| 2016 | 1721213 | 801895 | 788118 |
| 2017 | 1721214 | 999998 | 905482 |
| 2018 | 1721215 | 969184 | 1122759 |
| 2019 | 1721216 | 853422 | 766685 |
| 2020 | 1721217 | 586313 | 800731 |
| 2021 | 1721218 | 884045 | 1072971 |

| 年份 | 海关主要出口商品数量 | | | 海关主要进口商品数量 | | |
| --- | --- | --- | --- | --- | --- | --- |
| | 成品油（万吨） | 钢材（万吨） | 电动机及发电机（万个） | 大豆（万吨） | 原油（万吨） | 印刷电路（万个） |
| 2011 | 426.3 | 593.0 | 29258.2 | 195.0 | 1166.6 | 90389.5 |
| 2012 | 315.0 | 739.0 | 26232.0 | 225.0 | 1348.0 | 65988.0 |
| 2013 | 475.6 | 818.0 | 20515.0 | 236.0 | 1573.0 | 51329.0 |
| 2014 | 534.9 | 1275.1 | 19242.0 | 231.2 | 2524.3 | 43193.1 |
| 2015 | 599.2 | 1320.1 | 17265.6 | 287.9 | 2524.3 | 32456.3 |
| 2016 | 722.0 | 1219.1 | 16914.2 | 165.3 | 3157.8 | 35501.2 |
| 2017 | 532.2 | 564.3 | 18488.9 | 163.4 | 3520.4 | 35525.4 |
| 2018 | 809.2 | 860.8 | 18737.7 | 189.5 | 3289.4 | 22941.0 |
| 2019 | 51.4 | 731.4 | 17084.0 | 165.3 | 3307.6 | 22941.0 |
| 2020 | 15.3 | 517.6 | 13615.1 | 365.1 | 3646.3 | 16351.7 |
| 2021 | 29.3 | 564.3 | 17345.0 | 315.9 | 3646.3 | 19945.5 |

资料来源：2012~2022 年《辽宁统计年鉴》。

## （二）对外贸易韧性的指标选取

本文通过参考宗会明（2021）、贺灿飞（2021）、张明斗（2019）等关于经济韧性的研究，从恢复力与抵抗力以及重构能力两个方面构建了包含区域经济基础、交通与贸易国情况、对外贸易发展状况，以及经济支持和政府支持的二级指标，并遵循科学性、代表性和可获得性的原则选取相应的三级指标进行度量，对应指标的权重由熵权法确定（见表2）。

**表2**　　　　　　　　　　　对外贸易韧性评价指标体系

| 一级指标 | 二级指标 | 三级指标 | 指标性质 | 指标权重 |
|---|---|---|---|---|
| 抵抗力与恢复能力 | 区域经济基础 | 人均GDP | + | 0.0299 |
| | 交通与贸易国情况 | 一类口岸数量 | + | 0.1360 |
| | | 最大贸易国发展状况 | + | 0.0499 |
| | 对外贸易发展状况 | 进出口贸易总额 | + | 0.1792 |
| | | 出口占进出口贸易比重 | + | 0.0098 |
| | | 外商投资总额 | + | 0.0027 |
| 重构能力 | 经济支持 | 金融机构年末贷款余额 | + | 0.1301 |
| | | 人均可支配收入 | + | 0.0308 |
| | 政府支持 | 综合保税区数量 | + | 0.2544 |
| | | 财政科技支出 | + | 0.1771 |

## （三）辽宁省对外贸易韧性空间差异分析

通过熵权法对辽宁省14个地级市的对外贸易韧性进行综合测算，结果如表3所示。

**表3**　　　　　　　　2005～2021年辽宁省各地区对外贸易韧性指数

| 地区 | 2005年 | 2006年 | 2007年 | 2008年 | 2009年 | 2010年 | 2011年 | 2012年 | 2013年 |
|---|---|---|---|---|---|---|---|---|---|
| 沈阳 | 0.2496 | 0.2558 | 0.2976 | 0.3188 | 0.3348 | 0.3549 | 0.3894 | 0.4222 | 0.4489 |
| 大连 | 0.3861 | 0.4071 | 0.4734 | 0.5123 | 0.3986 | 0.4681 | 0.5513 | 0.7230 | 0.7719 |
| 鞍山 | 0.3271 | 0.3319 | 0.3416 | 0.3488 | 0.3461 | 0.3561 | 0.3634 | 0.3680 | 0.1191 |
| 抚顺 | 0.0634 | 0.0661 | 0.0699 | 0.0740 | 0.0739 | 0.0798 | 0.0880 | 0.0962 | 0.1010 |
| 本溪 | 0.0658 | 0.0686 | 0.0748 | 0.0844 | 0.0816 | 0.0917 | 0.1012 | 0.1061 | 0.1124 |
| 丹东 | 0.0973 | 0.0985 | 0.1029 | 0.1047 | 0.1074 | 0.1131 | 0.1209 | 0.1274 | 0.1351 |
| 锦州 | 0.0403 | 0.0429 | 0.0478 | 0.0507 | 0.0541 | 0.0603 | 0.0680 | 0.0757 | 0.0810 |
| 营口 | 0.0931 | 0.0958 | 0.1002 | 0.1066 | 0.1120 | 0.1220 | 0.1345 | 0.1441 | 0.1524 |

续表

| 地区 | 2005 年 | 2006 年 | 2007 年 | 2008 年 | 2009 年 | 2010 年 | 2011 年 | 2012 年 | 2013 年 |
|------|---------|---------|---------|---------|---------|---------|---------|---------|---------|
| 阜新 | 0.0092 | 0.0099 | 0.0120 | 0.0146 | 0.0161 | 0.0184 | 0.0247 | 0.0289 | 0.0331 |
| 辽阳 | 0.0632 | 0.0652 | 0.0697 | 0.0742 | 0.0798 | 0.0850 | 0.0896 | 0.0947 | 0.0991 |
| 盘锦 | 0.0963 | 0.0982 | 0.1038 | 0.1078 | 0.1113 | 0.1196 | 0.1266 | 0.1341 | 0.1397 |
| 铁岭 | 0.0102 | 0.0117 | 0.0154 | 0.0201 | 0.0238 | 0.0285 | 0.0378 | 0.0420 | 0.0438 |
| 朝阳 | 0.0584 | 0.0600 | 0.0650 | 0.0678 | 0.0693 | 0.0727 | 0.0785 | 0.0834 | 0.0854 |
| 葫芦岛 | 0.0915 | 0.0920 | 0.0950 | 0.0968 | 0.0978 | 0.1030 | 0.1106 | 0.1159 | 0.1209 |
| 地区 | 2014 年 | 2015 年 | 2016 年 | 2017 年 | 2018 年 | 2019 年 | 2020 年 | 2021 年 | 均值 |
| 沈阳 | 0.4590 | 0.4549 | 0.4474 | 0.4323 | 0.4605 | 0.4838 | 0.5016 | 0.5397 | 0.4030 |
| 大连 | 0.8831 | 0.7741 | 0.7762 | 0.7708 | 0.8924 | 0.8433 | 0.8127 | 0.8439 | 0.6640 |
| 鞍山 | 0.1266 | 0.1183 | 0.1083 | 0.1155 | 0.1185 | 0.1210 | 0.1213 | 0.1350 | 0.2274 |
| 抚顺 | 0.1017 | 0.0981 | 0.0899 | 0.0923 | 0.0973 | 0.0961 | 0.0982 | 0.1020 | 0.0875 |
| 本溪 | 0.1144 | 0.1075 | 0.0976 | 0.1032 | 0.1054 | 0.1037 | 0.1072 | 0.1200 | 0.0968 |
| 丹东 | 0.1324 | 0.1322 | 0.1289 | 0.1318 | 0.1310 | 0.1299 | 0.1292 | 0.1337 | 0.1210 |
| 锦州 | 0.0838 | 0.0750 | 0.0726 | 0.0828 | 0.0910 | 0.1074 | 0.0907 | 0.1015 | 0.0721 |
| 营口 | 0.1453 | 0.1463 | 0.1401 | 0.2719 | 0.2761 | 0.2823 | 0.2836 | 0.2926 | 0.1705 |
| 阜新 | 0.0323 | 0.0320 | 0.0314 | 0.0328 | 0.0357 | 0.0384 | 0.0395 | 0.0440 | 0.0266 |
| 辽阳 | 0.0987 | 0.0964 | 0.0918 | 0.0945 | 0.1009 | 0.1072 | 0.1131 | 0.1106 | 0.0902 |
| 盘锦 | 0.1394 | 0.1348 | 0.1329 | 0.1340 | 0.1395 | 0.1448 | 0.1525 | 0.1716 | 0.1286 |
| 铁岭 | 0.0406 | 0.0328 | 0.0290 | 0.0314 | 0.0316 | 0.0348 | 0.0357 | 0.0431 | 0.0301 |
| 朝阳 | 0.0879 | 0.0838 | 0.0827 | 0.0847 | 0.0865 | 0.0869 | 0.0878 | 0.0942 | 0.0785 |
| 葫芦岛 | 0.1193 | 0.1139 | 0.1113 | 0.1155 | 0.1217 | 0.1228 | 0.1226 | 0.1263 | 0.1104 |

由表 3 可知，辽宁省大部分地区对外贸易韧性的指数呈上升趋势，这表明辽宁省对外贸易抗风险能力逐步增强，持续向好发展的态势明显。同时可以看出，不同地区情况有一定差距，产生差距的原因可能有政策因素、区位优势以及科技教育等，分为以下三种情况讨论。

沈阳、大连、营口、阜新、辽阳、盘锦、朝阳、葫芦岛的贸易韧性从 2005 ~ 2021 年基本保持稳定增强，其中大连韧性最强。随着对外开放的加速，辽宁各地都在积极响应国家的号召，利用自身的地理位置，夯实了发展的基础，持续增加了在教育、科技方面的投资，使辽宁省的制造业逐渐走上了产业链的高端。同时，在疫情的冲击下，辽宁省各公司的抗风险能力有所提高。上述大部分城市在人均 GDP 与人均可支配收入、财政科技支出方面也具有一定优势。其中大连的贸易韧性最强，大连地处辽西，多面临海，有着非常便捷发达的海上交通条件，相较于内陆城市，大连与辽宁省两大贸易国：韩国、日本的地理距离也更具优势，且具有更丰富的对外贸易历史经验。随着沈阳、大连综合保税区的建成和外贸工作稳步推进，为企业降低了贸易成本，分散了贸易风险。"一带一路"倡议下，辽宁省与东北亚国家的联系越来越密切，合作范围也越来越广泛。鞍山为韧性指数明显减弱的城市，主要是因为鞍山人均GDP呈下降趋势，外商直接投资额减少，对于财政科技支出的投入不足。其余城市贸易韧性指数波动性增强且趋势不明显，分析数据可知，上述地区存在的问题有对财政、教育、科技的重视力度不够，外商投资减少，城市发展较为缓慢，居民消费能力较弱。

# 二、辽宁省对外贸易韧性影响因素分析

## （一）辽宁省对外贸易韧性影响因子选取

对外贸易韧性的强弱主要受贸易结构、市场和政府等多重因素的影响。其中，贸易结构很大程度取决于地区产业结构。因此，通过借鉴陈惟刚（2020）和王奇珍（2021）等的研究，选取以下因素作为辽宁省对外贸易韧性的影响因子。

**1. 政府因素（X1）**

政府因素通过财政规模指标来衡量，用财政支出在 GDP 中的占比表示，可以直接反映政府动用以及分配内部资源的水平。

**2. 市场因素（X2/X3）**

市场因素选取市场容量和市场潜力两个指标来加以衡量。市场容量以人均社会消费零售总额来衡量，可以反映各地区居民的消费水平、购买力等。市场潜力通过人口密度来衡量，人口基数影响劳动力，作为重要生产力，其状况对于贸易发展的影响不容忽视。

**3. 数字贸易因素（X4）**

数字贸易因素主要由互联网普及率来衡量，用互联网用户与常住人口的比例表示。

**4. 科技教育因素（X5/X6）**

科技教育因素包括科技发展水平和教育投入水平，科技发展水平则决定国家在国际分工中的位置，教育投入水平的高低决定当地人才的质量与数量。

### 5. 产业结构因素（X7）

结构因素选取产业结构指标，用第三产业占比来衡量。

2020～2023 年，因疫情原因，部分海关口岸被不定时关闭或限制，该数据波动性较大，不具备普遍说明性，因此选取 2010 年与 2019 年的面板数据作为研究结果比较，其数据来源于 2011 年和 2020 年辽宁省统计年鉴，个别缺失值按插值法进行填补。

本文采用地理探测器模型（王劲峰等，2017），因变量 Y 是辽宁省各地区对外贸易韧性指数，自变量 X 是政府因素、市场因素、数字贸易因素、科技教育因素、产业结构因素五个维度共七个指标，采用单因子以及交互因子探测对 2010 年与 2019 年的原始数据探测运行。

其计算公式和检验显著性公式分别为：

$$q = 1 - \frac{\sum\limits_{h=1}^{k} N_h \sigma_h^2}{N\sigma^2}, \quad q \in [0, 1] \tag{1}$$

$$p = \frac{1}{\sigma^2}\Big[\sum_{h=1}^{k} \overline{Y}^2 - \frac{1}{N}\big(\sum_{h=1}^{k} \sqrt{N_h \overline{Y}_h}\big)^2\Big] \tag{2}$$

其中，q 是各影响因子对辽宁省对外贸易韧性指数 Y 的空间差异解释力，反映各因子对贸易韧性影响的空间差异性；h 为辽宁省对外贸易韧性指数 Y 对各个影响因素 X 的分层，取值范围是 1～k；N 为全部地级市的单元数，$N_h$ 为 h 层的单元数；$\sigma^2$ 作为辽宁省对外贸易韧性指数 Y 的方差；p 为因子 q 的显著性检验值。

## （二）辽宁省对外贸易韧性指数单因子探测结果分析

将整理过的数据导入地理探测器模型中，得到辽宁省对外贸易韧性影响因子分析结果如表 4 所示。

**表4**         辽宁省对外贸易韧性影响因子分析

| 影响因子 | q 值 | | 变化值 |
|---|---|---|---|
| | 2010 年 | 2019 年 | |
| X1 财政规模：财政支出/GDP | 0.1516 | 0.8583 | 0.7067 |
| X2 市场容量：人均社会消费零售总额 | 0.7267 | 0.3237 | -0.4029 |
| X3 市场潜力：人口密度 | 0.4014 | 0.3795 | -0.0219 |
| X4 互联网普及率：互联网用户数/常住人口 | 0.6697 | 0.1329 | -0.5368 |

| 影响因子 | q 值 | | 变化值 |
| --- | --- | --- | --- |
| | 2010 年 | 2019 年 | |
| X5 科技发展水平：专利授权数 | 0.9520 | 0.9313 | − 0.0207 |
| X6 教育投入水平：公共教育支出 | 0.6706 | 0.8338 | 0.1632 |
| X7 产业结构：第三产业占比 | 0.6674 | 0.3141 | − 0.3533 |

其中，2010 年与 2019 年对外贸易韧性解释度最高的均为 X5 科技发展水平：专利授权数，均达到 0.9 以上，2010 年为 0.9520，2019 年为 0.9313，制造业快速发展，在国际国内分工中的地位显著增强，对外贸易韧性不断强化。

2010～2019 年 10 年间贸易韧性正增长的因素有财政规模和教育投入水平。财政规模方面使用财政支出在 GDP 中的占比来衡量，q 的变化值为 0.7067，可体现政府适当干预为对外贸易提供了有力支持，且提高了城市经济资源使用效率和优化了内部配置。其中，教育投入水平的 q 值增长变化更为明显，为 0.1632。高水平人力资源是推动社会进步和经济发展最具活力的要素，也是实现创新驱动的原动力，也是提升国际贸易竞争力的重要因素。以上分析结果表明，辽宁省各个地区 10 年间教育投入增加并且有效地改善了人才的质量与数量，并且对于辽宁省对外贸易韧性产生了增强作用。

2010～2019 年 10 年间造成贸易韧性减弱的因素有市场容量、市场潜力、互联网普及率、科技发展水平、产业结构，以上 5 个因素增大了贸易的脆弱性和风险性，其中负增长最严重的为互联网普及率，为 − 0.5368，原因在于互联网用户不断增多然而人口红利不断减少，各地级市的互联网普及率基本已经饱和。

## （三）辽宁省对外贸易韧性指数影响因子交互效应分析

将数据导入地理探测器模型之中，2010 年辽宁省对外贸易韧性指数影响因素交互因子分析结果如表 5 所示。

**表 5**　　　　　　**2010 年辽宁省对外贸易韧性指数影响因素交互作用探测**

| 变量 | X1 | X2 | X3 | X4 | X5 | X6 | X7 |
| --- | --- | --- | --- | --- | --- | --- | --- |
| X1 | 0.1516 | | | | | | |
| X2 | 0.7940 | 0.7267 | | | | | |
| X3 | 0.7623 | 0.8068 | 0.4014 | | | | |

| 变量 | X1 | X2 | X3 | X4 | X5 | X6 | X7 |
|------|------|------|------|------|------|------|------|
| X4 | 0.7712 | 0.7499 | 0.7610 | 0.6697 | | | |
| X5 | 0.9626 | 0.9762 | 0.9610 | 0.9581 | 0.9519 | | |
| X6 | 0.7888 | 0.8142 | 0.7873 | 0.7584 | 0.9555 | 0.6706 | |
| X7 | 0.9837 | 0.9628 | 0.9452 | 0.9436 | 0.9575 | 0.9505 | 0.6674 |

如表 5 所示，2010 年辽宁省对外贸易韧性指数影响因素交互探测值排名前五的是 X7∩X1，X5∩X2，X7∩X2，X5∩X1，X5∩X3。

将数据导入地理探测器模型之中，2019 年辽宁省对外贸易任性指数影响因素交互因子分析结果如表 6 所示。

表6　　　　　　　2019 年辽宁省对外贸易韧性指数影响因素交互作用探测

| 变量 | X1 | X2 | X3 | X4 | X5 | X6 | X7 |
|------|------|------|------|------|------|------|------|
| X1 | 0.8583 | | | | | | |
| X2 | 0.9733 | 0.3238 | | | | | |
| X3 | 0.8775 | 0.6008 | 0.3795 | | | | |
| X4 | 0.9754 | 0.9969 | 0.9668 | 0.1329 | | | |
| X5 | 0.9713 | 0.9591 | 0.9602 | 0.9674 | 0.9313 | | |
| X6 | 0.8986 | 0.9601 | 0.8868 | 0.9790 | 0.9441 | 0.8338 | |
| X7 | 0.9742 | 0.5791 | 0.5822 | 0.9749 | 0.9469 | 0.9527 | 0.3141 |

综合来看，2019 年辽宁省对外贸易韧性指数平均交互值最大的影响因素由 X5 科技发展水平转变为 X4 互联网普及率，说明随着发展，互联网普及率的增加对其他影响因素具有促进作用。

# 三、对策与建议

首先，要为企业营造一个良好的创新生态，为企业创造一个更好的创新环境。辽宁省政府应增加基础科研经费，并积极组织、支持企业赴海外考察，从先进国家汲取有益经验；与此同时，创新制度环境，引导省内企业突破市域限制，建立企业创新联盟开展合作，以沈阳、大连为核心带动周边城市发展，重点解决缺乏外资吸引力、企业融资难、信息获取难，以及人才吸引力不足等问题。商贸部门应加强互动协作，建设智慧政府。比如，沈阳、大连以保税区为切入点，从"引进来"和"走出去"的角度，加大区域特色的宣传力度；同时，与海关、商务等相关部门建立联系，共同开发应用程序，为各国企业"引进来"和"走出去"提供便利；另外，建立良好的国际合作关系也是一种重要的方式。

其次，增加教育投入，建立人才保障和配套设施，培养、吸引和留住各类专业人才。要想提高贸易韧性，就必须要提高主导产业的科技化水平，而人才是其中最为重要的一个因素，它是促进地区发展和提高创新能力的重要因素。创新型人才培养需要不断地投入研发资金和教育资金，这对留住人才、提升辽宁省人力资本水平具有极为重要的作用，从而提升辽宁省优势进出口制造业的发展水平，提升对外贸易韧性。具体而言，可以从以下三个方面着手：一是加强高级化人才的待遇水平。据国家统计局调查显示，辽宁省中高端人才相对短缺且薪酬福利水平较低，尤其是在科研领域。因此，政府及相关部门应通过提高人才待遇水平，如以增加薪酬补贴、住房补助等方式来吸引高端人才并将其留住。二是提升医疗卫生、商业化保险等保障。辽宁省各地级市的医疗卫生、商业化保险等保障较低且分布不均衡，这在一定程度上阻碍了人才的引进，因此政府及相关部门应通过提升医疗卫生保障水平、优化生活品质来吸引人才。三是通过解决配偶工作等方式来进一步留住人才。此外，还应该增加教育、科技等方面的投资，从而为本地区科学发展创造有利的条件。

再次，随着数字技术的迅猛发展，也为海关信息化发展带来机遇。因此辽宁省各海关应该积极实施制度的集成化创新，提升贸易便利化水平，吸引更多外资入驻辽宁省。比如，可以推行"证照分离""贸易清单"制度等，打造国际型高标准自由贸易区；以数字经济为依托打造信息化通关口岸。积极推进基于数字技术的海关信息化，加快推进"智慧口岸"的建设。推进"无纸化"海关业务，打造最大规模的报关综合平台等。

最后，创新外贸人才培养模式。省内各高校在跨专业、跨学科教材的编制修订方面，应做好跨专业、跨学科教材的编写修订工作。更要强化在网络环境下对跨境电商知识的培养，努力培养出能够满足国际市场需要的应用型、复合型人才。在"产教融合"方面，高校要做好与企业的长期合作，在提升学生对外贸易实践能力的同时，做好校企双方之间的信息互通和资源共享，建立现代外贸教育新平台。

# 参 考 文 献

［1］冯笑，苏二豆．贸易政策不确定性、技术创新与中国城市经济韧性［J］．城市问题，2022（10）：55 – 63．

［2］贺灿飞，夏昕鸣，黎明．中国出口贸易韧性空间差异性研究［J］．地理科学进展，2019，38（10）：1558 – 1570．

［3］姜汝川，景辛辛．疫情影响下中国经济韧性的测度、分解及驱动因素［J］．西南民族大学学报（人文社会科学版），2022，43（12）：109 – 120．

［4］揭础铭．中国出口贸易韧性影响因素研究［J］．中国物价，2022（1）：40 – 42．

［5］吕一清，刘晶晶．经济政策不确定性对经济韧性的影响及作用机制［J］．东北大学学报（社会科学版），2023，25（1）：14 – 24．

［6］王文宇，任卓然，李伟，等．贸易壁垒、市场相关多样化与城市出口韧性［J］．地理研究，2021，40（12）：3287 – 3301．

［7］王妍，路兰．“一带一路”国家贸易网络结构特征及韧性研究［J］．中国石油大学学报（社会科学版），2021，37（4）：40 – 47．

［8］王永贵．增强经济发展韧性提升高质量发展能力［N］．光明日报，2020 – 04 – 01．

［9］习近平．2022年世界经济论坛［N］．人民日报，2022 – 01 – 18．

［10］燕美玲，王海壮．辽宁港口城市经济韧性评价及影响因素分析［J］．海洋经济，2023，13（1）：92 – 100．

［11］袁圆．贸易开放对我国城市经济韧性的影响研究［D］．兰州：兰州理工大学，2022．

［12］张恬，张荣．基于空间经济学视角下的实证分析：亚洲区域经济的恢复与韧性［J］．特区经济，2023（2）：72 – 75．

［13］张翼．对外贸易：增韧性强动能［N］．光明日报，2022 – 03 – 29（1）．

［14］郑杨．十大贸易工程增强发展韧性［N］．经济日报，2022 – 01 – 25（12）．

［15］Aiginger K. Strengthening in the resilience of an economy［J］. Inter-economics：Review of European Economic Policy，2009，44（5）：309 – 316．

［16］Briguglio L. Small island developing states and their economic vulnerabilities［J］. World Development，1995，23（9）：1615 – 1632．

［17］Brown L.，Greenbaum R. T. The role of industrial diversity in economic resilience：An empirical examination across 35 years［J］. Urban Studies，2017，54（6）：

1347 – 1366.

［18］Doran J. , Fingleton B. US metropolitan area resilience：Insights from dynamic spatial panel estimation ［J］. Environment and Planning A, 2017, 50（1）：111 – 132.

［19］Holling C. S. Resilience and stability of ecological systems ［J］. Annual Review of Ecology and Systematics, 1973, 4（1）：1 – 23.

［20］Martin R. Regional economic resilience, hysteresis and recessionary shocks ［J］. Journal of Economic Geography, 2012, 12（1）：1 – 32.

# Study on Measurement and Influencing Factors of Foreign Trade Resilience in Liaoning Province

**Jia Zhanhua    Wang Mange**

[**Abstract**] With the great changes in the world political structure and the impact of the novel coronavirus epidemic, the foreign trade of all countries in the world has been in a downturn. In recent years, the trade strength of Liaoning Province has been continuously improved in the overall status of Northeast China, and it is closely connected with Northeast Asian countries, which plays a driving role in the trade development of Northeast China. Therefore, under the new situation, studying the resilience characteristics of foreign trade is conducive to improving the resistance and resilience of China's economy, and can further enrich the relevant research on economic resilience. Based on the current situation of Liaoning Province's foreign economic and trade and relevant theories, this paper systematically analyzes the current problems of Liaoning Province's foreign trade, constructs a foreign trade resilience index system from the aspects of resistance, resilience and reconstruction ability, and uses the entropy weight method to measure the trade resilience of 14 prefecture-level cities in Liaoning Province and analyzes regional differences. It is found that the average value of foreign trade resilience in most regions of Liaoning Province shows an upward trend, which indicates that the ability of foreign trade to resist risks is gradually enhanced and the trend of sustainable development is obvious. The trade resilience of Shenyang, Dalian, Yingkou, Fuxin, Liaoyang, Panjin, Chaoyang and Huludao remained stable and enhanced from 2005 to 2021, of which Dalian was the most resilient. Among them, only Anshan's foreign trade resilience index decreased significantly, and the other cities showed unstable fluctuations. The geographical detector method was used to analyze the influence of government factors, market factors, digital trade factors, science and technology education factors, and structural factors on the resilience of foreign trade in Liaoning Province, and found that the level of science and technology development and the Internet penetration rate had a promoting effect on its impact, and then put forward corresponding countermeasures and suggestions.

[**Key words**] Foreign Trade Resilience; Spatial Difference; Geographic Detector

# 打造东北地区面向东北亚对外开放新前沿研究

张紫薇　邓朝君　任珍珍　李　月

张　弛　张家宁　尚子璐　侯自从[*]

【摘　要】本研究首先从东北地区打造面向东北亚对外开放新前沿与服务国家发展战略全局及其与东北振兴的战略协同两个方面，阐释了打造东北地区面向东北亚对外开放新前沿的战略意义；其次，从新使命、新地域、新格局、新领域、新举措、新动力六个维度解读了东北地区面向东北亚对外开放"新前沿"的战略要求；再次，分析了东北地区面向东北亚贸易和投资开放的发展现状；最后，从修炼"内力"和塑造"引力"两个方面，对打造东北地区面向东北亚对外开放新前沿提出具体的建议，以期为加快推进东北地区面向东北亚对外开放新前沿建设提供研究支持。

【关键词】东北面向东北亚开放；对外开放新前沿；东北振兴

## 一、打造东北地区面向东北亚对外开放新前沿的战略意义

面对风高浪急的国际环境挑战，始终坚持对外开放的基本国策，以更加主动的姿态拥抱世界经济，在与世界各国开放相融中寻求发展机遇、汇集发展力量是中国谋求现代化发展之道。新时代东北地区全面全方位振兴要位于"双循环"新发展格局下，立足自身发展优势，积极主动融入世界经济。2019 年 8 月 26 日，中央财经委员会第

* 作者简介：张紫薇（1992 ~ ），辽宁沈阳人，辽宁大学经济学院国民经济管理系副教授，副系主任，硕士生导师，研究方向：国民经济发展战略、东北振兴、高质量发展；邓朝君、任珍珍、李月、张弛、张家宁、尚子璐、侯自从，辽宁大学经济学院硕士研究生。

五次会议召开，强调东北地区要主动调整经济结构，推进产业多元化发展，加快国有企业改革，打造对外开放新前沿。

打造东北地区面向东北亚对外开放新前沿是新时代党和国家赋予东北地区的战略任务，既服务于国家发展大战略，又通过扩大开放为东北全面振兴"补短板、锻优势"。从国家战略和发展全局的高度看，推动东北地区面向东北亚深度开放，是服务国家构建全方位、多层次、宽领域对外开放新格局的重要组成部分，是加快实现我国区域协调发展的重要举措，为维护国家"五大安全"战略使命提供国际支撑；从东北振兴内部发展需求看，推动东北地区与东北亚各国的深度开放，促进资金、人员、技术、产品、产业等充分流动，扩大国内外市场，以高水平开放和国际化竞争倒逼东北地区体制机制改革和结构调整，加快"补短板、锻优势"，提升东北地区的投资吸引力、产业竞争力和民生保障能力。

## （一）服务新时代国家发展大局

### 1. 促进全面开放新格局形成

推动形成全面开放新格局是我国适应经济全球化新趋势、准确判断国际形势新变化、深刻把握国内改革发展新要求做出的重大战略部署。自 2013 年"一带一路"倡议提出以来，我国加强了陆路与中亚、东盟的开放合作，推进了海路经东南沿海港口与世界各地的经贸往来。而"一带一路"北向区域开放仍被视为我国开放发展的"短板"。我国向北开放的重点便是加强与东北亚区域国家的开放合作，这是构建我国全面开放新格局的重要组成部分。

东北地区地处东北亚中心，是东北亚各国通往中国关内的交通要道，连接欧亚大陆桥的重要门户，承接东北亚贸易往来和产业转移的主要区域，是中国向北开放的窗口。东北地区立足区域发展实际，发挥地缘、禀赋优势，打造面向东北亚对外开放新前沿对促进国际国内双循环畅通，推动中国区域开放空间从沿海、沿江向内陆、沿边延伸，形成陆海内外联动、东西双向互济的开放新格局具有重要作用。

### 2. 推动中国区域经济协调发展

中国改革开放的实践表明，统筹国内和国际两个市场，实行积极的对外开放政策，为中国经济腾飞提供了强有力的"发动机"。中国对外开放采取渐进式开放路径，率先在东南沿海地区设立经济特区和沿海开放城市，而东北地区作为改革开放前计划经济根基最深厚的地区，经过 40 多年的改革开放，已经成为中国开放前沿建设上的"后发区域"。对外开放的非均衡性造成了东北地区改革不到位、开放不充分的境况。明确东北地区打造对外开放新前沿的战略定位，推动传统意义上对外开放的"后发区域"走向国家对外开放前列，更好地挖掘东北地区的市场潜力、激发市场竞争力和高标准市场的改革推动力，为东北全面振兴注入前所未有的强大动能，加快推动以东、中、西、东北四大板块为基础的开放发展的均衡，实现区域协调发展。

**3. 为维护国家"五大安全"提供重要的国际支撑**

党的十八大以来，习近平总书记多次到东北地区考察，在主持召开深入推进东北振兴座谈会时，提出东北地区维护国家"五大安全"的战略定位，这为推进新时代东北全面振兴提供了根本遵循，也为打造东北地区面向东北亚对外开放新前沿提供了重要机遇。

（1）打造对外开放新前沿与维护国防安全。

将东北地区打造为面向东北亚国家深度开放的新前沿，有助于通过多边经贸往来弥合政治差异，增强政治互信，使我国在东北亚地缘政治格局中占据主动、积累优势，形成资源互补、利益共享的一体化开放格局，以开放发展的共同利益推动构建一个和平稳定、开放包容的东北亚区域发展环境，保障我国北方的国防安全。

（2）打造对外开放新前沿与维护粮食安全。

东北地区有着独特的黑土地资源，黑龙江省连续多年粮食产量稳居全国第一位，2020 年吉林省、辽宁省的粮食产量分别位居全国第 5 位、第 12 位。[①] 东北三省要加快从粮食产量大省向农业大省转变，实现农业科技化与高质量发展，充分发挥农业科技资源，加强国内外联合科研攻关，自主培育高质量种子，依托规模扩大的国际化市场，培育有国际竞争力的农业品牌，提升我国农业现代化水平。此外，目前我国"北粮南运"工程常常受到运力不足、流通方式落后等因素制约而被阻滞。通过对外开放，打造东北地区海陆大通道，加强公路、铁路、水路建设快速发展，大力发展多式联运等运输组织方式，加强粮食物流系统化建设，全面推广散粮运输，确保国家粮食安全。此外，通过扩大东北地区面向东北亚对外开放，能够强化二连浩特口岸等农副产品快速通关"绿色通道"作用，培育形成东南亚国家的果蔬、粮油、鲜活海产品进入俄蒙市场的重要物流通道和重要枢纽。

（3）打造对外开放新前沿与维护生态安全。

生态环境问题是无国界的共同问题，需要开展广泛的国际合作，联合东北亚周边国家共同治理，才能够筑牢我国的生态安全屏障。2012 年以来，中国、蒙古国两国开始就荒漠化防治技术模式开展一系列交流学习活动，共同探讨治沙模式，交流治沙经验，共同应对荒漠化、土地退化与干旱等人类面临的共同挑战。

（4）打造对外开放新前沿与维护产业安全。

东北地区的钢铁、飞机制造、造船业、装备制造业等对保障国家产业安全的战略

---

① 资料来源：国家统计局官网。

地位十分重要。虽然东北经济发展仍面临诸多困境，但产业技术上仍具有显著优势。打造东北地区对外开放新前沿，要充分发挥东北腹地良好的产业基础、明显的科教优势、众多的技术人才和较为完整的产业基础条件，主动"走出去"和"引进来"，开展跨境加工、国际贸易等，充分利用国内和国外两个市场的要素和资源，加快在国际市场上实现科技自立自强。

（5）打造对外开放新前沿与维护能源安全。

能源稳定供应是国家经济发展的根基，能源战略是国家政治外交的重点。在东北亚地区，除了俄罗斯是能源生产大国，中国、日本、韩国等都是能源进口、消费大国，能源短缺越来越成为困扰东北亚各国的共同问题。目前，东北亚各国就能源合作已经取得了显著进展，尤其是俄罗斯原油管道、天然气管道已经陆续进入施工阶段，未来东北亚能源合作将获得前所未有的新发展。但总体看来，东北亚区域能源合作发展水平仍较低，尤其是在多边能源合作机制上滞后，能源出口国与进口国的合作受到零和博弈观念的影响严重。打造东北地区面向东北亚对外开放新前沿，有助于加快推动东北亚区域能源合作机制，加快推进东北亚能源市场建设，提高东北亚各国在国际能源市场的议价能力，保障东北亚各国的能源稳定，为中国能源安全保障提供重要的国际支撑。

## （二）推动扩大开放与区域振兴的战略协同

中国经济进入"新常态"后，东北老工业基地一直以来存在的"体制病""结构病""发展方式病"在特定时空下集中爆发，东北地区经济增长失速，中国"南北经济"差距进一步扩大。究其问题根源，东北地区与东部沿海地区相比，存在开放程度低、贸易水平低、利用外资不充分等问题。东北老工业基地的体制性、结构性及资源性问题是东北地区以开放倒逼改革、以开放提升竞争力的问题。新一轮东北全面全方位振兴，需要在进一步扩大开放中寻求振兴发展新突破，加快推动对外开放与东北振兴战略协同，通过开放倒逼改革，提升东北地区的投资吸引能力、产业竞争能力和民生保障能力，实现东北地区振兴发展。

## 二、打造东北地区面向东北亚对外开放新前沿的战略内涵

打造东北地区面向东北亚对外开放新前沿，需要从"新使命、新地域、新格局、新领域、新举措、新动力"六个方面解读"新前沿"，即以新使命为指引，谋划东北地区对外开放新前沿建设的基本方略，聚焦东北地区对外开放的重点城市和重点区域，形成新的开放地域，构建开放新格局，研判国际贸易新领域和新趋势，探索开放

新举措，积蓄服务国家发展大局和东北全面振兴的新动力。

第一，新使命。面对国际局势变化大环境和全国开放大棋局，面对统筹发展与安全赋予东北振兴的重要使命。新时代东北地区的对外开放不能仅仅将目标锚定在扩大对外经贸发展上，更要以维护国家"五大安全"的政治使命和服务国家构建全方位、多层次、宽领域对外开放新格局为目标，谋篇布局东北地区面向东北亚对外开放新前沿建设。

第二，新地域。改革开放以来，我国形成了在时间上继起、在空间上并存的一系列开放新前沿。20世纪80年代形成了以经济特区为窗口的开放新前沿，90年代形成了以上海和长三角为代表的开放新前沿，21世纪初形成了以京津冀和天津滨海新区为代表的开放新前沿。2019年中央经济工作会议谋篇布局东北地区打造一个新的对外开放新前沿，这次新前沿建设是在我国开放发展的新地域上，对改善长期以来我国"南强北弱"的开放格局提供了发展机遇。

第三，新格局。打造东北地区面向东北亚对外开放新前沿并非是局部沿边沿海地区的开发开放，而是东北地区全域多层次的开放，要聚焦东北地区四个副省级城市建设东北亚国际化中心城市，统筹推进东北城市群协同开放，做好沿海经济带和沿边开发开放大文章，打造我国向北开放的重要窗口和东北亚地区合作的中心枢纽，打造成为丝绸之路互联互通的重要节点和RECP经贸合作的前沿平台。

第四，新领域。当今世界，国际贸易新业态、新领域飞速发展。东北地区打造对外开放新前沿不仅要在进一步扩大传统开放领域上下功夫，还要充分注重以数据为代表的数字贸易的蓬勃发展，以低碳环保为要求的绿色贸易的兴起，同时也要加强规则和制度型开放，尤其是在知识产权保护、金融安全以及争端解决机制建设等领域的开放。

第五，新举措。新时代，我国对外开放进入新的历史阶段，对开放措施有了新的实践要求。东北地区既要积极借鉴东部沿海地区开放的实践经验，又要充分挖掘国家赋予东北地区开放发展的政策潜力，不断创新扩大开放的政策措施，促进投资和贸易便利化。

第六，新动力。过去的东北振兴更多的是以内生性改革为主导的区域振兴，现在更多的是要利用国际力量和世界力量倒逼东北地区深化改革，尤其是在行政体制改革上，要大力推进简政放权，以政府权力的"减法"换取对外开放的"加法"。全力将对外开放新前沿建设积蓄为推进东北产业结构调整、市场主体培育、实现区域经济协调发展的新动能。

## 三、东北地区面向东北亚贸易投资开放水平分析

东北地区地处东北亚经济圈的中心地带，与周边各国和地区都保持着良好的经贸关系，是中国建立中日韩自由贸易区，积极扩大与东北亚区域合作的核心阵地。随着深入推进东北振兴和大力促进对外开放，东北地区与东北亚各国合作更加紧密，东北地区的经济发展水平有了大幅度提升，经济活力逐渐被激发出来，各个省区的经济优势逐渐显现，跨境经贸关系不断延伸，表现出了较好的发展势头。

### （一）面向东北亚贸易开放水平

#### 1. 中国与东北亚国家贸易竞争性及互补性分析

在国际贸易中，因自身生产要素禀赋及经济发展程度而形成的竞争性和互补性对两国间的经济交流有一定程度的影响。当一国的出口产品结构与另一国的进口产品结构越吻合时，表明两国间的贸易潜力越高。相反当两国的出口产品结构较为相似时，其优势产品的趋同性和产品的相似性也会对两国的贸易往来产生一定的影响。由于东北地区和东北亚国家之间商品交易数据有限，本部分利用了中国与东北亚国家间的商品交易数据对中国和东北亚国家的贸易竞争性和互补性进行了分析和评价。由于朝鲜数据未公开，因此本部分所述的东北亚国家不包含朝鲜。

（1）中国与东北亚国家贸易竞争性分析。

显示性比较优势指数（revealed comparative advantage，RCA）是由巴拉萨（1965）提出的，其旨在从比较优势的角度衡量一国产品或产业的相对出口表现，具体计算公式如下所示。

$$RCA_{ijt} = \frac{\dfrac{X_{ijt}}{X_{jt}}}{\dfrac{X_{iwt}}{X_{wt}}} \tag{1}$$

其中，$X_{jt}$ 为 j 国的出口总额，$X_{ijt}$ 为 j 国 i 产品的出口额，$X_{wt}$ 为世界出口总额，$X_{iwt}$ 为世界 i 产品出口额，t 表示时间。依据《联合国国际贸易标准分类》（SITC）对贸易产品种类进行划分，分类情况如下：资源密集型初级制成品（RIP）为 SITC0、SITC1、SITC2、SITC3、SITC4；资本或技术密集型工业制成品（TIP）为 SITC5 和 SITC7；劳动密集型工业制成品（LIP）为 SITC6 和 SITC8；其他为 SITC9。

表 1 分别直观地展示了中国与东北亚国家各类产业出口的 RCA 平均值。具体分析可以看出，中国在 SITC7、SITC8、SITC6 具备依次减弱的比较优势。其中，SITC7

的出口占优表明我国制造业转型升级和创新驱动发展的成效凸显，逐渐在技术密集型
产业积累出口市场竞争力，SITC8 虽然具有极强的国际竞争力，但是其 RCA 指数呈
现递减趋势，表明我国劳动力密集型产业优势在逐渐消失。中国在 SITC0、SITC3、
SITC2、SITC9、SITC1、SITC4 六类产业的 RCA 指数均低于 0.8 并依次递减，说明我
国在这些产业的出口竞争力还较弱。日本和韩国在部分产业的 RCA 数值比较接近且
整体分布较为集中，两国都在 SITC7 具有很强的竞争力，且竞争力强于中国，体现了
二者在制造业发展中所具备的先进技术和能力。另外，日韩在 SITC0 ~ SITC4 上 RCA
值较低，在这些领域处于竞争劣势，这也符合两国受土地资源限制，缺乏农林牧渔矿
等自有资源的现实条件。俄罗斯和蒙古国分别在 SITC3 和 SITC2、SITC3 具备很强的
竞争优势，这得益于俄罗斯广阔国土面积蕴藏的大量矿产资源和蒙古国丰富的畜牧产
品、原材料产品以及地下资源。

**表 1**      **2012 ~ 2019 年中国与东北亚国家各大类贸易产品 RCA 平均值**

| 分类 | 产品类别 | 中国 | 日本 | 韩国 | 俄罗斯 | 蒙古国 |
|---|---|---|---|---|---|---|
| RIP | SITC0 | 0.426 | 0.106 | 0.152 | 0.587 | 0.217 |
| | SITC1 | 0.023 | 0.018 | 0.048 | 0.041 | 0.038 |
| | SITC2 | 0.094 | 0.245 | 0.187 | 0.592 | 8.240 |
| | SITC3 | 0.249 | 0.305 | 1.291 | 9.669 | 5.601 |
| | SITC4 | 0.005 | 0.004 | 0.002 | 0.087 | 0.001 |
| TIP | SITC5 | 0.960 | 1.676 | 1.961 | 0.825 | 0.007 |
| | SITC7 | 7.616 | 9.475 | 9.108 | 0.774 | 0.236 |
| LIP | SITC6 | 2.684 | 1.961 | 2.083 | 1.963 | 0.287 |
| | SITC8 | 4.040 | 1.288 | 1.277 | 0.217 | 0.118 |
| 其他 | SITC9 | 0.036 | 1.068 | 0.038 | 1.335 | 1.260 |

资料来源：依据 UN Comtrade 数据库整理所得。

    出口产品相似度指数（export similarity index，ESI）由芬格和克雷宁（1979）提
出，专门用于衡量两国对某共同市场出口商品结构的相似程度。本文采用格利克和罗
斯（1998）修正后的指数，计算公式为：

$$\mathrm{ESI}_{ij} = \left\{ \sum_{k} \left[ \left( \frac{\frac{X_{iw}^k}{X_{iw}} + \frac{X_{jw}^k}{X_{jw}}}{2} \right) \times \left( 1 - \left| \frac{\frac{X_{iw}^k}{X_{iw}} - \frac{X_{jw}^k}{X_{jw}}}{\frac{X_{iw}^k}{X_{iw}} + \frac{X_{jw}^k}{X_{jw}}} \right| \right) \right] \right\} \times 100 \qquad (2)$$

其中，ESI$_{ij}$为 i、j 国的出口产品相似程度；X 为出口额，i、j 为两个不同的国家，k 为产品种类，w 为世界市场。这一指数从 0～100 不等，越接近 100 表示两个国家的竞争程度越高，而越接近 0 则意味着两个国家之间的贸易冲突越小；同时，如果两国之间的竞争随着时间的推移而增加，则两国之间的竞争性会逐渐增强，而如果呈现反方向的变动，则表明两国之间的专业化分工进一步加深，其在第三方市场上的竞争也会逐渐减弱。

由图 1 综合来看，中日、中韩 ESI 值居高不下，多年来始终高于 70，这表明中国与日韩商品出口结构趋于收敛，在国际市场上存在激烈的竞争。而中俄的 ESI 则相对较低，从整体来看，中俄 ESI 值呈波动上升趋势，这表明中俄之间的贸易竞争程度有可能会进一步加强。中蒙 ESI 值极低，一直在 6～10 波动，说明中蒙出口产品不同，未来有很大的经济合作空间。

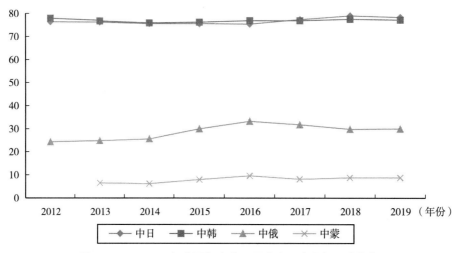

**图 1　2012～2019 年中国与东北亚国家出口产品相似度指数**

注：蒙古国由于缺失 2012 年出口数据，图 1 中中蒙 2012 年数据缺失，下文同。
资料来源：根据 UN Comtrade 数据和 ESI 公式整理得出。

通过 2012 年、2015 年和 2019 年的 ESI 指数（见表 2）对比可知，中日、中韩技术密集型产品出口相似度指数多数年份高于 50，且呈现波动中上升趋势，劳动密集型工业产品出口相似度指数则呈现下降趋势。其中，中日、中韩主要在 SITC7 和 SITC6 两种类型的产品出口上具有竞争性，这表明中日、中韩在技术密集型商品、劳动密集型产品上存在较强的竞争性。中俄各类产品的 ESI 指数都比较小，说明中俄两国在出口方面竞争力不强，有很大的经济合作空间。在国际市场上的出口竞争主要集中在 SITC6。中蒙 ESI 值极低，各类产品的 ESI 值都在 5 以下，即表明中蒙两国的出口商品基本没有竞争，中蒙两国之间有很大的贸易潜力。综合来讲，随着中国经济结构转型升级以及人口和资源红利的消失，中国从依靠低成本劳动力资源和丰富的自然资源的劳动密集型产业逐渐转移到以高新技术为导向的技术密集型产业，同更早发展科技产业并以此为支柱的日韩两国差距进一步缩小。

**表 2          2012 年、2015 年和 2019 年中国与东北亚各国贸易产品 ESI 指数**

| 国家 | 分类 | 2012 年 | 2015 年 | 2019 年 |
|------|------|---------|---------|---------|
| 中日 | RIP | 2.21 | 2.65 | 3.53 |
|  | TIP | 53.08 | 52.69 | 55.24 |
|  | LIP | 21.24 | 20.33 | 18.96 |
| 中韩 | RIP | 2.69 | 2.89 | 3.79 |
|  | TIP | 52.61 | 52.29 | 54.32 |
|  | LIP | 22.68 | 21.12 | 19.47 |
| 中俄 | RIP | 4.27 | 4.57 | 5.35 |
|  | TIP | 8.21 | 11.08 | 10.15 |
|  | LIP | 11.83 | 14.32 | 13.81 |
| 中蒙 | RIP |  | 2.84 | 4.49 |
|  | TIP |  | 1.58 | 1.53 |
|  | LIP |  | 3.09 | 2.11 |

资料来源：根据 UN Comtrade 数据和 ESI 公式整理得出。

（2）中国与东北亚国家贸易互补性分析。

贸易互补性指数（trade complementary index，TCI）最先由彼得·德赖斯代尔（1967）提出，主要是指两国双边贸易产品的互补程度，通常被用来衡量双边贸易的发展能力。贸易互补性指数越高，双边贸易发展潜力越大。TCI 指数的具体计算公式如下所示。

$$TCI_{ijk} = RCA_{ik}^{x} \times RCA_{jk}^{m} \qquad (3)$$

其中，
$$RCA_{ik}^{x} = \frac{\left(\dfrac{X_{ik}}{X_{i}}\right)}{\left(\dfrac{X_{K}}{X_{w}}\right)} \qquad (4)$$

$$RCA_{jk}^{m} = \frac{\left(\dfrac{M_{jk}}{M_{j}}\right)}{\left(\dfrac{M_{K}}{M_{w}}\right)} \quad\quad (5)$$

从产品贸易互补性指数来看，借鉴武敬云（2012）对贸易互补性指数的分类标准，将产品互补性指数分成四个级别：将 $1 \leqslant TCI_{ij}$ 的定义为"一级互补"，将 $0.5 \leqslant TCI_{ij} \leqslant 0.99$ 的定义为"二级互补"，将 $0.2 \leqslant TCI_{ij} \leqslant 0.49$ 的定义为"三级互补"，将 $TCI_{ij} < 0.2$ 的定义为"四级互补"。其中，定义一级和二级产品互补为"高度贸易互补"，我们将重点分析高度贸易互补的分布状况。

由表3可知，从中国进口角度来看，东北亚国家与中国存在"一级互补"的产品有5类，分别是SITC2、STC3、STC4、STC7、STC9，存在"二级互补"的产品有2类，分别是SITC5、SITC6；从中国出口角度来看，东北亚国家与中国存在"一级互补"的产品有3类，分别是STC8、STC7、STC6，存在"二级互补"的产品有4类，分别是STC0、STC5、STCI6、STCI7。所以，从东北亚国家和中国存在互补性的各类别商品来看，双边除STCI1外，其他商品均存在较强的互补性。

**表3**　　　　　　　　2012～2019 年中国与东北亚国家存在互补性商品

| 日中 | SITC2 (1.32) | SITC5 (0.85) | STC7 (1.79) | 中日 | STC0 (0.54) | STC7 (0.98) | STC6 (0.94) |
|---|---|---|---|---|---|---|---|
| | STC6 (0.64) | STC9 (1.04) | | | STC8 (2.49) | | |
| 韩中 | SITC2 (1.01) | STC3 (0.74) | STC5 (0.99) | 中韩 | STC7 (1.13) | STC6 (1.22) | STC8 (1.69) |
| | STC7 (1.72) | STC6 (0.68) | | | | | |
| 俄中 | SITC2 (3.26) | STC3 (5.59) | STC4 (1.02) | 中俄 | STC0 (0.70) | STC5 (0.65) | STC7 (1.70) |
| | STC6 (0.64) | STC9 (1.27) | | | STC8 (2.28) | STC6 (1.38) | |
| 蒙中 | SITC2 (45.66) | STC3 (3.76) | STC9 (1.29) | 中蒙 | STC0 (0.60) | STC7 (1.28) | STC6 (1.84) |
| | | | | | STC8 (1.14) | | |

资料来源：根据 UN Comtrade 数据库整理计算得到。

综合贸易互补性指数是一种综合化计算指标，能有效衡量两国贸易的互补性。其公式为：

$$TCI_{ij} = \sum_k \left[ (RCA_{ik}^x \times RCA_{jk}^m) \times \left( \frac{M_K}{M_w} \right) \right] \qquad (6)$$

如表 4 所示，从中国出口的角度来看，2012～2019 年中国和日本、韩国、蒙古国的综合贸易互补指数年度均值分别为 0.869、0.859 和 0.924，俄罗斯则为 1.148，这表明中俄的产品互补性最强。其中，中国出口对东北亚区域进口的 TIP 综合贸易互补性指数均值在 0.4 以上，互补性最强，而 RIP 的综合贸易互补性指数均值均小于 0.1，不具有贸易互补性。说明当中国向东北亚国家出口时，中国与东北亚国家在 RIP 上不存在贸易互补性，在 TIP 上存在较强的贸易互补性。而从中国进口的角度来看，韩国、俄罗斯和蒙古国对我国的综合贸易互补性指数均值均大于 1，日本也始终在 1 附近徘徊。这表明东北亚四国出口的商品与我国进口的商品具有很好的互补性。其中，中国与日本、韩国在 TIP 上具有较强的贸易互补性，与俄罗斯、蒙古国在 RIP 上具有较强的贸易互补性，且其指数呈现出递增的趋势，这与俄罗斯、蒙古国近些年来大力发展能源产业相关。

**表 4**　　　　　　　　　　　**中国与东北亚国家综合贸易互补性指数**

| 年份 | 中日 | | 中韩 | | 中俄 | | 中蒙 | |
|---|---|---|---|---|---|---|---|---|
| | 出口 | 进口 | 出口 | 进口 | 出口 | 进口 | 出口 | 进口 |
| 2012 | 0.792 | 0.980 | 0.767 | 0.994 | 1.221 | 1.046 | | |
| 2013 | 0.823 | 1.017 | 0.807 | 1.004 | 1.227 | 1.023 | 0.973 | 2.334 |
| 2014 | 0.825 | 1.006 | 0.810 | 1.004 | 1.184 | 1.076 | 0.928 | 2.692 |
| 2015 | 0.898 | 1.028 | 0.887 | 1.011 | 1.075 | 1.102 | 0.893 | 2.691 |
| 2016 | 0.922 | 1.016 | 0.926 | 1.011 | 1.116 | 1.119 | 0.891 | 2.355 |
| 2017 | 0.905 | 0.968 | 0.910 | 1.011 | 1.141 | 1.178 | 0.905 | 2.278 |
| 2018 | 0.893 | 0.960 | 0.879 | 1.021 | 1.126 | 1.228 | 0.941 | 2.369 |
| 2019 | 0.897 | 0.925 | 0.887 | 0.996 | 1.097 | 1.272 | 0.940 | 2.415 |
| 年度均值 | 0.869 | 0.988 | 0.859 | 1.007 | 1.148 | 1.131 | 0.924 | 2.448 |
| RIP | 0.078 | 0.082 | 0.067 | 0.146 | 0.052 | 0.892 | 0.074 | 2.356 |
| TIP | 0.402 | 0.737 | 0.459 | 0.730 | 0.680 | 0.100 | 0.504 | 0.017 |
| LIP | 0.389 | 0.121 | 0.333 | 0.129 | 0.416 | 0.084 | 0.347 | 0.016 |

注："出口"表示中国出口与某国进口间的贸易互补性；"进口"表示某国出口与中国进口间的贸易互补性。
资料来源：根据 UN Comtrade 数据和 TCI 公式整理得出。

通过以上对中国与东北亚国家双边贸易的竞争性与互补性研究发现：中国与日本、韩国总体以贸易竞争性为主，RCA 指数结果表明，三国在 SITC7 上具备贸易比较优势，且日本优势最强，韩国次之；ESI 指数近年来稳定在较高水平，充分展现了中国产业结构转型和技术创新能力提升的成效，中日、中韩在同一市场的出口竞争越发激烈；中日 TCI 指数表明，两国贸易表现为中国向日本出口劳动密集型产品（SITC8），日本向中国出口技术密集型产品（SITC7）。中韩 TCI 指数表明，两国贸易体现在中国主要向韩国出口劳动密集型产品（SITC6、SITC8），韩国主要向中国出口技术密集型产品（SITC7）。中俄、中蒙总体上以贸易互补性为主，RCA 指数分析结果显示三国在不同类别的产业上具备竞争优势；相对较低的 ESI 指数表明中国与俄罗斯、蒙古国有着明显的出口结构差异，据此在同一市场上几乎不存在竞争；相对较高的 TCI 指数则直观地表明中国与俄罗斯、蒙古国贸易互补的产业分布，即分别凭借各自资源禀赋优势和相对需求向对方出口工业制成品、原材料和矿产品（见表5）。

表5　　　　　　　　　　　　中国与东北亚国家综合指数

| 国家 | 类型 | RCA 指数 | | ESI 指数 | TCI 指数 | |
| --- | --- | --- | --- | --- | --- | --- |
| | | 中国 | 东北亚 | | 中国出口 | 东北亚出口 |
| 中日 | 贸易竞争型 | SITC7<br>SITC6<br>SITC8 | SITC7 | SITC7<br>SITC6 | SITC8 | SITC7 |
| 中韩 | 贸易竞争型 | | SITC7 | SITC7<br>SITC6 | SITC6<br>SITC8 | SITC7 |
| 中俄 | 贸易互补型 | | SITC3 | SITC6 | SITC7<br>SITC8 | SITC2<br>SITC3 |
| 中蒙 | 贸易互补型 | | SITC2<br>SITC3 | | SITC2 | SITC6<br>SITC7 |

**2. 东北地区与东北亚各国的贸易状况**

日本一直以来是东北地区重要的贸易伙伴，多年以来双方贸易规模不断增长。首先，从分地区角度来看东北地区对日本进出口总额概况，如表6所示，辽宁省进出口总额由 2009 年的 124.13 亿美元增加到 2021 年的 143.33 亿美元，年均增长率为 1.21%；吉林省进出口总额由 2009 年的 22.48 亿美元减少到 2021 年的 16.78 亿美元，年均增长率为 -2.41%；黑龙江省进出口总额由 2009 年的 5.60 亿美元减少到 2021 年的 4.75 亿美元，年均增长率为 -1.36%；内蒙古自治区进出口总额由 2009 年的 7.80 亿美元减少到 2021 年的 4.46 亿美元，年均增长率为 -4.55%。可以发现，

2009～2021 年，除辽宁省之外，吉林省、黑龙江省和内蒙古自治区的进出口总额年均增长均呈下降趋势。即说明日本是辽宁省面向东北亚开放的重要合作伙伴，在推进中日韩自贸区建设的过程中，双方的合作将会得到进一步加深。

其次，从对日本贸易商品种类角度来看，东北地区向日本出口的产品以传统优势产业产品为主，主要包括原油、木材及木制品、纺织纱线及制品、农产品以及汽车零部件、机电产品等商品，受地震和核辐射的影响，日本对建筑材料、农产品等商品产生了巨大的需求；而日本向东北地区出口的产品以化工产品、机电产品为主，主要包括汽车、发动机及零件、电子管、金属加工机床等商品。这与前述分析的中国与日本间的贸易表现十分吻合，根据测算辽宁省向日本出口的主要产品将会逐渐由劳动密集型产品转移到技术密集型产品。

**表6**　　　　　**2009～2021 年东北地区对日本进出口总额**　　　　单位：亿美元

| 年份 | 辽宁省 | 吉林省 | 黑龙江省 | 内蒙古自治区 | 东北地区 |
|------|--------|--------|----------|--------------|----------|
| 2009 | 124.13 | 22.48 | 5.60 | 7.80 | 160.01 |
| 2010 | 159.09 | 29.92 | 6.14 | 8.09 | 203.24 |
| 2011 | 177.17 | 33.92 | 7.13 | 10.24 | 228.46 |
| 2012 | 161.37 | 27.00 | 5.30 | 6.32 | 199.99 |
| 2013 | 163.37 | 28.86 | 4.60 | 9.54 | 206.38 |
| 2014 | 154.55 | 29.51 | 3.94 | 5.75 | 193.75 |
| 2015 | 129.56 | 17.09 | 3.45 | 3.65 | 153.75 |
| 2016 | 129.91 | 16.48 | 3.91 | 7.85 | 158.15 |
| 2017 | 145.53 | 17.76 | 4.33 | 2.54 | 170.16 |
| 2018 | 163.47 | 18.20 | 3.68 | 3.26 | 188.61 |
| 2019 | 142.70 | 15.05 | 3.82 | 2.81 | 164.38 |
| 2020 | 121.80 | 18.89 | 3.86 | 3.04 | 147.59 |
| 2021 | 143.33 | 16.78 | 4.75 | 4.46 | 169.32 |

资料来源：根据 2009～2021 年辽宁省、吉林省、黑龙江省、内蒙古自治区海关的相关数据计算整理所得。

首先，从分地区角度来看东北地区对韩国进出口总额的概况，如表7所示，辽宁省进出口总额由 2009 年的 61.41 亿美元增加到 2021 年的 88.41 亿美元，年均增长率为 3.08%；吉林省进出口总额由 2009 年的 6.10 亿美元增加到 2021 年的 8.80 亿美元，年均增长率为 3.10%；黑龙江省进出口总额由 2009 年的 5.29 亿美元减少到

2021 年的 3.68 亿美元, 年均增长率为 -2.98%; 内蒙古自治区进出口总额由 2009 年的 6.61 亿美元增加到 2021 年的 7.48 亿美元, 年均增长率为 1.04%。可以发现, 东北地区对韩国的进出口额中, 辽宁省所占比重最大。这主要是由于辽宁省的地理位置和运输条件较好, 大连、营口两个口岸也为辽宁省和韩国的进出口提供了便利, 未来大连自由贸易港的成立将会进一步推动辽宁省与韩国的经贸合作。

其次, 从对韩国贸易商品种类角度来看, 东北地区向韩国出口的产品以农副产品、机电产品、服装等传统产品为主, 而韩国向东北地区出口的产品主要以机电产品为主, 韩国的重化工业以及电子科技产业等相关产业在辽宁省沿海经济带的全面开发战略下已经大举进入东北地区, 这为东北地区对外贸易提供了良好的机遇和平台, 有利于促进东北地区提高对外开放水平。可以发现, 东北地区与韩国的贸易关系和东北地区与日本的贸易关系非常相似, 日韩主要向东北地区出口高端技术附加值产品, 而东北向日韩出口中低技术附加值产品。

表 7 　　　　　　　　　　2009～2021 年东北地区对韩国进出口总额 　　　　　单位: 亿美元

| 年份 | 辽宁省 | 吉林省 | 黑龙江省 | 内蒙古自治区 | 东北地区 |
|---|---|---|---|---|---|
| 2009 | 61.41 | 6.10 | 5.29 | 6.61 | 79.41 |
| 2010 | 73.71 | 7.11 | 6.03 | 4.59 | 91.44 |
| 2011 | 90.61 | 7.95 | 7.94 | 6.16 | 112.66 |
| 2012 | 96.96 | 7.31 | 6.32 | 3.92 | 114.51 |
| 2013 | 105.48 | 7.69 | 4.86 | 8.20 | 126.23 |
| 2014 | 108.17 | 8.38 | 5.04 | 7.00 | 128.59 |
| 2015 | 99.20 | 7.61 | 4.27 | 5.08 | 116.16 |
| 2016 | 92.28 | 8.19 | 2.72 | 8.10 | 111.29 |
| 2017 | 100.34 | 8.05 | 1.94 | 5.05 | 115.38 |
| 2018 | 96.97 | 7.67 | 2.38 | 5.55 | 112.57 |
| 2019 | 85.30 | 10.60 | 2.74 | 4.58 | 103.22 |
| 2020 | 58.60 | 7.41 | 3.48 | 4.02 | 73.51 |
| 2021 | 88.41 | 8.80 | 3.68 | 7.48 | 108.37 |

资料来源: 根据 2009～2021 年辽宁省、吉林省、黑龙江省、内蒙古自治区海关的相关数据计算整理所得。

俄罗斯是石油、天然气、森林资源丰富的国家, 与东北地区相比具有很强的资源优势。近年来, 俄罗斯远东地区逐渐成为东北地区经济贸易合作的重要伙伴。首先, 从分地区角度来看东北地区对俄罗斯进出口总额的概况, 如表 8 所示, 辽宁省进出口总额由 2009 年的 14.13 亿美元增加到 2021 年的 44.36 亿美元，年均增长率为 10.00%；吉林省进出口总额由 2009 年的 4.60 亿美元增加到 2021 年的 16.18 亿美元，年均增长率为 11.05%；黑龙江省进出口总额由 2009 年的 69.98 亿美元增加到 2021 年的 203.59 亿美元，年均增长率为 9.31%；内蒙古自治区进出口总额由 2009 年的 24.19 亿美元增加到 2021 年的 26.76 亿美元，年均增长率为 8.45%。可以发现，黑龙江省对俄罗斯进出口总额明显高于辽宁省、吉林省、内蒙古自治区，其进出口总额占东北地区对俄罗斯进出口总额的 70%，可见黑龙江省是东北地区与俄罗斯经贸合作最主要的省份。

表8         **2009～2021 年东北地区对俄罗斯进出口总额**     单位：亿美元

| 年份 | 辽宁省 | 吉林省 | 黑龙江省 | 内蒙古自治区 | 东北地区 |
| --- | --- | --- | --- | --- | --- |
| 2009 | 14.13 | 4.60 | 69.98 | 24.19 | 112.90 |
| 2010 | 21.98 | 5.94 | 108.91 | 26.56 | 163.39 |
| 2011 | 22.41 | 7.92 | 175.45 | 28.90 | 234.68 |
| 2012 | 26.21 | 9.45 | 195.33 | 26.28 | 257.27 |
| 2013 | 27.35 | 6.51 | 183.10 | 25.73 | 242.69 |
| 2014 | 31.35 | 6.86 | 211.87 | 24.03 | 274.11 |
| 2015 | 55.24 | 6.77 | 101.71 | 21.64 | 185.36 |
| 2016 | 45.22 | 4.70 | 87.57 | 23.11 | 160.60 |
| 2017 | 41.50 | 5.70 | 109.43 | 30.32 | 186.95 |
| 2018 | 41.09 | 9.41 | 184.61 | 29.98 | 265.09 |
| 2019 | 34.60 | 8.37 | 184.25 | 26.90 | 254.12 |
| 2020 | 31.70 | 8.38 | 141.07 | 25.44 | 206.59 |
| 2021 | 44.36 | 16.18 | 203.59 | 26.76 | 290.89 |

资料来源：根据 2009～2021 年辽宁省、吉林省、黑龙江省、内蒙古自治区海关的相关数据计算整理所得。

东北地区一直是朝鲜最主要的贸易伙伴，也是朝鲜主要的物质资源供给地区。随着 2000 年朝鲜实施改革策略以来，中国东北地区与朝鲜的经贸合作日益加深，尤其是辽宁省丹东市，借助地理位置优势已发展成为对朝鲜经贸合作的重要地区。首先，从分地区角度来看东北地区对朝鲜进出口总额的概况，如表 9 所示，辽宁省进出口总额由 2009 年的 11.11 亿美元减少到 2018 年的 7.76 亿美元，年均增长率为 -2.95%；吉林省进出口总额由 2009 年的 5.36 亿美元减少到 2018 年的 2.85 亿美元，年均增长率为 -5.13%；黑龙江省进出口总额由 2009 年的 2.89 亿美元减少到 2018 年的 0.003 亿美元，年均增长率为 -43.59%；内蒙古自治区进出口总额由 2009 年的 0.03 亿美元增加到 2018 年的 0.21 亿美元,年均增长率为 17.60%。可以发现,辽宁省对朝鲜贸易水平高于吉林省、黑龙江省和内蒙古自治区,朝鲜的经济在 2020 年受到严重打击,特别是在新冠疫情的持续影响下,中国和朝鲜的经济合作很大程度上都被中止。不过,长期来看,东北地区与朝鲜的贸易往来有望得到回升。

其次,从对朝鲜贸易商品种类角度来看,自 2000 年朝鲜实施改革以来,东北地区与朝鲜的贸易合作进入了高速发展阶段,在中朝合作中占据了重要地位。朝鲜的石油、汽油、焦炭、粮食、食用油、日用百货、家用电器等几乎均从我国进口,其中约 80% 的交易通过东北口岸进行。朝鲜作为吉林省的重要贸易伙伴,其铁矿砂、煤炭有力地支撑了吉林省的钢铁生产。

**表 9**　　　　　　　　**2009～2018 年东北地区对朝鲜进出口总额**　　　　　单位:亿美元

| 年份 | 辽宁省 | 吉林省 | 黑龙江省 | 内蒙古自治区 | 东北地区 |
|------|--------|--------|----------|--------------|----------|
| 2009 | 11.11 | 5.36 | 2.89 | 0.03 | 19.39 |
| 2010 | 14.55 | 4.23 | 3.76 | 0.14 | 22.68 |
| 2011 | 21.04 | 6.68 | 5.78 | 0.06 | 33.56 |
| 2012 | 22.96 | 7.25 | 6.37 | 0.02 | 36.60 |
| 2013 | 25.28 | 8.64 | 6.30 | 0.16 | 40.38 |
| 2014 | 27.36 | 11.88 | 0.23 | 0.08 | 39.55 |
| 2015 | 25.17 | 10.79 | 0.12 | 0.07 | 36.15 |
| 2016 | 23.33 | 11.03 | 0.23 | 0.07 | 34.66 |
| 2017 | 17.00 | 7.38 | 0.20 | 0.17 | 24.75 |
| 2018 | 7.76 | 2.85 | 0.003 | 0.21 | 10.82 |

资料来源:根据 2009～2018 年辽宁省、吉林省、黑龙江省、内蒙古自治区海关的相关数据计算整理所得。

东北地区与蒙古国之间的经济贸易往来一直很紧密。首先,从分地区角度来看东北地区对蒙古国进出口总额的概况,如表 10 所示,在 2021 年,辽宁省与蒙古国的进出口总额达 0.76 亿美元,吉林省与蒙古国的进出口总额达 0.36 亿美元,黑龙江省与蒙古国的进出口总额达 0.56 亿美元,内蒙古自治区与蒙古国的进出口总额达 48.48 亿美元,蒙古国与东北地区的贸易往来 97% 来自内蒙古自治区,内蒙古自治区在东北地区与蒙古国的经济合作中发挥了不可或缺的作用。

其次,从对蒙古国贸易商品种类角度来看,蒙古国矿产资源丰富,畜牧业也相当发达,东北地区向蒙古国进口的产品以畜牧产品和原材料为主,向蒙古国出口的产品主要以日用品为主。

表10　　　　　　　　　**2009～2021年东北地区对蒙古国进出口总额**　　　　　单位：亿美元

| 年份 | 辽宁省 | 吉林省 | 黑龙江省 | 内蒙古自治区 | 东北地区 |
|---|---|---|---|---|---|
| 2009 | 0.76 | 0.02 | 0.76 | 14.01 | 15.55 |
| 2010 | 0.47 | 0.04 | 1.52 | 23.51 | 25.54 |
| 2011 | 0.61 | 0.07 | 1.65 | 38.38 | 40.71 |
| 2012 | 0.83 | 0.11 | 4.91 | 36.92 | 42.77 |
| 2013 | 0.96 | 0.07 | 3.53 | 36.80 | 41.36 |
| 2014 | 0.81 | 0.04 | 7.42 | 42.56 | 50.83 |
| 2015 | 0.41 | 0.40 | 4.43 | 34.40 | 39.64 |
| 2016 | 0.41 | 0.77 | 3.13 | 31.02 | 35.33 |
| 2017 | 0.85 | 0.84 | 0.93 | 38.96 | 41.58 |
| 2018 | 0.68 | 0.29 | 1.48 | 49.64 | 52.09 |
| 2019 | 0.50 | 0.49 | 0.91 | 55.38 | 57.28 |
| 2020 | 0.40 | 0.23 | 0.38 | 38.77 | 39.78 |
| 2021 | 0.76 | 0.36 | 0.56 | 48.48 | 50.16 |

资料来源：根据2009～2021年辽宁省、吉林省、黑龙江省、内蒙古自治区海关的相关数据计算整理所得。

如图2和表11所示，东北地区和东北亚各国的贸易在2009～2018年整体上呈现出增长的态势。从贸易规模来看，2010年以后中日关系由于钓鱼岛等一系列领土纠纷事件和历史遗留问题处于僵局，从而影响了双边贸易关系。2011～2018年东北地区与日本的贸易额下降34.61%。相较于日本，近年来中俄加强经贸合作，东北地区与俄罗斯的经济合作得到长足发展，俄罗斯已跃升成为东北地区最大的贸易合作伙伴。尽管与日本、俄罗斯相比，东北地区与韩国、蒙古国和贸易额略低，但是在观测期内也呈增长趋势。2010年，由于日本、韩国宣布对朝鲜进行制裁，朝鲜的外贸业务大部分转移至中国，东北地区与朝鲜的进出口总额不断攀升。然而，2017年9月联合国安理会一致通过了对朝鲜的严厉制裁决议，国际社会将减少对朝鲜的石油供应，禁止朝鲜纺织品出口以及禁止朝鲜海外务工人员向国内汇款等，以最大限度遏制其核武器和导弹计划。自此，我国东北地区对朝贸易锐减。

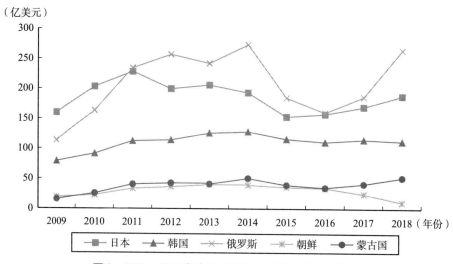

**图2　2009～2018年东北地区与东北亚各国贸易趋势**

资料来源：根据2009～2018年辽宁省、吉林省、黑龙江省、内蒙古自治区海关的相关数据计算整理所得。

表11　　　　　　　　　　2010～2018年东北地区与东北亚各国进出口状况

| 年份 | 日本 | | 韩国 | | 俄罗斯 | | 蒙古国 | | 朝鲜 | |
|---|---|---|---|---|---|---|---|---|---|---|
| | 金额（亿美元） | 同比（%） | 金额（亿美元） | 同比（%） | 金额（亿美元） | 同比（%） | 金额（亿美元） | 同比（%） | 金额（亿美元） | 同比（%） |
| 2010 | 203.24 | 27.02 | 91.44 | 15.15 | 163.39 | 44.71 | 25.54 | 64.18 | 22.68 | 16.91 |
| 2011 | 228.46 | 12.39 | 112.66 | 23.22 | 234.68 | 43.63 | 40.71 | 59.50 | 33.56 | 47.97 |
| 2012 | 199.99 | -12.45 | 114.51 | 1.63 | 257.27 | 9.63 | 42.77 | 5.06 | 36.6 | 9.06 |
| 2013 | 206.37 | 3.20 | 126.23 | 10.23 | 242.69 | -5.67 | 41.36 | -3.32 | 40.38 | 10.30 |
| 2014 | 193.75 | -6.12 | 128.59 | 1.87 | 274.11 | 12.95 | 50.83 | 22.90 | 39.55 | -2.01 |
| 2015 | 153.75 | -20.64 | 116.16 | -9.67 | 185.36 | -32.38 | 39.64 | -22.01 | 36.15 | -8.59 |
| 2016 | 158.15 | 2.86 | 111.29 | -4.19 | 160.60 | -13.35 | 35.33 | -12.20 | 34.66 | -4.15 |
| 2017 | 170.16 | 7.61 | 115.38 | 3.68 | 186.95 | 16.40 | 41.58 | 17.72 | 24.75 | -28.59 |
| 2018 | 188.61 | 10.83 | 112.57 | -2.44 | 265.09 | 41.80 | 52.09 | 25.25 | 10.823 | -56.24 |

资料来源：根据2010～2018年辽宁省、吉林省、黑龙江省、内蒙古自治区《统计年鉴》计算整理所得。

## （二）东北地区对东北亚国家贸易依存度分析

对东北亚贸易依存度（trade dependence on northeast asia，TDNA）旨在衡量一地区对东北亚贸易的依赖程度。其衡量方法是计算一地区与东北亚国家的进出口总额占该地区生产总值的比重，用公式表示为：

$$TDNA_i = \frac{TIEV_i}{GDP_i} \qquad (7)$$

其中，$TIEV_i$ 代表 $i$ 地区同东北亚国家进出口总额；$GDP_i$ 代表 $i$ 地区生产总值。若一个地区的外贸依存度低，说明该地区的开放程度不够，对外部资源的利用不够；若某一地区的外贸依存度过高，说明该地区没有强大的内在动力，经济发展对外部经济条件的依赖性很强。

东北地区 2009~2018 年对东北亚国家贸易依存度如表 12 和图 3 所示。可以发现，2009~2015 年东北地区对东北亚国家贸易依存度与全国趋势呈现相同走势，2015 年以后吉林省和中国对东北亚国家贸易依存度呈下降趋势，辽宁省、黑龙江省、内蒙古自治区对东北亚国家贸易依存度呈上升趋势。2009~2018 年，辽宁省、吉林省、黑龙江省和内蒙古自治区对东北亚国家的贸易依存度均值分别为 8.3%、2.57%、7.40%、3.12%，辽宁省和黑龙江省对东北亚国家的贸易依存度明显高于吉林省和内蒙古自治区。东北地区在对东北亚国家贸易依存度方面的明显差异反映出辽宁省、吉林省、黑龙江省和内蒙古自治区在经济、科技、服务和贸易等方面存在合作空间。东北地区对东北亚国家贸易依存度普遍偏低，说明东北地区经济发展没有充分利用外部资源，东北地区应该从内部和外部两方面着手，促使经济均衡发展。

表 12               东北地区对东北亚国家贸易依存度              单位：%

| 年份 | 外贸依存度 | | | | |
| --- | --- | --- | --- | --- | --- |
| | 辽宁省 | 吉林省 | 黑龙江省 | 内蒙古自治区 | 全国 |
| 2009 | 9.50 | 3.62 | 6.72 | 3.69 | 8.61 |
| 2010 | 9.90 | 3.69 | 8.25 | 3.65 | 10.15 |
| 2011 | 9.07 | 3.46 | 10.17 | 3.77 | 9.37 |
| 2012 | 7.83 | 2.70 | 10.06 | 2.92 | 8.36 |
| 2013 | 7.38 | 2.47 | 8.72 | 2.96 | 7.53 |
| 2014 | 7.00 | 2.52 | 9.33 | 2.75 | 6.81 |
| 2015 | 6.72 | 1.89 | 4.71 | 2.26 | 5.77 |
| 2016 | 8.69 | 1.85 | 4.21 | 2.57 | 5.47 |
| 2017 | 8.81 | 1.80 | 4.96 | 3.23 | 5.59 |
| 2018 | 8.10 | 1.69 | 7.76 | 3.39 | 5.59 |

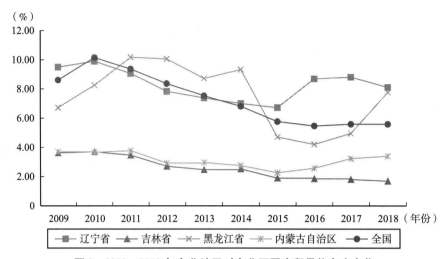

**图 3　2009～2018 年东北地区对东北亚国家贸易依存度变化**

资料来源：2009～2018 年辽宁省、吉林省、黑龙江省、内蒙古自治区《统计年鉴》计算而得。

2003 年实施东北振兴战略以来，中央和地方采取了一系列措施，加快了东北地区对外开放的步伐，加深了东北地区与东北亚各国的贸易合作。从整体来看，近年来，东北地区与东北亚国家贸易规模虽有所增长，但各省份之间进出口差距较大，对东北亚国家的贸易依存度也有所下降。在新发展格局背景下，应坚持扩大内需这个战略基点，充分发挥强大的国内市场优势，培育完整的内需体系，进而推动东北地区与东北亚国家的贸易合作。

## （三）东北地区面向东北亚投资开放水平

### 1. 利用外资状况

（1）东北地区利用外资情况。

改革开放以来，东北地区凭借其能源资源、土地资源外加国家政策支持的优势，经济持续高速发展。从利用外资规模来看，如表 13 所示，2009～2013 年东北地区实际利用外资额逐年上升，2014 年之后随着东北地区经济持续低迷，东北地区利用国外直接投资额出现"断崖式下跌"，由 2014 年的 444.08 亿美元下跌至2015 年的 226.73 亿美元，在全国实际利用外商直接投资的比重也下降至 17.96%，到 2019 年东北地区实际利用外资额降为 67.70 亿美元，在全国实际使用外资的比重降为 4.79%。

表 13 　　　　　　　　　2009～2019 年东北地区实际利用外资状况

| 年份 | 东北地区实际利用外资金额（亿美元） | 全国实际使用外资金额（亿美元） | 占全国比重（%） |
|---|---|---|---|
| 2009 | 256.51 | 918.04 | 27.94 |
| 2010 | 312.34 | 1088.21 | 28.70 |
| 2011 | 367.15 | 1176.98 | 31.19 |
| 2012 | 407.76 | 1132.94 | 35.99 |
| 2013 | 452.57 | 1187.21 | 38.12 |
| 2014 | 444.08 | 1197.05 | 37.10 |
| 2015 | 226.73 | 1262.67 | 17.96 |
| 2016 | 222.97 | 1260.01 | 17.70 |
| 2017 | 146.31 | 1363.00 | 10.73 |
| 2018 | 147.11 | 1383.00 | 10.64 |
| 2019 | 67.70 | 1412.30 | 4.79 |

资料来源：根据 2009～2019 年辽宁省、吉林省、黑龙江省、内蒙古自治区《统计年鉴》计算整理所得。

从产业结构来看，东北地区重点发展第二、第三产业，其中制造业的高质量发展吸引了较多的外资投入。然而因为东北地区缺少内部经济协调和互补机制，导致外商投资领域较为单一。其他行业如房地产、交通运输、邮电通信基本保持稳步上升的趋势，但批发零售、餐饮业、采掘业等行业均在不断波动状态中轻微下降。

通过与京津冀地区和长三角地区两个区域的 FDI 进行比较（见图 4），可以看出 2009～2014 年，东北地区、京津冀地区、长三角地区实际利用 FDI 整体呈现出明显上升趋势，其中长三角地区实际利用外商直接投资额从 458.00 亿美元增加至 621.40 亿美元，增长 35.68%，年均增速 6.29%；京津冀地区实际利用外商直接投资额从 187.40 亿美元增加至 342.80 亿美元，增长 82.92%，年均增速 12.84%，增速位于三个地区之首；东北地区实际利用外商直接投资额从 256.51 亿美元增加至 444.08 亿美元，增长 73.12%，年均增速 11.61%。2015～2019 年，三个地区实际利用 FDI 出现较大幅度浮动，其中东北地区和京津冀地区波动幅度最为剧烈，2015 年东北地区实际利用外商直接投资额出现大幅下滑，降幅达 48.94%，2015～2019 年实际利用外商直接投资额连年下降。2015～2019 年，长三角地区实际利用外商直接投资额出现小幅波动，整体保持平稳状态。

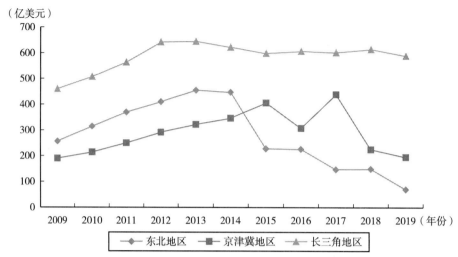

**图 4 2009~2019 年东北地区与京津冀地区、长三角地区实际利用外商直接投资额**

资料来源：2009~2019 年各省市历年统计年鉴。

总的来看，东北地区在实际利用外商直接投资方面处于较低水准，由于东北地区外商直接投资的内部分布非常不平衡，近年来东北地区的外资利用主要取决于辽宁省，尽管吉林省、黑龙江省和内蒙古自治区一直处于稳步增长，但是其起步较晚，在规模上仍处于较低水平，未来有较大的提升空间。

（2）东北地区利用日本外资情况。

由于2012年中国、日本两国在钓鱼岛事件上出现争端，2014年和2015年辽宁省实际利用日本外商直接投资骤减。如图5所示，2013年辽宁省实际利用日本投资为43.01亿美元，2015年猛降为2.40亿美元，下降幅度达94.42%，究其原因，可能是由于全球经济复苏受阻、国内外有效需求不足、国内产业结构优化等造成的。2019年辽宁省实际利用日本投资额为2.36亿美元，2020年下降为1.35亿美元，同比下降42.80%。日本在辽宁省的投资虽有所减少，但其产业结构却在不断改进，其投资范围包括先进装备制造业、医疗卫生、能源等高科技领域。辽宁省与日本的经贸合作有利于提升辽宁省优势产业竞争力和优化辽宁省产业结构。

近年来，日本对黑龙江省、内蒙古自治区的投资规模逐渐减少，黑龙江省从2015年的0.61亿美元降低到2020年的0.0029亿美元，重点合作领域主要在农业合作、汽车制造、机械制造等；内蒙古自治区从2015年的0.23亿美元降低到2020年的0.0822亿美元，降幅达到64%以上；吉林省与日本交流合作成果显著，日本一批世界五百强企业相继在吉林省落户。

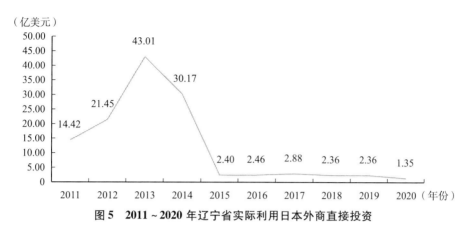

**图5　2011～2020年辽宁省实际利用日本外商直接投资**

资料来源：由辽宁省《统计年鉴》数据整理所得。

（3）东北地区利用韩国外资情况。

1992年中韩建交后，韩企充分利用东北老工业基地优势、区位优势、人口红利等，在东北地区大力投资劳动密集型产业。此后，韩国对东北地区的投资开始减少，主要集中投资于技术密集型产业，现如今已涉及机械制造、房地产业、旅游业等。在中韩两国关系不断发展的背景下，韩国在黑龙江省的投资规模呈现出起伏的趋势，2018年达到高峰2.38亿美元，占黑龙江省外商直接投资总量的4%，而对辽宁省的投资总量近年来大幅下滑，到2020年，韩国对辽宁省的投资额只有0.33亿美元，比2019年同期减少了58%。从投资流向上看，大连和沈阳居于辽宁省实际利用外资的前两位，具体领域主要集中在以制造业和农产品加工为主的第二产业。韩国近年来在吉林省的投资持续增加，其中以汽车零部件、钢铁、农副产品加工为主。未来中日韩自贸区的建立将会为吉林省对外经济发展提供新的机遇。

（4）东北地区利用俄罗斯外资情况。

相较于中俄蓬勃发展的贸易，俄罗斯对东北地区的投资不尽如人意，面对美欧极限制裁，俄罗斯经济不确定性增强，资本不足是最大制约，使其不具备强大的投资能力。从产业分布来看，俄罗斯对东北地区投资力度最大的产业是制造业，其次是批发零售业。

**2. 对外投资状况**

（1）东北地区对外直接投资。

目前，东北振兴在中国进入新常态的背景下，面临着打破恶性循环、减轻经济下行压力、加快技术升级、实现产业结构优化调整、化解体制沉疴、转变治理模式等亟待解决的问题，对外直接投资可以成为关键的突破口之一。发展对外直接投资既是构建全方位开放经济体系的必然要求，也是实现东北地区全面振兴的关键，必须对其进行深入的研究。

如图6所示，总体上看，随着整体经济下行压力的凸显，东北地区对外直接投资也受到影响而剧烈波动。从对外直接投资规模来看，10年来东北地区实现从2011年的17.15亿美元上升至2020年的50.36亿美元，对外直接投资流量翻了将近三番。但从发展趋势来看，10年来却呈现出下降趋势。从2012年的43.02亿美元下降至2019年的17.28亿美元，除2016年有一定上升之外，这一阶段总的来看对外直接投资流量总体呈下降趋势。

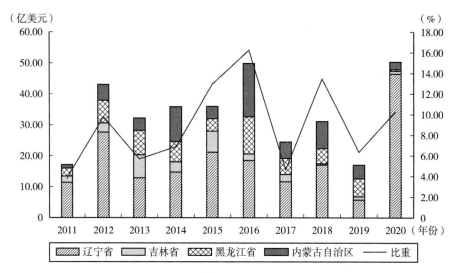

图6　2011～2020年东北地区对外直接投资流量

注：比重指的是东北地区占全国对外直接投资流量的比重。
资料来源：2011～2020年中国对外直接投资统计公报。

从占全国比重来看，大致可以分为两个阶段：第一阶段2011～2016年东北地区对外直接投资流量占比大体呈上升趋势，从2011年的3.81%上升至2016年的16.29%。第二阶段2016～2020年东北地区对外直接投资流量占比呈波动下降趋势，从2016年的16.29%下降至2020年的10.24%，其间波动幅度较大。

（2）东北地区面向东北亚各国的对外直接投资。

从各省份来看，东北地区的对外直接投资金额和项目较少，且主要集中于俄罗斯、日本和韩国，其对外直接投资的目的是抓住市场机遇和获取稀缺的自然资源。

在与俄罗斯的投资合作中，黑龙江省最为积极，"十三五"期间黑龙江省对俄罗斯的直接投资位居全国前列。2018年，对俄罗斯的直接投资达到34.6%，至2019年末，黑龙江全省共有 393 家在俄罗斯境内注册的外商投资企业，注册资金为 70.5 亿美元，对俄罗斯的实际投资额为 23.4 亿美元。[①] 朴扬帆总领事在第六届吉林省与俄罗斯远东地区合作研讨会上指出，俄罗斯是吉林省最大的海外投资目的地，对俄罗斯的投资合作主要集中在远东及贝加尔地区。截至 2022 年 9 月，吉林省在俄投资重大项目 5 个，投资额约 4.58 亿美元。与黑龙江省在俄罗斯的投资相比，辽宁省在俄罗斯的投资规模不大，投资合作主要集中在农业种植加工、果蔬仓储贸易和渔业捕捞三个行业。

中企早在 20 世纪 80 年代就开始对日本进行投资，但进展缓慢。截至 2020 年末，中国对日本直接投资存量 41.97 亿美元。[②] 其中，大连市是辽宁省对日本投资的主要城市，沈阳市对日本投资规模较小。截至 2019 年 6 月，大连市在日本投资 93 个项目，投资总量达到 5.76 亿美元，投资行业涉及计算机软件、通用设备制造、橡胶和塑料制造、机械、农业及渔业等；而黑龙江省、吉林省、内蒙古自治区对日本的直接投资占比很小。[③]

在对韩国投资合作方面，虽然中国与韩国对外贸易往来频繁，但是中国对韩国的投资总量仍处于较低水平，偏向于技术集约式投资，投资规模和项目均相对固定，与中韩的经济发展水平不匹配，可挖掘的潜力巨大。

综上所述，东北地区面向东北亚国家的投资开放水平保持稳中有升的态势，这一定程度上促进了东北地区与东北亚各国贸易经济的发展。但其投资还处于发展的初期阶段，能源供需矛盾导致东北地区对能源原材料的直接投资比重较大，存在投资结构不平衡、实际利用外资效率低的问题。因此，要大力营造竞争有序的市场环境，充分利用贸易试验区等国家战略，探索高效利用外资的路径，引导外资向高技术产业、高端制造业集聚。

## 四、打造东北地区面向东北亚对外开放新前沿的建议

对此，本研究聚焦当下东北地区面向东北亚对外开放发展的现实基础，着眼当前及未来中短期建设目标，从修炼"内力"和塑造"引力"两个方面，对打造东北地区面向东北亚对外开放新前沿提出具体的建议，以期为加快推进东北地区面向东北亚对外开放新前沿建设提供研究支持。

① 资料来源：中国"一带一路"网。
② 资料来源：《2020 年度中国对外直接统计公报》。
③ 资料来源：中华人民共和国中央人民政府网站。

## （一）修炼东北地区面向东北亚开放发展的"内力"

### 1. 增强以开放新前沿建设促东北振兴的战略认同

改革开放以来，在由东南向西北渐次推进的开放发展战略布局中东北地区成为对外开放的"后发区域"，承受了订单向海外转移的第一轮"直接替代"和订单向我国东部地区转移的第二轮"间接替代"。长期以来，从中央政策引领看，缺乏与中央对东北振兴要求相匹配的引领性开放战略，开放措施层次不高、常规措施多、超常规的举措少。从区域内部发展看，仍依赖于计划经济时期的传统发展模式，对以开放促振兴、促发展的认识不足。

对此，提出以下对策建议：一是提升东北地区打造面向东北亚对外开放新前沿的战略层级。通过中央政策支持，明确东北地区面向东北亚对外开放新前沿建设对我国构建全方位开放新格局、推进"一带一路"北向开放、挖掘东北亚开放发展潜能的战略认识，凝聚战略共识和战略方向。二是确立打造开放新前沿是新时代东北振兴的战略使命。各地方政府要聚焦东北亚开放问题，制定方位明确、重点突出、特色鲜明、标新取异的改革开放政策举措，以久久为功的战略定力，持续推进东北地区打造面向东北亚对外开放新前沿建设。三是明确东北地区打造面向东北亚对外开放新前沿的布局的全方位性和目标的多阶段性。在开放布局上，统筹推进"两条主线、四个高地、口岸协同"的开放布局，即包括宏观层面的"中日韩""中蒙俄"两条主线开放，又要落实到中观层面的"东南西北"四个开放高地建设以及微观层面上沿边、沿海开放口岸建设。在目标体系上，由目前深化双边、"小多边"合作，向近期的共建"自贸区"、向远期的经济共同体循序迈进。四是加强东北各省区开放政策协调。东北三省一区资源要素互补且经济发展梯度大，具有良好的联动发展基础。因此，应进一步强化东北地区各省市间的政策协调。在东北地区对外开放协调机制建设问题上，建议由国家组织建立协调机构，统一对东北地区对外开放规划、措施实行统筹规划与管理。依据东北亚区域产业发展实际，与区域各国统筹规划共同打造产业链和供应链网络重点领域，以及明确产业承接与转移的主要方向，并制定相关政策支持。

### 2. 围绕供给侧推进东北地区产业结构升级

东北地区在新中国成立初期依托资源优势迅速建立起了门类较为齐全的重工业生产体系。改革开放以来，东部沿海地区凭借加工贸易模式融入了全球价值链，而东北地区的产业竞争优势却被区域产业同构、产业布局分散、产业关联弱化导致的痹症日渐削弱。当今世界面临"百年未有之大变局"，我国提出加快构建"双循环"新发展格局。东北地区的产业结构需要在深度嵌入国内和国际两个循环中找寻比较优势和培育竞争优势。因此，围绕供给侧推动产业结构升级是东北地区修炼"内力"的重要方面。

一是提高自主创新能力。加强顶层设计，打好政策支持"组合拳"。从制造强国、质量强国的高度系统谋划部署，制定专项政策和特殊立项支持重点产业发展，支持企业和科研机构联动创新。二是培育先进产业集群。产业集群有利于汇聚生产要素、优化资源配置、营造产业生态，是当今世界公认的高效产业组织形态。优化培育先进制造业集群实施方案，提升供应链资源配置和服务能力，形成以龙头企业为引领、中小企业为支撑的万亿级、千亿级先进产业集群，带动产业竞争力提升。三是涵养人才队伍源头活水。在教育制度、学科设置、资格认证等方面统筹规划，倡导企业和高校合作实施定制化培养方案。出台人才队伍建设规划，重点针对领军人才、紧缺人才，加大政策支持，加大人才引进和激励力度。做好舆论宣传，在全社会营造重视、尊重基础工业人才的舆论氛围，增强人才吸引力。此外，数字经济是现代产业中最具有竞争力和未来发展潜力的产业，是企业创新和发展不可缺少的利器。要着力推动数字经济在东北地区的发展，打造数字东北，要不断完善东北地区的数字基础设施覆盖率，推动数字企业形成产业集群，为东北地区重工业插上"数字羽翼"。

### 3. 以优化营商环境为重点增强东北地区市场活力

营商环境是市场主体在市场中所面临的外部环境的总和。优化营商环境不仅有利于要素流动、增强市场活力，同时有利于扩大高水平对外开放。优化营商环境是增强市场活力的必经之路。由于历史原因，东北地区对传统计划经济模式的惯性阻碍了东北地区市场化改革进程。对此，本研究通过提出以下对策建议来优化营商环境，增强东北地区市场活力。

优化营商环境是一项涉及制度改革和创新的基础性、系统性工程。需要从优化政策、服务、要素、市场、法治、人文等方面着手。一是在优化政策环境上，深入贯彻落实惠企政策，理顺政策制定、发布、解读、宣传、评估全流程工作机制，通过辽宁、黑龙江自贸试验区对接 RCEP 高标准开放规则，探索东北地区对外开放制度创新。二是在优化服务环境上，坚持"有需必应、无事不扰"，切实增强为企业服务的意识，深化"放管服"改革，加快推进数字政府建设，大力提升服务效能。三是在优化要素环境上，坚持要素跟着项目走，大力提升全要素供给能力，为优质项目开辟"绿色通道"，畅通保障渠道，提高配置效率。四是在优化市场环境上，持续深化市场准入改革，坚持"非禁即入"，平等对待各类市场主体，提高市场透明度，坚持严格规范监管规则，对新技术、新产业、新模式、新经济实施审慎包容的监管态度，平等开放场景资源，严格规范市场监管标准规则。五是在优化法治环境上，牢固树立依法办事理念，强化法治政府建设，规范行政执法行为，依法平等保护各类市场主体的合法权益。六是，在优化人文环境上，大力弘扬企业家精神，营造重商、亲商、安商、富商的浓厚氛围，为各类市场主体提供创新创业的最优生态。

### 4. 聚力培育东北亚国际化中心城市

随着工业化和城市化的快速推进，能级高的城市发挥着越来越强劲的"头部效应"，在生产、服务、金融、创新、流通等全球活动中起到引领和辐射作用。推进中心城市建设有助于打造对外开放高地，有利于加快形成国内国际双循环相互促进的新发展格局。2021年，沈阳、大连、哈尔滨、长春四个副省级城市进出口总额占东北三省进出口总额的65.74%，但在全国来看，四个城市的经济总量均未达到"万亿"。东北地区是我国七大板块中唯一没有"万亿"级城市的地区，特大城市在东北亚对外开放中的"标杆"引领和带动作用无法发挥。因此，建议在现有中心城市发展战略的基础上，加强开放战略与中心城市战略的结合，壮大沈阳、大连、哈尔滨、长春四个中心城市，进一步明确中心城市开放在对外开放工作中的引领作用，聚力培育国际化中心城市，建设东北亚开放高地。

对此，提出以下具体建议。

一是支持沈阳市创建东北亚国际科技中心。一方面，夯实与国外的科技合作基础，积极支持东北企业、科研机构加强技术研发的国际合作，创新国际科技合作新模式，积极组建国际联合实验室，在开放合作中提高自主创新能力。另一方面，探索在沈阳建立东北亚国际科技中心，引育国际顶尖科研团队，参与东北亚国际科技合作项目和国际及区域标准制定，推动重大科技项目联合攻关，以国际化科技中心集聚高水平人才队伍，提升东北参与东北亚贸易开放层级，着力推进科创国际化。搭建国际化科技创新平台，培育国际化科技创新企业，加强国际化科创人才招引，深化国际科技交流合作。

二是着力推进大连、沈阳、哈尔滨、长春的经济国际化。大连和沈阳重点面向日韩，以服务贸易为重点，推进服务外包转型升级、发展数字贸易新业态，实现服务贸易发展迈上新台阶，尤其是借鉴海南自贸港发展经验，探索建设大连自贸港。哈尔滨和长春重点面向蒙俄开放，打通对外合作的物流链、产业链、金融链和科创链四个链条，实现对外合作新提升，巩固和加强对俄罗斯及东北亚区域合作的中心枢纽地位。

三是着力推进城市国际化建设。加强与东北亚国家友好城市、友好组织、商协会互动，增进友城双向交往热度，加强国外友好渠道开拓力度，从"宜业、宜居、宜学、宜医、宜乐、宜融"6个方面全力打造"类海外"环境建设，建设具有国际品质的人居环境，打造城市建设的国际样板，提升城市治理的国际化水平。

### 5. 打造东北地区统一大市场

推动东北三省以及内蒙古自治区互动机制建设，产业振兴是东北地区回嵌国内大循环的产业基础，推动东北三省以及内蒙古自治区互动协同机制的确立，以形成东北地区统一市场就是东北地区嵌入国内大循环的市场基础，同时也是推进我国面向东北亚开放的"中日韩"与"中蒙俄"两条主线融合的关键。为此，从政府角色转变、基础设施建设一体化和要素市场融合视角，提出推动东北地区统一大市场建设的对策建议。

一是从地方保护主义的守护人转变为地区经济一体化的动员兵。在这个转变进程中，首先，改变原有的唯 GDP 绩效考核方式，激发政府官员推动市场一体化的自发性，是构建东北地区统一市场的重要举措；其次，在重点产业布局方面，应明确东北各省区的定位，以税收优惠、产业政策等引导生产力的协调布局；再次，政府要防止大型国企形成自然垄断，要逐步放开市场准入，允许私人部门参与竞争进而激发经济活力；最后，中央政府要在东北地区形成跨越行政管辖范围的区域协调组织，借鉴长三角等先进地区的经验来促进东北统一大市场的形成。

二是统筹东北地区基础建设的一体化进程，促进产品市场融合发展。基础设施是经济社会的物质基底，是市场流通循环的物质通道。加快基础设施一体化建设，协调基础设施在东北三省以及内蒙古自治区之间的空间分布，形成基础设施联通交汇的最终局面是建成东北地区统一市场的重要依托。为此东北地区应当成立东北地区基础设施建设的跨省协调组织，统筹规划东北地区乃至面向东北亚的基础设施，避免空间布局的不合理；此外由于信息化共享机制已经成为"新型基础设施"，东北各省区还应当进一步加强信息一体化建设，促进东北地区域内的信息资源共享，从而推动各个环节的融合发展。在东北地区基础设施建设一体化的基础之上，为了充分发挥东北地区各地产品市场特色鲜明、易于整合的特点，应当针对商贸方面的基础设施建设进行设计和协调，以便打造更加符合新业态、新模式的商贸支撑结构，保障商贸的循环流转。此外，还应当对承载商贸服务的交易中心和集散枢纽进行合理的空间排布，建构多层次、网格化、开放性的市场空间体系，以创新引领商贸的业态和模式，从而实现产品服务的融合发展。

三是促进东北地区要素市场一体化发展，提高资源配置效率。要素市场的循环流转是生产环节得以顺利进行的基础保证，要素市场流转得越顺畅，要素对市场价格的反应越灵敏，要素就越能在市场机制的调节下调动生产环节的积极性，从而为经济发展提质增效。随着经济的高速发展，经济触角的延伸早已越过了行政区划，为了打通东北地区要素流转的隐性壁垒，建立健全完善的要素流转体系，本研究从劳动力市场、金融市场和产权市场三个方面提出以下建议：从劳动力市场看，引导跨省中介机构发挥作用，缓解信息不对称造成的域内摩擦性失业，以市场机制解决跨区劳动力的流通问题，破除由于户籍制度带来的城乡劳动力流动壁垒；从资本市场看，要加快金融体制改革，建立高效的金融监管、金融协调机制，发挥金融部门的宏观调控职能，通过合理布局金融业的发展来避免同质化竞争，培育良好的区域经济秩序；从产权市场来看，要完善区域产权交易市场，建立统一的信息系统和监管体系，实现标准、规则的统一透明。

## （二）提升东北地区面向东北亚开放发展的"引力"

### 1. 加快推进东北亚海陆大通道建设

东北地区作为我国北方重要的开放门户，东接日韩亚太、西联中亚欧洲、南通东盟南亚、北达蒙俄大陆，沿边向海通陆的辐射优势明显，是我国对接东北亚、联通亚欧大陆桥的重要枢纽，也是"一带一路"海陆连接的重要节点。东北亚海陆大通道将成为推动东北地区实现新时代东北全面振兴的战略通道，引领东北亚地区深度嵌入"一带一路"的陆海联动通道，支撑东北地区参与国际经济合作的陆海贸易通道。东北亚海陆大通道的建成将有助于增进"三省一区"间的区域联系，提升区域互联互通和开发开放水平，从而形成优势互补、高质量发展的区域经济布局，为东北地区打造对外开放新前沿提供坚实保障。

对此，提出以下建议。

一是积极推动东北海陆大通道建设上升为国家战略。当前，东北海陆大通道运行效率逐步提升、服务水平不断增强，维护着供应链、产业链的稳定，在国际运输通道中发挥着越来越重要的作用。同时，由于正处于建设初期，急需国家进一步加大对东北海陆大通道建设的支持力度。将东北海陆大通道上升为国家战略，从国家层面统筹推进东北海陆大通道建设，协同推进辽宁沿海六市港口、沿边口岸以及东北地区境内铁路、公路干线统筹相连，出台明确关于东北海陆大通道的规划性文件，以制度创新、数字赋能提升公路、铁路、海运、航空等多种物流组织方式的联动效率。打造以大连港、营口港、锦州港等沿海枢纽港口为海上支点，以沈阳、长春、哈尔滨等经济中心城市为内陆中枢，形成纵贯我国东北地区，联通全球的互联互通网络。

二是创新海陆大通道建设的融资渠道。依托亚洲基础设施投资银行和丝路基金等国际金融机构来解决大通道建设资金不足的问题，设立用于支持海陆大通道建设的外债配额，进而支撑东北亚海陆交通大通道铁路建设的平稳推进。与此同时，寻求构建大通道建设的国际金融风险防范机制。

### 2. 持续提升开放平台能级

开放平台是创新机制、丰富业态、拓展功能，努力打造成为中国全方位对外开放、促进国际贸易高质量发展、联通国内国际双循环的重要平台。到目前为止，东北地区各类平台功能不聚焦、措施雷同，不能实现差异化发展、协同发展。

对此，提出以下对策建议。

东北三省内部对外开放合作机制有待探索。近年来，东北三省对外开放制定了多项重要规划，具有代表性的包括辽宁沿海经济带、长吉图开发开放先导区、龙江丝路带等。但各省规划缺乏整体性、协调性，各类平台功能不聚焦、措施雷同，不能实现差异化发展、协同发展。地方政府未能建立有效的协作机制，是各省的开放目标难以形成合力，影响东北地区对外开放整体性布局的根本原因。

为了进一步发挥开放平台作用，提出以下对策建议。

一是推动自贸试验区协同开放。辽宁自贸试验区沿海，黑龙江自贸试验区沿边。两个自贸区共同承担推动东北地区对外开放与改革创新的责任。辽宁自贸试验区作为沿海型自贸区，有着优良的海港条件和运输优势，发展现代服务业和先进制造业的优势突出；黑龙江自贸试验区属于沿边型自贸区，毗邻俄罗斯，拥有多个口岸城市和便捷的国际陆地大通道，跨境物流、跨境金融等领域特色明显。在自贸试验区的建设规划中，要充分发挥辽宁和黑龙江自贸试验区的独特优势，建设亮点鲜明、战略定位清晰、功能特殊、不可替代的自贸试验区，推动自贸试验区各片区之间互联互通、协同发展，加强自贸试验区间的制度创新成果交流。

二是推动开放平台多式联运体系创新。随着对外开放升级与国内外产业合作加深，单一运输方式无法承担对外贸易货物运输的发展需求，需要不断探索多式联运的新模式。自贸试验区和重点开发开放实验区等开放平台是进行多式联运创新方式探索的引领者，依托多式联运体系，增强自贸区之间的通道联通，促进辽宁自贸试验区和黑龙江自贸试验区在沿海港口、沿边口岸以及内陆港的信息联通和业务互助，实现"大联通"目标，为东北地区面向东北亚开放提供坚实的物流运输基础。借鉴江苏自贸试验区、河南自贸试验区的经验，创新内陆地区货物出海物流一体化协作新模式，打造通道畅通、贸易便利、物流高效的开放平台。

三是提升开放平台跨境结算便利化。自贸试验区、综合保税区等开放平台是打造对外开放的重要载体，在东北地区面向东北亚开放中，通过辽宁自贸试验区和黑龙江自贸试验区进一步探索跨境金融创新，提升跨境结算便利化是优化自贸区营商环境的重要手段。自贸试验区"单一窗口"服务模式是跨境结算便利化的有效实施基础，深化"单一窗口"功能，利用数据聚集优势，与金融机构合作，提高跨境结算效率，为东北地区面向东北亚开放提供金融保障。推动跨境结算便利化是实现绥东试验区、边境经济合作区等区域加深对俄罗斯、蒙古国的产业合作，推动自贸试验区贸易便利化，提高综合保税区功能的前提。

### 3. 促进东北亚人文交流互鉴

一是推进东北亚区域旅游合作，以旅游业促进民间交流。首先，东北亚地区旅游资源丰裕，旅游意愿强烈，要着手推动成立东北亚跨区域的旅游协调组织，这样可以将各方原本松散的但有意愿的旅游企业整合起来，健全跨境旅游业行业机制，统筹各国旅游资源分布、基础设施建设和各地发展战略，建立东北亚的旅游网络格局。其次，要降低旅游服务的各项成本，例如跨国旅游的交通成本、跨境成本、信息成本等。要通过改善景点沿线的交通环境、数字化赋能打造景点接送平台等措施来降低交通成本，通过打造对外开放的旅游区，以及设立特定项目快速办理通道等方式降低签证成本，此外还应当着力推动旅游信息一体化平台的建设，例如，集成旅游线路、旅游天气、旅游预警、政策变化、交通运营等旅游信息，以便于旅客进行决策，降低不必要的信息获取成本。

二是推动东北亚各国文化产业交融，打响文化产业名片。文化产业的盛衰是国家软实力的象征，就东北亚各国自身文化产业的发展来说，存在着极大的不均衡，主要表现出日韩文化输出较强势而中蒙俄三国文化输出较弱的局面。我国的文化产业体量较小，存在着明显的文化贸易逆差，需求方文化消费意识不足、供给方产权意识淡薄。蒙俄两国的文化产业也存在着较大的逆差，和我国一样体量偏小，而日韩则已经形成了较为鲜明的特色文化产业名片，例如，韩国的影视作品和日本的动漫游戏已经享誉全球。这种不均衡的现状严重阻碍了东北亚文化产业的交融，我国急需通过提升文化产业的软实力来输出我国人类命运共同体、和平崛起等国家发展理念，来促成民意相通的友好局面。

三是加强政府层面的政策沟通，完善人文交流体制机制。以加强政府层面的政策沟通为主要渠道，辅以区域人才智库与学术交流，为东北亚地区经济的发展注入一份东北力量。当前，我国对外人文交流的平台、渠道、层次非常丰富，但由于其涉及旅游、体育、青年等众多领域，面向东北亚区域的人文交流机制仍较为混乱，存在着一些真空和弊端。因此，要加强顶层政府设计，准确发现问题，及时完善对外人文交流机制，设置和完善最高层级的对外人文工作领导小组，积极响应相关政策和规定，聚焦于地区与地区、国与国之间的直接交流，推动人文交流发展更上一层楼。

首先，需要推进文化软实力机制建设。要健全对外人文交流机制，特别是要重视当地群众，建立起群众参与机制，从而扩大中国文化、中国理念的影响力，最终提高我国对外人文交流的话语权。其次，要建立长效性的外交机制，加强对外人文交流项目的有效性。最后，要注重对人文外交的综合评估。要统筹协调人文交流各个方面的沟通，建立多边人文交流事务，组建评估团队、明确评估标准，对全领域对外人文交流做出有效性评估。要加强对外人文交流媒介的管理，使东北亚区域增加对中国国情和发展道路的客观全面了解，提升对中国传统价值观念和政策体制的尊重与认识，做到对中国优秀思想文化的认同。与此同时，新兴传播手段的出现虽然为对外人文交流提供了方便快捷的通道，但是也会被境外势力故意放大甚至是扭曲我国经济社会建设中出现的某些问题和矛盾，使维护国家文化安全的任务更加艰巨。因此，要积极出台相关境外媒体平台的管理政策，积极向东北亚国家传扬优秀传统文化，进一步优化境外文化，宣传国家安全审查机制，搭建人文交流走出去的风险防控体系。

# 参 考 文 献

［1］陈耀. 新一轮东北振兴战略要思考的几个关键问题［J］. 经济纵横，2017（1）：8－12.

［2］裴长洪，刘斌. 中国对外贸易的动能转换与国际竞争新优势的形成［J］. 经济研究，2019，54（5）：4－15.

［3］宋志勇."一带一路"框架下有效推进东北亚国家协同发展［J］. 东北亚经济研究，2020，4（3）：5－16.

［4］陈秀萍，孙铭一. 新发展格局下东北三省参与东北亚区域经济合作研究［J］. 东北亚经济研究，2022，6（1）：67－79.

［5］施锦芳，李博文. 中国东北四省份与东北亚四国贸易效率及贸易潜力［J］. 财经问题研究，2021（4）：98－107.

［6］杜方鑫，支宇鹏. 中国与RCEP伙伴国服务贸易竞争性与互补性分析［J］. 统计与决策，2021，37（8）：132－135.

［7］胡伟，夏成，陈竹. 东北建设成为对外开放新前沿的现实基础与路径选择［J］. 经济纵横，2020（2）：81－90.

［8］孙丽，冯卓. 东北亚区域经贸合作状况、面临问题及推进路径［J］. 沈阳师范大学学报（社会科学版），2020，44（1）：1－10.

［9］庞德良，于明君，王婧美. 新发展格局下东北地区推进高水平对外开放研究［J］. 当代经济研究，2022（11）：83－92.

# Research on Building a New Frontier for Northeast Asia Opening Up to the Outside World

Zhang Ziwei   Deng Chaojun   Ren Zhenzhen   Li Yue   Zhang Chi

Zhang Jianing   Shang Zilu   Hou Zicong

〔**Abstract**〕 This study first explains the strategic significance of building a new frontier for Northeast Asia to open up to the outside world and serving the overall development strategy of Northeast Asia and its strategic synergy with Northeast China's revitalization. It further interpreted the strategic requirements of Northeast China to open up to the "new frontier" of Northeast Asia from six dimensions: new mission, new region, new pattern, new field, new measures and new driving force. At the same time, the development status of trade and investment opening up in Northeast Asia was analyzed. Finally, from the two aspects of cultivating "internal force" and shaping "gravity", specific suggestions are put forward for building a new frontier for Northeast Asia to open up to the outside world, in order to provide research support for accelerating the construction of a new frontier for Northeast Asia's opening to the outside world.

〔**Key words**〕 Opening Up to Northeast Asian Countries; The New Frontier of Opening – Up; Revitalization of Northeast China

# 高质量发展

# 我国革命老区高质量发展：
# 历史逻辑、现实困境与实践路径<sup>*</sup>

胡学英　罗海平　唐立君<sup>**</sup>

【摘　要】革命老区是老一辈无产阶级革命家领导下创建的革命根据地，分布广泛、区位独特，呈现以下特点：在人文历史位置上，是红色文化的发祥地和多民族文化的聚集地；在自然地理位置上，是"沟通连接"的重要通道，也是交通制约下的"封闭地带"；在经济地理位置上，是经济区（带）和城市圈的腹地，也是经济发展重心的"边缘地带"。首先，本文对革命老区振兴政策的历史演进进行梳理，将其分为五个阶段：分散扶持阶段、重点扶持阶段、振兴起步阶段、全面脱贫阶段、高质量发展阶段。其次，本文分析了我国革命老区当前发展面临的困境主要包括：贫困程度深、贫困面广，社会事业发展滞后，以城带乡能力弱；人才支撑不足，内生动力亟待加强；基础设施薄弱，瓶颈制约明显；区位优势难以转化为发展优势，核心竞争力有待发掘；红色资源禀赋丰裕但开发利用水平低，县域经济薄弱；山洪地质自然灾害突出，生态环境保护任务重。最后，本文提出新时代推动革命老区高质量发展的五个突破：突破产业滞留困境、突破人才桎梏困境、突破基建薄弱困境、突破教育落后困境、突破生态脆弱困境。

【关键词】革命老区；高质量发展；困境；路径

---

* 基金项目：教育部人文社会科学重点研究基地项目资助（批准号：22JJD790055）；2022年广东省教育科学规划课题（编号：2022GXJK323）；2023年深圳市哲学社会科学规划课题（编号：SZ2023A004）。

** 作者简介：胡学英（1984～），江西泰和人，深圳技术大学马克思主义学院（人文社科学院）教师，经济学博士，研究方向：高质量发展、红色文化资源；罗海平（1979～），四川南充人，博士，研究员，研究方向：生态安全研究、革命老区发展；唐立君（1978～），中国燃气控股有限公司高级工程师。罗海平为通讯作者。

# 一、中国革命老区基本概况

中国革命老区是指第二次国内革命战争时期和抗日战争时期，在中国共产党和毛泽东等老一辈无产阶级革命家领导下创建的革命根据地。革命老区遍布全国大陆除新疆、青海、西藏以外的28个省（自治区、直辖市）的1389个县（市、旗、区），占全国总县数的65.5%。革命老区县按从事革命活动乡镇比重进行分类，可分为一类、二类、三类、四类老区，分别占比29.45%、34.98%、30.17%和5.40%。① 在省级行政区中河北、山东、山西3省老区县数量最多，总县数均超过100个，是我国抗日根据地的起源地和抗日战争敌后抗战的主战场；广东、河南、江西3省次之，老区县总数均超过80个。全国革命老区县所辖乡镇共计30930个，其中属于从事革命活动老区的乡（镇）达18995个，占全国乡镇总数的41.7%。我国革命老区发展总体呈现"六五四八"倒挂态势，即占全国超过60%的县、50%的人口，仅实现了全国40%的GDP，人均经济总量不及全国平均水平的80%。② 我国革命老区分布广泛、区位独特，呈现以下特点。

## （一）在人文历史位置上，是红色文化的发祥地和多民族文化的聚集地

革命老区是中国革命的圣地，孕育了延安精神、长征精神、苏区精神及毛泽东思想等，是我国革命历史遗迹富集区、红色旅游目的地以及全国革命传统教育和爱国主义教育基地。部分老区县是少数民族聚居区，如云南文山壮族苗族自治州富宁县是云南省一类革命老区县之一，少数民族人口占全县总人口的75.4%。③

## （二）在自然地理位置上，是"沟通连接"的重要通道，也是交通制约下的"封闭地带"

川陕革命老区地处川陕渝接合部，是连接我国西南西北、沟通西部中部的重要桥梁，也是国家集中连片地区、地震重灾区、革命老区、偏远山区"四区叠加"的典型地区；陕甘宁革命老区是我国西煤东运、西气东输和西电东送的重要通道；左右江革命老区是维护西南边境稳定的关键防线和联通珠江—西江黄金水道的重要枢纽。而

---

① 罗海平，刘耀彬，王军花，等.中国革命老区发展报告（2020）［M］.北京：经济科学出版社，2020：16.

② 黄倩斐，郑兴明.革命老区发展红色文化助推乡村共同富裕：价值、困境与路径［J］.台湾农业探索，2022（6）：33－38.

③ 罗海平，刘耀彬，王军花.中国革命老区发展报告（2020）［M］.北京：经济科学出版社，2020.

秦巴山片区受大山阻隔，相对封闭；吕梁山片区沟壑切割程度深，交通基础设施条件差，对内对外交流不畅。

### （三）在经济地理位置上，是经济区（带）和城市圈的腹地，也是经济发展重心的"边缘地带"

部分革命老区经济区位较为优越，如川陕地处成都经济区和关中天水经济区两大国家级经济区之间，陕甘宁是"丝绸之路经济带"的腹地，大别山是重要的城市圈的连接地带，赣闽粤是我国重要城市群的腹地。但革命老区大多远离各省政治与经济中心，属于行政边缘化、经济贫困化的内陆欠发达区域。

老区和老区人民为我们党领导的中国革命作出了重大牺牲和贡献。不可否认，我国革命老区大多是经济社会发展相对落后的地区，这是由中国革命的特殊性所决定的，但也为老区实现赶超发展的天然优势——革命精神。党中央、国务院历来高度重视革命老区发展建设，习近平总书记指出："我们实现第一个百年奋斗目标、全面建成小康社会，没有老区的全面小康，特别是没有老区贫困人口脱贫致富，那是不完整的"。[①] 革命老区作为我国改革开放的重要阵地，40 多年来发展成效显著，但尚存在制约发展的障碍和瓶颈。因此，在加大普惠政策支持力度的同时，必须因地施策、分类指导，有针对性地统筹好重点老区、贫困老区振兴发展。

## 二、革命老区振兴政策的历史演进

### （一）分散扶持阶段（1949～1978 年）

1952 年 1 月 28 日，中央人民政府发布了《关于加强老根据地工作的指示》，对恢复和发展老根据地的经济和文化建设作出重要指示，文件提到加强老根据地的经济建设是工作的中心环节，并在文化教育、医疗工作、交通恢复、财税支持、组织建设等方面作出了具体部署。[②] 1956 年，内务部组织工作深入老区进行实地调查，1957 年中共中央农村工作部在北京召开山区座谈会，进一步强调了扬长避短、循序渐进扶持老区从贫困走向富裕的重要性。1963 年 12 月，国务院批转《内务部关于烈士纪念建筑物修建和管理工作的报告》，加强烈士纪念设施规范管理，这是利用红色旅游促

---

① 李向光. 老区人才谱新篇：革命老区延安、遵义、赣州人才工作掠影 [J]. 中国人才，2019（10）：32－34.

② 冯清林，熊小青. 习近平关于革命老区振兴发展的重要论述：生成逻辑、核心要义及实践要求 [J]. 广西科技师范学院学报，2023，38（2）：16－25.

进老区发展的起源。此后受到政治环境的影响，各省市革命根据地建设委员会被迫停止工作甚至被撤销，老区建设工作几乎陷入停滞状态，原有政策尚未深入基层，政策效果发挥有限。1978 年底，我国农村贫困发生率高达 30.7%[①]，革命老区处于普遍贫困的状态，脱贫攻坚因此成为当时重点扶持老区建设工作的主要出发点。

总体而言，改革开放前的革命老区建设处于起步阶段，政策制定上具有"撒胡椒面式"平均分摊的特点，以资金和物资投入为主要扶持方式，对挖掘地区特色、利用当地资源进行开发并带动发展的政策制定仅停留在意识层面，在精确定位和对点帮扶上缺乏政策指导。但此阶段仍为今后制定革命老区扶持发展政策确定了大方向，奠定了体系基础。

## （二）重点扶持阶段（1979～2000 年）

改革开放以后，经济建设成为一切工作的中心，革命老区建设步入正常发展轨道，党和政府对革命老区脱贫及振兴给予了高度重视。一是对革命老区的重点扶持组织建设的逐渐完善。1986 年 5 月 16 日，国务院成立贫困地区经济开发领导小组（1993 年更名为国务院扶贫开发领导小组）及其办公室成立，该机构专门负责对包括老区在内的贫困地区给予资金、技术等各方面的支持和工作安排。1990 年 7 月，中国老区建设促进会在老一辈革命家的倡导下成立，这是专门为革命老区人民服务的全国性社团组织，负责老区宣传、组织调查、项目引进、沟通联络等工作。

二是在老区及重点扶持老区县的范围划定上逐渐明确和细化。1979 年 6 月 24 日，国家民政部、财政部联合发布了《关于免征革命老根据地社队企业工商所得税问题的通知》，首次明确指出"革命老根据地包括第二次国内革命战争根据地和抗日根据地"，并明晰了革命老区划分的标准。按照划定的标准，截至 1980 年 12 月底，全国共有 1009 个老区县，涉及人口 2.12 亿人。1978 年起"集中连片地区"一词随着我国扶贫事业的开始应运而生，1986 年我国将贫困地区分为 14 个片区，1988 年国务院贫困地区经济开发领导小组联合农业部农业经济研究中心经过调查调整，将其确定为 18 个片区，强调其中井冈山和赣南地区、沂蒙山区、吕梁山区、大别山区等为革命老区根据地。1994 年，国务院扶贫开发领导小组确认 592 个国家重点扶持贫困县中含有 315 个老区县。1995 年，中国老区建设促进会通过一次较大规模的调研活动，统计出全国共有 1389 个老区县，并依据县中革命乡镇数量的占比将其划分为四类老区。

三是以扶贫脱困为主要目标的老区建设工作得到了党和国家的高度重视，治理方

---

① 罗海平，刘耀彬，王军花. 中国革命老区发展报告（2020）［M］. 北京：经济科学出版社，2020（11）：16.

式由资金物资投入转向综合开发。在 1979 年《关于免征革命老根据地社队企业工商所得税问题的通知》中提出"革命老根据地按公社或大队为单位计算，其社员 1978 年每人平均收入在 50 元以下的社、队，自 1979 年起免征其企业工商所得税五年"的财政支持政策，这是改革开放后对革命老区进行重点扶持的政策起点。1986 年，第六届全国人民代表大会第四次会议将"扶持老、少、边、穷地区（革命老区、少数民族自治地区、陆地边境地区和欠发达地区）"作为一项重要内容列入了"七五"计划，正式明确了革命老区脱困的战略意义。1994 年 3 月，国务院发布了《国家八七扶贫攻坚计划（1994 - 2000 年）》，这是新中国历史上第一个明确的扶贫开发行动纲领，标志着我国扶贫工作进入了攻坚阶段，同时将革命老区的扶贫脱贫工作提高到了国家战略层面。1997 年 8 月，国务院办公厅发布《国家扶贫资金管理办法》，规定了国家各项扶贫资金投放、项目实施和收益的对象，并限定了财政扶贫资金使用范围，即修建乡村道路、建设基本农田等。在正确路线引导下，我国扶贫工作有序展开并取得了良好成绩。

此阶段是我国革命老区建设的重要阶段，在组织建设、范围划定、政策扶贫三个方面取得了初步成效，为今后工作的展开提供了基本思路和政策制定的客观依据。这一阶段的革命老区扶持工作有三个主要特点：一是战略思维从单纯救济向开发式扶贫转变，强调激活地区经济的内部活力；二是国家政策大多对革命老区攻坚的重点区域进行扶持；三是扶持工作注重系统架构，标志着老区建设进入有组织、有系统的新阶段。但这一阶段的政策集中于解决革命老区贫困问题，在整体规划、顶层设计、分类指导等方面存在不足甚至缺失。

## （三）振兴起步阶段（2001～2011 年）

21 世纪后，革命老区扶贫脱困取得了阶段性胜利，但老区在基础设施、公共服务以及发展潜力方面与国家平均水平仍存在较大差距。这一阶段革命老区建设重点由扶持转为振兴，在有组织、有系统的基础之上进一步制度化、规范化。为加强对革命老区建设工作的领导，2007 年中央机构编制委员会确定国务院扶贫办负责全国的革命老区建设工作，同年扶贫办正式主管了中国老区建设促进会。至此，革命老区组织管理的机构设置基本完善，领导关系基本理顺，职能分割基本清晰。这一阶段革命老区建设的政策推行可分为以下五个方面。

一是延续革命老区扶贫工作。2001 年 6 月，中共中央国务院发布了《中国农村扶贫开发纲要（2001 - 2010 年）》，该纲要按照集中连片的原则将贫困人口集中的中西部少数民族地区、革命老区、边疆地区和特困地区作为扶贫开发的重点，并将革命老区放在了国家扶贫工作的关键和重要位置，强调了实现革命老区脱困是老区振兴发展战略的首要任务。

二是将红色旅游从意识层面落实到实践层面。2004 年 12 月，中共中央办公厅、国务院办公厅发布了《2004 - 2010 年全国红色旅游发展规划纲要》，首次正式提出了"红色旅游"的概念，要求实现红色旅游产业化，逐步成为带动革命老区发展的优势产业。同年，我国决定于 2010 年前打造 12 个全国"重点红色旅游区"、30 条"红色旅游精品路线"和 100 个"红色旅游经典景区"。国家发展改革委自 2005 年起安排国家预算内专项资金，用于支持红色旅游重点景区的相关基础设施建设，国家旅游局将 2005 年确定为"红色旅游年"，各地也推出具有当地特色的红色主题产品，如四川广安的"小平故里行"。红色旅游在革命老区全面启动。

三是财政资金支持推动老区建设。财政部设立革命老区专项转移支付资金，2006 年 4 月财政部发布《革命老区专项转移支付资金管理办法》，涉及管理权责、资金安排和分配、资金使用范围（革命老区专门事务、革命老区公益事业和基础设施建设）、三年项目规划、项目申报和审定、项目实施等多项内容及细则。

四是试行以工代赈扶持振兴办法。2005 年 12 月，国家发展改革委推出《国家以工代赈管理办法》，明确提出将以工代赈投入用于国家确定的扶持地区，尤其是向贫困人口多、脱贫难度大、基础设施薄弱的革命老区、少数民族地区、边疆地区和特困地区倾斜。以工代赈作为我国扶贫开发的重要手段之一，自 1984 年开始实施，支持贫困地区建设了一大批农业农村中小型公益性基础设施。而此阶段将以工代赈以制度形式正式推出，是老区建设由"输血"向"造血"转变的关键节点。

五是开展革命老区建设示范试点。2008 年，为深入贯彻党的第十七次全国代表大会提出的关于"加大对革命老区、民族地区、边疆地区、贫困地区发展扶持力度"的精神，国务院扶贫办和财政部选定了湖北省红安县和广西壮族自治区隆林各族自治县作为全国革命老区建设示范试点县，通过示范试点，集中投入、整合资源、连片开发，促进老区产业发展，为全国革命老区振兴提供经验。

综上来看，进入 21 世纪以后，革命老区建设逐渐走向成熟。第一，扶贫脱困仍是革命老区建设的重点和关键，但不再是唯一目标，振兴发展成为老区建设的根本目的和最终方向；第二，老区建设由"输血"向"造血"转变，强调基础建设和发展特色产业；第三，政策制定注重落实到实践层面，多以规定、办法等形式正式推出，细化政策执行规范，凸显革命老区振兴建设的制度化发展。

## （四）全面脱贫阶段（2012 ~ 2020 年）

以"1258"老区支持政策体系的初步形成为标志，我国革命老区建设的组织管理及政策框架基本定型，进入了政策制定与实施条块结合、纵横有序的规范化、制度化阶段。"1258"体系包括1个总体指导意见,即《关于加大脱贫攻坚力度支持革命老区开发建设的指导意见》,这是指导"十三五"乃至今后一个时期全国革命老区开发建设与脱贫攻坚的纲领性文件;2个区域性政策意见,即《国务院关于支持赣南等原中央苏区振兴发展的若干意见》《国务院办公厅关于山东沂蒙老区参照执行中部地区有关政策的通知》;5个重点老区振兴发展规划,即2012年3月至2016年8月陆续印发实施的陕甘宁、赣闽粤、左右江、大别山以及川陕5个跨省区重点革命老区振兴发展规划;8个涉及老区的片区区域发展与扶贫攻坚规划,即2011年10月至2013年2月陆续印发实施的武陵山、秦巴山、滇桂黔石漠化、六盘山、吕梁山、燕山—太行山、大别山、罗霄山8个老区分布相对集中的连片特困地区区域发展与扶贫攻坚规划。"1258"体系强化了老区开发建设的顶层设计,是分类指导老区振兴发展的纲领性文件。围绕"1258"体系,国家在红色旅游、财税支持、生态保护、以工代赈、教育扶持、文化扶持和对口帮扶七个方面狠抓政策实化、细化,是老区振兴发展的有力支撑。

红色旅游:2011年5月,中共中央办公厅、国务院办公厅出台《2011－2015年全国红色旅游发展规划纲要》,提出红色旅游与革命老区经济发展、新农村建设相结合、延长红色旅游产业链等要求。2016年10月,中共中央办公厅、国务院办公厅出台《2016－2020年全国红色旅游发展规划纲要》,强调发挥红色旅游脱贫攻坚的助推作用,提出完善红色旅游配套交通体系、培育富有红色文化内涵的本土品牌等要求。2017年10月,国家发展改革委印发《全国红色旅游经典景区三期总体建设方案》,将2018～2020年的红色旅游发展规划落到实处。2019年11月,中共中央国务院发布《新时代爱国主义教育实施纲要》,提出广泛动员和组织知识分子深入革命老区开展调研考察和咨询服务。

财税支持:2012年8月,财政部发布《革命老区转移支付资金管理办法》,将革命老区转移支付资金由专项转移支付修改为一般性转移支付,财政资金管理更加科学化、精细化,有利于省级财政统筹老区发展。在中央专项彩票公益金的支持上,2011年7月财政部联合国务院扶贫办推出《中央专项彩票公益金支持贫困革命老区整村推进项目资金管理办法》,拓宽了资金使用范围。

生态保护:革命老区县多处在山区,生态环境较为恶劣。2012年,水利部会同财政部编制完成《革命老区水土保持重点建设工程规划》,从全国1389个革命老区县中筛选出491个水土流失严重、经济欠发达的老区县作为规划实施范围。

以工代赈:2014年12月,国家发展改革委发布《国家以工代赈管理办法(2014年修订)》,在项目储备、申报审批、工程建设、资金管理、检查验收、部门协作等方面作出进一步规范。文件仍然强调以工代赈投入向革命老区倾斜。

教育扶持：扶贫先扶智，治贫先重教。2013 年 2 月，教育部、国家发展改革委、财政部联合发布《中西部高等教育振兴计划（2012－2020 年）》，将老区高校列为重点支持院校。2013 年 7 月发布的《关于实施教育扶贫工程的意见》提出实施革命老区人才支持计划教师专项计划，选派优秀教师到连片特困地区支教，推动地方开展城乡教师交流活动并形成制度。① 2016 年 12 月发布的《教育脱贫攻坚"十三五"规划》提出实施边远贫困地区、边疆民族地区和革命老区人才支持计划教师专项计划，每年向"三区"选派 3 万名支教教师。2018 年 2 月，教育部、国务院扶贫办发布《深度贫困地区教育脱贫攻坚实施方案（2018－2020 年）》，进一步提出要加大对革命老区人才支持计划教师专项计划的倾斜力度。

文化扶持：2017 年 5 月，文化部发布《"十三五"时期文化扶贫工作实施方案》，将革命老区作为重点地区，加大文化扶贫的政策和资金扶持力度。"十三五"时期，根据中央要求，结合文化部实际，将选派 20 名同志到新疆、西藏、青海和西部地区、革命老区、中央苏区等贫困地区挂职帮扶。

对口帮扶：国家机关、中央企业、事业单位、人民团体确定了定点扶持的贫困老区县名单，通过人员培训、捐款捐物、争取项目、牵头资金等多种形式给予帮助。2014 年 10 月，国务院国有资产监督管理委员会、扶贫办联合开展中央企业定点帮扶贫困老区百县万村专项行动，涉及 68 家中央企业、108 个贫困老区县、14954 个建档立卡的贫困村，计划在 3 年内解决当地行路难、用水难、用电难等关键性基础设施建设问题。

至此，革命老区建设的政策体系基本完成，不仅体现了"十三五"时期优先老区发展的战略精神，也搭建起了稳定的政策架构，为"十四五"时期振兴发展铆足后劲。

## （五）高质量发展阶段（2021 年至今）

2021 年 2 月 25 日，中华民族的历史翻开崭新篇章，在全国脱贫攻坚总结表彰大会上，习近平总书记庄严宣告："我国脱贫攻坚战取得了全面胜利！"革命老区与全国其他地区一道实现了脱贫摘帽，正式进入脱贫攻坚成果巩固阶段和高质量发展新阶段。为巩固拓展脱贫攻坚成果，推进乡村振兴和新型城镇化，在新时代推动革命老区实现高质量发展，我国实施了"1＋N＋X"的革命老区振兴政策体系。

"1"是国务院《关于新时代支持革命老区振兴发展的意见》（以下简称《意见》）。《意见》是新中国成立后出台的第一个支持全国革命老区振兴发展的国务院文件，也是"十四五"时期支持全国革命老区振兴发展的纲领性文件，在新时代支持

---

① 国务院办公厅转发教育部等部门关于实施教育扶贫工程意见的通知［EB/OL］. 中华人民共和国中央人民政府，2013－09－11.

革命老区振兴发展中发挥着统揽全局的作用。《意见》作为一份综合性、系统性的文件，聚焦解决革命老区高质量发展面临的共性问题，遵循统筹谋划、因地制宜、各扬所长的基本原则，提出了一系列目标任务和支持政策。

"N"是出台实施新时代支持革命老区振兴的"N"项实施方案，探索因地制宜振兴发展之路。2021年9月，国务院批复了《"十四五"特殊类型地区振兴发展规划》（以下简称《规划》），首次明确了12片革命老区的规划范围和20个革命老区重点城市的发展定位，明确了"十四五"促进革命老区振兴发展的重点区域。随后，国家发展改革委会同相关部门先后印发了"十四五"时期支持革命老区巩固拓展脱贫攻坚成果衔接，推进乡村振兴、基础设施建设、红色旅游发展、生态保护修复等相关领域的4项实施方案，明确了新时代支持革命老区振兴发展的重点领域。革命老区既具有欠发达的共性特征，又具有各自不同的特色。分区域针对地域特色，宜山则山、宜水则水，宜农则农、宜粮则粮，宜工则工、宜商则商，探索发挥地域优势的异质性高质量发展新路；分任务针对老区短板，坚持问题导向和目标导向，围绕基础设施建设欠账大、社会事业仍显薄弱、财政保障能力有限、人才资源匮乏等共性问题制订重点方案。

"X"是制定新时代支持革命老区振兴的"X"项专项政策，精准支持革命老区振兴发展。延续"1258"体系时形成的规范化振兴政策体系，围绕对口支援、干部人才、财政金融、土地利用等领域出台新时代支持革命老区振兴发展的支持政策，促进革命老区"红""绿"资源优势向发展优势的转变。在对口支援领域，2021年4月，国务院办公厅印发《新时代中央国家机关及有关单位对口支援赣南等原中央苏区工作方案》，50多个部门也相应出台了对口支援的工作方案。充分发挥中央和国家机关及有关单位对口支援和定点帮扶机制作用，对赣州、吉安、龙岩、三明等20个革命老区中心城市实行对口帮扶政策，并定点帮扶井冈山、红安、延川、通江、田东等92个革命老区县。在干部人才领域，选派中央国家机关及有关中央单位干部赴革命老区重点城市挂职，培育革命老区高质量发展的内生动力。在财政金融领域，2021年6月，财政部、国家乡村振兴局印发《中央专项彩票公益金支持欠发达革命老区乡村振兴项目资金管理办法》；2021年7月，证监会印发《新时代支持赣南等原中央苏区振兴发展的实施意见》；2021年5~11月，国家开发银行、农业发展银行、中国农业银行先后发布《支持革命老区振兴发展的意见》；2021年安排革命老区转移支付198.66亿元。在土地利用领域，2021年5月，民航局、文化和旅游部印发《关于促进民航业与红色旅游深度融合创新发展的指导意见》。在示范区建设领域，国家发展改革委也先后印发了赣州革命老区、闽西革命老区、湘赣边区域高质量发展示范区建设方案。密集出台的政策将更有力地推动总指挥、分区域、分任务向下落实，形成

"级—级"的垂直政策体系。

在"1258"体系形成的横向政策架构上,"1 + N + X"体系以"总指导 – 分规划 – 细落实"的上下协同联动机制补齐了纵向政策框架,彻底搭建了"十四五"时期全面振兴革命老区的政策"屋脊"。扎实推进革命老区高质量发展,此政策体系将大力支持革命老区在社会主义现代化建设新征程中开好局、起好步。

## 三、当前革命老区发展面临的困境分析

### (一)贫困程度深、贫困面广,社会事业发展滞后,以城带乡能力弱

老区农民农业生产效率低,收入来源单一,农户自我发展和抵御市场风险能力弱,尚未形成特色农业产品和销售渠道。部分老区义务教育、基本医疗、住房安全"三保障"以及安全饮水还存在一定短板、产业扶贫发展基础尚不稳固。老区间的资金支持不均衡,以左右江革命老区为代表的偏远落后老区建设资金不足成为常态。现代服务业发展滞后,商贸流通潜力未能充分发挥,县域经济活力不足,中心城镇集聚产业和人口的能力弱,城镇化进程滞后,以城带乡能力不足。教育、文化、卫生、体育等方面软硬件建设滞后,基本公共服务能力不足,老区内部差异极为显著,致贫因素极为复杂。

### (二)人才支撑不足,内生动力亟待加强

一方面,跨区、连片革命老区大多处于各省边缘地带,在地理区位、公共服务提供、城市活力等各方面均不具备吸引人才的优势,已成为阻碍老区进一步高质量跨越式发展的最大障碍。另一方面,老区人力资源开发不足。农户缺乏发展现代农业的生产技能,经营管理能力弱,转移就业和创业意识不强。企业经营管理人才短缺,中高级专业技术人员严重缺乏,科技支撑乏力,人才队伍适应和服务市场经济发展的能力有待提高,要进一步激活人才兴业内生动力。

### (三)基础设施薄弱,瓶颈制约明显

交通不便严重阻碍了对外输送和技术引进。老区铁路、公路的路网密度和等级均低于周边中心城市水平,快速通道少,区域互联互通能力不强,部分村镇受交通制约资源开采和利用被迫停留在县级层面。水利设施建设滞后,骨干水利工程及其配套设施明显不足,小微型水利设施严重缺乏,工程性缺水问题特别突出。

### （四）区位优势难以转化为发展优势，核心竞争力有待发掘

革命老区经济区位较为优越，但经济带的高速增长并未给革命老区带来实际意义上的辐射带动作用，存在"洼地效应"的重大问题。一是处于特大经济带或经济区之间的革命老区，在经济增长、工业基础、产业集聚、市场发育、城市活力等方面与核心城市存在较大的差距，因而在项目、企业、资金或是人才等关键要素竞争下缺乏吸引力，老区发展过度依赖于政策扶持。二是老区缺乏向四周经济发达区拓展市场或寻求合作的自觉和自信，在利用自身资源及劳动力优势上存在不足，难以融入经济带发展，尚未形成坚实的腹地基础。

### （五）特色资源禀赋丰裕但开发利用水平低，县域经济薄弱

革命老区普遍具备特色资源禀赋相对优势，如川陕的矿产、天然气；陕甘宁的化石能源和清洁能源；左右江的林业、有色金属；大别山的生态、水利；赣闽粤的矿产资源等。但存在盲目开发资源、缺乏龙头企业带动、产业集群辐射效应较弱等问题，资源就地转化程度低、精深加工能力弱，能源、矿产、生物资源等资源优势没有转化为产业优势，尚未形成有效带动经济发展和扶贫开发的支柱产业。此外，革命老区红色旅游资源丰富、民族文化风情独特，具备打造国际知名旅游目的地的巨大潜力，但旅游资源挖掘开发不足，景区基础设施薄弱，旅游产品不丰富，缺乏跨省区精品旅游线路，仍未培育成为老区的经济增长极。

### （六）山洪地质自然灾害突出，生态环境保护任务重

人地矛盾是制约老区发展的因素之一。部分老区自然灾害潜在风险大，如川陕革命老区处于地震带；陕甘宁革命老区水土流失严重；左右江革命老区生态环境较为脆弱，资源开发与环境治理矛盾突出，是生态文明建设的重点和难点地区。

## 四、新时代推动革命老区高质量发展的五个突破

### （一）突破产业滞留困境

建设现代化产业体系既是持续深化供给侧结构性改革的主要任务，也是新旧动能接续转换的关键，对于构建新发展格局、实现经济高质量发展，具有十分重大而深远的意义。革命老区增强内生发展动力，要加快产业结构转型升级、从中低端向中高端迈进、从短而弱产业链向长而强产业链深化。

大力发展特色农业。习近平总书记指出，没有农业农村现代化，就没有整个国家的现代化。革命老区要大力发展特色农业，推进农业农村现代化建设。一是完善农业产业链条。加快推进农业产业园区和批发市场建设，完善标准化农产品交易专区、集配中心、冷链物流等设施设备，着力推进区域优质粮、果、蔬、畜等特色农产品的产业化经营，扩大加工规模，延长产业链。二是做好老区特色农产品。做大做强农民合作社和龙头企业，打造具有市场竞争力的知名品牌，培育特色农产品加工产业集群，建设一批特色农产品加工基地，积极发展特色农产品交易市场，鼓励大型零售超市与革命老区合作社开展农超对接。三是大力发展林下经济。充分挖掘老区山林资源，积极发展木本油料、特色经济林产业和林下经济。建设经济林、林下经济和木材战略储备基地。

提升发展优势矿产业。革命老区要抓好矿产资源丰富这一优势，发展优势矿产业。一方面，要有序推进矿产资源开发。尤其是推进钨、稀土、钽铌等优势稀有金属资源开发，建成具有国际影响力的特色优势矿产业基地。另一方面，要大力发展矿产资源加工业。在配套基础设施完善达标及运行管理水平有保障的前提下，统筹规划、扎实推进，提高矿产资源开发利用程度、精深加工水平和安全生产能力，大力发展循环经济，提高矿产资源利用效率。

壮大发展红色旅游业。红色是革命老区的底色，老区振兴要紧抓红色旅游，壮大发展红色旅游业。一是开发旅游资源。优先支持老区建设红色旅游经典景区和国家级旅游景区。依托红色教育基地、古村古镇和风景名胜区、森林公园、湿地公园、自然保护区等旅游资源，重点发展红色旅游、生态旅游、乡村旅游、历史文化游。二是打造精品路线。依托老区独特的旅游资源，构建红色旅游圈，加强旅游品牌推介，开发一批富有老区特色的红色旅游产品，打造国际国内精品旅游路线。三是加大扶持力度。促进旅游基础设施中央补助资金进一步向老区倾斜。

大力发展现代服务业。现代服务业是经济发展的重要引擎和加速器，是经济发达程度的风向标，必须紧抓不放。一是大力发展电子商务。建设多功能的农村综合商贸服务中心，加强农村电商人才培训，鼓励引导电商企业开辟老区特色农产品网上销售平台，加大对农产品品牌推介营销的支持力度。二是大力发展新兴服务业。加大科技研发投入，大力发展信息服务业，积极探寻适合老区信息消费的新产品、新业态、新模式。三是完善城乡金融服务业。提升中心城市金融综合服务能力，扩大农村金融服务覆盖面。支持鼓励中小银行业金融机构发起设立新型农村金融机构，积极推进农村小额信贷工作。

## （二）突破人才桎梏困境

老区要发展，人才是关键。加强人才支撑，决不让老区在全面建成小康社会进程中掉队，让老区人民同全国人民共享全面建成小康社会成果，是我们党和政府的初心所指，使命所系。

深入开发老区劳动力资源。大力发展劳务经济，积极推进老区劳动力转移和老区人力资源开发。积极发展劳动密集型产业和家政服务、物流配送、养老服务等产业，拓展劳动力就地就近就业空间。加强基层人力资源和社会保障公共服务平台建设，推动革命老区劳动力向经济发达地区转移，建立和完善劳动力输出与输入地劳务对接机制，提高农村劳动力转移就业组织化程度。鼓励在老区自主创业，优化创业环境，统筹整合创业培训（实训）基地、创业孵化基地和农民工创业园等创业平台资源，促进以创业带动就业。鼓励高校毕业生到老区的城乡基层、中小企业就业，帮助零就业家庭等城乡困难群体就业。发挥高水平高素质劳动力优势，推动老区高质量发展。

提高老区劳动力素质。一是加强老区劳动力转移就业技能培训。整合各类资源，支持老区教育培训机构开展订单、定向、定岗式培训，鼓励老区企业以"企校合作、工学结合、半工半读"等形式对农村劳动力进行岗前培训，加强素质培训，加快农民转岗就业。二是强化农村低收入家庭劳动力职业技术培训。鼓励老区农村低收入家庭未升学的初高中毕业生参加劳动预备制培训并给予生活补贴。进一步落实国家助学金政策。三是积极推动乡土人才培养。通过项目、资金、培训等方式扶持致富带头人、技术能人和农村经纪人，支持优秀乡土人才到职业学校、大中专院校和发达地区接受培训。鼓励和支持乡土人才创业兴业，组建经济合作组织、协会、技术中介服务机构，建立示范基地。四是落实农村实用技术培训。支持科研机构和企业深入老区农村，围绕产业发展开展技术推广和技能培训。鼓励科技人员现场示范、指导农业科技的应用，与农户建立互利共赢的合作关系。

创新人才体制机制。一方面，要优化人才政策环境、加强人才载体建设。鼓励有关地方和部门积极探索，构建吸引、留住、用好人才的新机制。以重大项目和基地建设为载体，以培育高层次人才、高技能人才、实用型人才为重点，深入实施"高层次创新型人才遴选培养""百千万人才引进"等人才工作计划。另一方面，要创新人才引进机制，加大国家重点人才和引智项目向老区的倾斜力度。实行引进资金、项目与引进技术、人才相结合，充分利用外部人才资源。对引进的各类急需人才在工作条件、生活待遇方面给予必要支持。组织开展选派中央、国家机关优秀干部和人才到革命老区交流任职或挂职锻炼。

## （三）突破基建薄弱困境

完善基础设施建设是关系革命老区高质量发展的关键环节，经过国家重点专项项目的推进以及革命老区振兴方案的加快实施，目前革命老区基础设施条件有所改善。

"十四五"时期需进一步合理规划和推进交通运输、水利工程、能源设施、信息服务等建设,尽快破除基础设施落后这一最大的发展障碍。

完善交通运输网络。一是通过高铁项目提速建设、已有线路扩容改造、加密高速公路网等方式实现革命老区完善综合立体交通网络的目标。二是长江流域老区县加强内河港口建设,畅通嘉陵江、渠江、赣江等与长江黄金水道的联系。三是支持一批民航机场和通用机场建设,新建、改扩建支线机场。四是通过省际合作联合规划综合交通运输网络,完善交通建设的政策和资金支持。五是加快乡村公路建设,提高通达深度和技术标准,完善物流线路,鼓励农村客运站建设物流中心或园区,进一步支持电商下乡、农村淘宝等项目的深入实施。六是积极推动景区交通干线建设,改善旅游城市、景区间的交通衔接,全面支持红色旅游发展。

加快水利工程和能源设施建设。一是坚持大中小微并举建设一批大型、中型、小型水库和引提水工程,推进甘肃引洮供水二期、江西四方井水库、四川黄石盘等国家节水供水重大水利工程建设,继续实施城乡供水工程,进一步提高集中供水覆盖率,解决工程性缺水、农村饮用水安全等问题。二是扎实做好汉江、嘉陵江、淮河等流域的综合治理规划,加强防洪排涝工程建设。三是加快推进老区电网建设,鼓励老区政府与电网公司签订战略合作框架协议,以政企合作形式确保老区农网关键供电指标按县区达到国家新一轮农村电网改造升级目标。四是保障老区特色能源优势,如川陕天然气管道建设改造、陕甘宁煤炭基地建设、赣闽粤及大别山等地的新能源开发等。

加强信息基础设施建设。一是支持"宽带中国"战略和"宽带乡村"工程向革命老区倾斜,大力推进老区电信网、互联网和广播电视网"三网融合",建设覆盖城乡的通信网络。二是对有条件的区域性中心城市开展数字城市、智慧城市建设,推动信息服务与产业发展融合并行。

## (四)突破教育落后困境

振兴教育是革命老区刻不容缓的思想革命和生态再造。为此,革命老区应从普及基础教育、发展高等教育、推进职业教育、支持特殊教育、完善配置支持等方面入手改变教育落后现状。

在普及基础教育方面,以"政府主导、行业指导、社会参与、公办民办并举"为原则统筹基础教育资源。首先,通过新建、改扩建城乡幼儿园,确保儿童,特别是女童和留守儿童能够就近接受学前教育,逐步形成革命老区县、乡、村学前教育网络。其次,通过寄宿制学校扩容改造、建立控辍保学长效机制等方式消除"大通铺""大班额"现象,推进义务教育均衡发展。最后,重视高中阶段教育的多元化和特色化发展,在老区县筹建市级、省级示范重点学校。

在发展高等教育方面，以打造优势特色学科和建立对口合作长效机制为主要途径。首先，革命老区大多特色资源禀赋丰富，以此为突破点打造高校优势特色学科是首选之举，如赣南苏区的稀土、钨、铀等矿产资源，陕甘宁革命老区的煤炭、石油、天然气等化石能源。其次，在整合发展全国革命老区高校联席会的基础上，充分利用周边大城市高等教育资源，继续实施并完善中东部发达地区或老区周边经济带对口支援革命老区建设高等学校、培养教师和定向招生培养协作计划，创新老区内外高校校际合作机制。最后，利用革命老区重点城市和东部发达城市的对口合作关系，在高校空缺的老区新建合作城市高校新校区、新研究院等。

在推进职业教育方面，以促进职业教育与产业发展、转移就业等紧密结合为原则和目标。首先，围绕革命老区当地的特色产业和重点产业的发展需要，建设职业学校并完成专业设置，如红色旅游、民族文化、现代农业等。其次，建立实训基地和职教中心，职业学校联合人力资源、林业、工会等部门开展职业培训，完善人才输出机制。

在支持特殊教育方面，普及残疾儿童少年义务教育，鼓励有条件的老区县办好一所特殊教育学校，建设特殊教育资源中心（教室），配置完善教学专用设备，循序渐进探索特殊教育全覆盖路径。

在完善配套支持方面，健全教育资助制度，加强老区教师队伍建设，推动数字化教学资源利用，实施义务教育学生营养改善计划等。

## （五）突破生态脆弱困境

生态环境建设和绿色经济发展是可持续发展的重要保障，更是高质量发展的应有之义。革命老区多位于山区、江岸，或承担重大的生态功能，或承受脆弱生态的改造压力，为此要重点推动老区生态建设。

以技术和制度创新带动绿色发展。充分发挥老区精神的巨大推动作用，尽快落实国家和省级层面的制度安排与政策设计，明确利益相关方在绿色发展中的责任和义务。尽快突破低碳、碳汇和环保等相关的技术瓶颈，建立保障老区可持续性发展的长效机制。

加强生态环境建设和保护，打造永续发展的美丽老区。立足节约资源保护环境推动发展，把促进经济增长方式根本转变作为着力点，使经济增长由主要依靠增加资源投入带动向主要依靠提高资源利用效率带动转变，以资源环境承载力为前提，优化调整产业结构和空间布局，发展低碳经济、循环经济、绿色经济，强化环境综合治理，促进生态修复，建立健全生态补偿政策，建设资源节约型、环境友好型社会，保障区域可持续发展。

发挥特色资源优势，调整优化产业结构，转变经济增长模式。注重对传统产业的改造，发展循环经济，走新型工业化道路，大力发展清洁能源和可再生能源，充分发掘老区风能、光能、热能等资源优势，发展节能环保型绿色产业。同时要加快发展生态红色旅游，以替代部分资源消耗大、污染重的传统产业，减少环境污染破坏，推动生态资源永续利用。

# 参考文献

[1] 关于印发《中央专项彩票公益金支持欠发达革命老区乡村振兴项目资金管理办法》的通知 [EB/OL]. 中华人民共和国中央人民政府，2021 – 06 – 08.

[2] 国家八七扶贫攻坚计划（1994 – 2000 年）[EB/OL]. 中国扶贫基金会网站，2004 – 08 – 25.

[3] 国务院办公厅转发教育部等部门关于实施教育扶贫工程意见的通知 [EB/OL]. 中国共产党网，2013 – 07 – 29.

[4] 国务院关于"十四五"特殊类型地区振兴发展规划的批复 [EB/OL]. 中华人民共和国中央人民政府，2021 – 10 – 08.

[5] 国务院批转内务部关于烈士纪念建筑物修建和管理工作的报告的通知 [EB/OL]. 国务院，1963 – 12 – 20.

[6] 胡佳. 政策续航推动新时代革命老区振兴发展 [J]. 中国老区建设，2022（1）：7 – 13.

[7] 黄倩斐，郑兴明. 革命老区发展红色文化助推乡村共同富裕：价值、困境与路径 [J]. 台湾农业探索，2022（6）：33 – 38.

[8] 李向光. 老区人才谱新篇：革命老区延安、遵义、赣州人才工作掠影 [J]. 中国人才，2019（10）：32 – 34.

[9] 刘奥，张双龙. 革命老区振兴规划实施的共同富裕效应：基于城乡收入差距视角 [J]. 中国农村经济，2023（3）：45 – 65.

[10] 罗海平，刘耀彬，王军花. 中国革命老区发展报告（2020）[M]. 北京：经济科学出版社，2020.

[11] 民航业与红色旅游得到深度融合创新发展 [EB/OL]. 中华人民共和国文化和旅游部，2021 – 05 – 14.

[12] 用好政策性金融助推乡村振兴 [N]. 经济日报，2022 – 08 – 06.

[13] 证监会印发《新时代中国证监会支持赣南等原中央苏区振兴发展的实施意见》[EB/OL]. 中华人民共和国国家发展和改革委员会，2021 – 11 – 10.

# High-quality Development of China's Old Revolutionary Areas: Historical Logic, Practical Dilemma and Practical Path

**Hu Xueying   Luo Haiping   Tang Lijun**

[**Abstract**] The old revolutionary area is a revolutionary base area created under the leadership of the older generation of proletarian revolutionaries, with a wide distribution and unique location, showing several characteristics: in the position of humanities and history, it is the birthplace of red culture and the gathering place of multi-ethnic culture; In terms of natural geographical location, it is an important channel for "communication and connection", and it is also a "closed zone" under traffic restrictions; In terms of economic geographical location, it is the hinterland of economic zones (belts) and urban circles, and it is also the "marginal zone" of the center of economic development. This article sorts out the historical evolution of the policy of revitalizing old revolutionary areas and divides it into four stages: decentralized support stage, key support stage, revitalization initial stage, comprehensive poverty alleviation stage, and high-quality development stage. The current difficulties faced by the old revolutionary areas of our country mainly include: deep poverty, widespread poverty, lagging development of social undertakings, and weak ability to take urban and rural areas; Insufficient talent support, endogenous motivation needs to be strengthened; Weak infrastructure and obvious bottlenecks; Location advantages are difficult to transform into development advantages, and core competitiveness needs to be explored; Red resources are rich but the level of development and utilization is low, and the county economy is weak; Mountain flood geological natural disasters are prominent, and the task of ecological environmental protection is heavy; Finally, five breakthroughs are proposed to promote the high-quality development of the old revolutionary areas in the new era: breaking through the dilemma of industrial retention, breaking through the dilemma of talent shackles, breaking through the dilemma of weak infrastructure, breaking through the dilemma of backward education, and breaking through the dilemma of ecological fragility.

[**Key words**] Revolutionary Old Areas; High-Quality Development; Difficulties; Paths

# 构建全过程工程咨询新模式下工程造价全过程控制服务研究

周　敏[*]

【摘　要】2017 年，国务院办公厅印发《关于促进建筑业持续健康发展的意见》鼓励工程咨询企业开展全过程工程咨询服务，在全国掀起了对全过程工程咨询探索与实践的热潮。在建设项目的全过程工程咨询管控中，全过程造价咨询对整个项目的投资管控起到重大作用。本文从建设项目的前期策划、勘察设计阶段、招投标阶段、施工阶段、项目竣工阶段分析了工程造价管理和控制，从而对提高全过程工程咨询的服务质量提出建议。

【关键词】全过程工程咨询；全过程造价咨询；全过程造价管理

---

## 一、问题的提出

我国为什么要推进全过程工程咨询？因为全过程咨询能够通过协调管理、全面整合工程建设过程各阶段的服务业务，打破信息与资源壁垒，提高工程建设水平和整体效益。在传统模式下，工程造价咨询服务从施工图阶段开始，没有做到全过程的投资管控，为更好地实现投资建设意图，投资者或建设单位在建设项目投资决策、项目勘察设计阶段、招投标阶段、施工阶段和竣工验收阶段这一系列过程中，对综合性、跨阶段、一体化的咨询服务需求日益增强，这种需求与现行传统模式下的工程造价咨询服务模式的矛盾日益突出。

建设项目的全过程工程咨询主要贯穿项目前期策划、勘察设计阶段、招投标阶段、施工阶段、竣工验收阶段。在上述阶段中，全过程造价咨询应该贯穿始终。建设项目全过程造价管理咨询的任务是依据国家有关法律法规和建设行政主管部门的有关

---

　　* 作者简介：周敏（1978 ~ ），女，辽宁沈阳人，中国建筑东北设计研究院有限公司高级工程师，注册造价工程师，全过程咨询师，全过程项目管理师，英国皇家特许测量师；项目管理学硕士，主要从事全过程工程造价咨询研究。

规定，通过对建设项目各阶段工程的计价，实施以工程造价管理为核心的项目管理，实现整个建设项目工程造价地有效控制与调整，缩小投资偏差，控制投资风险，协助建设单位进行建设投资的合理筹措与投入，确保工程造价的控制目标。

建设项目全过程造价管理是针对整个建设项目目标系统所实施的控制活动的一个重要组成部分。全过程造价管理是指覆盖建设工程策划决策及建设实施各阶段的造价管理，包括策划决策阶段的项目策划、投资估算、项目经济评价、设计阶段的限额设计、方案比选、概预算编制；招投标阶段的标段划分、发承包模式及合同形式的选择、最高投标限价或标底编制；施工阶段的工程计量与结算、工程变更控制、索赔管理；竣工验收阶段的结算与决算等，是贯穿项目实施各个阶段，由项目参与各方协同完成，涉及技术、经济、组织和合同等方面内容的系统。它包括三个步骤：确定目标标准、检查实施状态、纠正偏差。全过程造价控制分为三个阶段：事前控制、事中控制、事后控制。工程造价的有效控制，是以合理确定为基础，以有效控制为核心。工程造价的控制是贯穿项目建设全过程的控制，把建设工程造价控制在批准的造价限额以内，随时纠正发生的偏差，保证项目管理目标的实现，以求在各个建设项目中能合理使用人力、物力、财力，取得较好的投资效益和社会效益。

首先，要设置好各阶段工程造价的控制目标，使其成为一个有机联系的整体，各阶段目标相互制约、相互补充，前者控制后者，后者补充前者，共同组成工程造价控制的目标系统。目标设置既要有先进性又要有实现的可能性，目标水平不能太低，也不可太高，要能激发执行者的进取心和充分发挥其工作能力，否则工程造价控制将成为一纸空文。

其次，在工程造价控制中，必须重点突出。工程造价的控制是一个系统工程，涉及方方面面，工程造价的控制要立足于事先控制，即主动控制。

## 二、全过程的工程造价控制

### （一）项目策划阶段工程造价咨询服务

项目策划环节的成本控制所占权重最大，具有"一锤定音"的地位和作用，在策划环节进行成本控制是实现事前控制的关键，可以最大限度地减少事后变动带来的成本。所以该环节控制要点和控制内容相当复杂，基本原则是：周密规划、科学讨论、严格审批。

投资估算是在项目投资决策的过程中，依据现有的资料和特定的方法对建设项目的投资数额进行的估计。它是项目建设前期编制项目建议书和可行性研究报告的重要组成部分，是项目决策的重要依据之一。投资估算的准确与否不仅影响到可行性研究工作的质量和经济评价结果，也直接关系到下一阶段的设计概算和施工图预算的编制，对建设项目资金筹措方案有直接的影响。因此，全面准确地估算建设项目的工程造价，是可行性研究乃至整个决策阶段造价管理的重要任务。

**1. 投资估算在项目开发建设工程中的作用**

（1）项目建议书阶段的投资估算，是项目投资主管部门审批项目建议书的依据之一，并对项目的规划、规模起参考作用。

（2）项目可行性研究阶段的投资估算，是项目投资决策的重要依据，也是研究、分析、计算项目投资经济效果的重要条件。当可行性研究被批准后，其投资估算额即作为建设项目投资的最高限额，不得随意突破。

（3）项目投资估算对工程设计概算起控制作用，设计概算不得突破批准的投资估算额，并应控制在投资估算额之内。

（4）投资估算可作为项目资金筹措及制订建设贷款计划的依据，建设单位可根据批准的项目投资估算额，进行资金筹措和向银行申请贷款。

（5）项目投资估算是核算建设项目固定资产投资需要额和编制固定资产投资计划的重要依据。

**2. 投资估算的原则**

投资估算是拟建项目前期可行性研究的重要内容，是经济效益评价的基础，是项目决策的重要依据，因此在编制投资估算时应符合下列原则。

（1）实事求是、科学合理的原则；

（2）合理利用资源，效益最高的原则；

（3）适度前瞻性的原则。

**3. 投资估算应达到的精度**

（1）工程内容和费用构成齐全，计算合理，不重复计算，不提高或者降低估算标准，不漏项不少算；

（2）选用指标与具体工程之间存在标准或者条件差异时，应进行必要的换算或者调整；

（3）投资估算精度应能满足控制初步设计概算的要求。

**4. 投资估算编制与审核的依据**

建设项目投资估算的基础资料与依据主要包括：行业部门资料；《投资项目可行性研究指南（试行版）》；《建设项目经济评价方法与参数（第三版）》；有关机构发布的建设工程造价费用构成、估算指标、计算方法以及其他有关工程造价的文件；有关机构发布的工程建设其他费用估算方案和费用标准，以及物价指数；部门或行业制定的投资估算方法和估算指标；建设项目资料；拟建项目建设方案确定的各项工程建设内容及工程量；拟建项目所需设备、材料的市场价格；投资人的组织机构、经营范围、财务能力等；根据不同行业项目的特殊要求需要的其他相关资料；全过程工程咨询单位的知识和经验体系。

投资估算有分目标和总目标，在总目标确定的情况下，要结合全生命周期成本最优可实施性原则，利用价值工程合理分解分目标，进而将分目标转成限额设计。

编制投资估算时，应依据相应工程造价管理机构发布的工程计价依据，以及工程造价咨询企业积累的有关资料，并应在分析编制期市场要素价格变化的基础上，合理确定建设项目总投资。

经济评价应依据国家有关政策和现行标准，在项目方案设计的基础上，对拟建项目的经济合理性和财务可行性进行分析论证，并进行全面评价。

审核投资估算时，应依据相应工程造价管理机构发布的工程计价依据，以及其他有关资料，审核投资估算中所采用的编制依据的正确性、编制方法的适用性、编制内容与要求的一致性、投资估算中费用项目的准确性、全面性和合理性。

投资估算按委托内容可分为建设项目的投资估算、单项工程投资估算、单位工程投资估算。项目建议书阶段的投资估算可采用生产能力指数法、系数估算法、比例估算法、指标估算法或混合法进行编制；可行性研究阶段的投资估算宜采用指标估算法进行编制。

建设项目总投资应由建设投资、建设期利息、固定资产投资方向调节税和流动资金组成。建设投资应包括工程费用、工程建设其他费用和预备费。工程费用应包括建筑工程费、设备购置费、安装工程费。预备费应包括基本预备费和价差预备费。建设期利息应包括支付金融机构的贷款利息和为筹集资金而发生的融资费用。

## （二）项目设计阶段工程造价咨询服务

在建设项目的工作分解结构中，建设项目的设计与计划阶段是决定建筑产品价值形成的关键阶段，它对建设项目的建设工期、工程造价、工程质量以及建成后能否产生较好的经济效益和使用效益，起到决定性的作用，因此对设计阶段进行造价管理是非常重要的。对国内外工程实践及造价的资料分析表明，在方案设计阶段，影响项目投资的可能性为 75%～95%；在初步设计阶段，影响项目投资的可能性为 35%～75%；在施工图设计阶段，影响项目投资的可能性为 5%～35%。由此可见，重视对设计阶段的造价管理，可以有效解决建设项目总造价偏高的问题。因此，控制工程造价的思想在设计开始的时候就应该保证选择恰当的设计标准和合理的功能水平。

设计概算的编制与审核依据有国家设计规范、标准以及项目的勘察文件、初步设计文件；政府有关主管部门对项目的批文、可行性研究报告、立项书、方案文件等；规划、用地、环保、卫生、绿化、消防、人防、抗震等要求和依据资料；国家和地方政府有关工程建设和造价管理的法律、法规和方针政策；当地和主管部门颁布的概算定额、工期定额、指标（或预算定额、综合预算定额）、单位估价表、类似工程造价指标、工程费用定额、工期定额和相关费用规定的文件等；当地现行的建设工程价格信息；建设单位提供的有关概算的其他资料；工程建设其他费用计费依据；有关文件、合同、协议；投资人提供的有关使用要求或生产工艺等资料；建设场地的自然条件和施工条件；《建设项目设计概算编审规程（CECA/GC 2—2016）》及全过程工程咨询单位的知识经验积累和所积累的指标指数体系。

**1. 设计概算编制主要内容**

（1）建设项目总概算及单项工程综合概算；

（2）工程建设其他费用、预备费、专项费用概算；

（3）单位工程概算；

（4）如果设计概算经批准后调整，经过原概算审批单位同意，可编制调整概算。

**2. 设计概算审查主要内容**

（1）审查设计概算文件是否齐全；

（2）审查设计概算的编制依据，依据需满足合法性、时效性、适用范围；

（3）审查概算编制深度；

（4）审查建设规模、标准，如概算总投资超过原批准投资估算10%，应进一步审查超估算的原因，确因实际需要投资规模扩大，需要重新立项审批；

（5）审查设备规格、数量和配置；

（6）审查建筑安装工程费，审查是否有多算、重算、漏算；

（7）项目概算工期是否符合工期定额的规定；

（8）审查计价指标；

（9）审查其他费用。

在专业咨询工程师（设计）编制初步设计文件过程中，全过程工程咨询单位应安排专业咨询工程师（造价）参与并编制设计概算，在造价控制目标内进行估算调整及设计调整、组织初步设计概算内部评审、进行技术经济分析比较或调整概算，同时须考虑项目工期对概算的影响。专业咨询工程师（造价）应与专业咨询工程师（设计）密切配合、讨论和优化设计方案，以选出技术先进、经济合理的最佳设计方案，确保概算的质量，并且总咨询师应对设计概算的质量把关。

设计概算是编制建设项目投资计划、确定和控制建设项目投资、控制施工图设计和施工图预算的依据。为了确保概算编审质量，全过程工程咨询单位应对编审的专业咨询工程师（造价）进行认真考核；可采取送审值与审批值差额比率方法考核，规定总概算审核差额比率、单位工程概算审核差额比率，以及责任人员。编审概算的专业咨询工程师（造价）须深入了解建设工程的概况，认真阅读设计说明书，充分了解设计意图，必要时到工程现场实地察看，而且必须充分考虑概算工期定额对造价的影响。若审查后初步设计概算超出立项批复的投资额，全过程工程咨询单位需要与投资人共同作出决策，是降低建设标准还是减少建筑面积或其他，必要时重新立项报批。

**3. 限额设计**

设计阶段是分析处理工程技术和经济的关键环节，在设计过程中专业咨询工程师（造价）需要密切配合专业咨询工程师（设计），协助其处理好工程技术先进性与经济合理性之间的关系，通过多方案技术经济分析，优化设计方案，通过限额设计有效控制工程造价。

限额设计是指按照批准的可行性研究报告中的投资限额进行初步设计、按照批准的初步设计概算进行施工图设计、按照施工图预算造价（当超概算时）对施工图设计中相关专业设计文件修改调整的过程。限额设计需要在投资额度不变的情况下，实现使用功能和建设规模的最大化。

限额设计依据有相关法律法规、政策文件、标准规范等；项目可行性研究报告、业主需求书及不同深度的勘察设计文件（含技术要求）、决策和设计阶段造价文件等；项目资金来源，项目性质，项目技术要求，投资人对工程造价、质量、工期的期望以及资金的充裕程度等。

限额设计的控制过程是合理确定项目投资限额，科学分解投资目标，进行分目标的设计实施，设计实施的跟踪检查，检查信息反馈用于再控制的循环过程。要合理确定项目投资限额，鉴于经审批的设计任务书中的项目总投资额，即为进行限额设计控制项目造价的主要依据，而设计任务书中的项目总投资额又是根据审批的项目可行性研究报告中的投资估算额下达的，提高项目可行性研究报告中投资估算的科学性、准确性、可信性，便成为合理确定项目投资限额的重要环节。为适应推行限额设计的要求，应适当加深项目可行性研究报告的深度，并维护项目投资估算的严肃性；使投资估算真正起到控制项目造价的作用。为此，在编制项目投资估算时，要做到科学地、实事求是地编制项目投资估算，使项目的投资限额与单项工程的数量、建筑标准、功能水平相协调。

要科学分配初步设计的投资限额，专业咨询工程师（设计）在进行设计以前，总咨询师应将项目设计任务书中规定的建设方针、设计原则、各项技术经济指标等向专业咨询工程师（设计）交底，并将设计任务与规定的投资限额分工程分专业下达到专业咨询工程师（设计），即将设计任务书中规定的投资限额分配到各单项工程和单位工程，作为进行初步设计的造价控制目标或投资限额，并要求各专业设计人员认真研究实现投资限额的可行性，对项目的总图方案、工艺流程、关键设备、主要建筑和各种费用指标提出方案比选，作出投资限额决定。

根据投资限额进行初步设计，初步设计开始时，总咨询师应将可行性研究报告的设计原则、建设方针、建设各项控制经济指标向专业咨询工程师（设计）交底，对关键设备、工艺流程、主要建筑和各种费用指标提出技术方案比较，研究实现可行性研究报告中投资限额的可行性，将设计任务和投资限额分专业同时下达，促使专业咨询工程师（设计）进行多方案比选。并以单位工程为考核单元，事先做好专业内部的平衡调整，提出节约投资的措施，力求在不降低可行性研究报告中确定的建设标准的基础上，将工程量和工程造价控制在限额内。对由于初步设计阶段的主要设计方案与可行性研究阶段的假设设计方案相比较发生重大变化所增加的投资，应进一步优化方案，同时利用价值工程进行分析，确定投资增加的有效性和可行性，在不影响投资人资金安排的前提下，报总咨询师批准后，才可调整工程概算。

合理分配施工图设计的造价限额，经审查批准的建设项目或单项工程初步设计及初步设计概算，应作为施工图设计的造价控制限额。专业咨询工程师（设计）把概算限额分配给各单位工程、各专业设计，作为其造价控制额，使之在造价控制额内进行设计优化和施工图设计。

限额设计强调技术与经济的统一，需要造价和设计的专业咨询工程师密切合作。专业咨询工程师（设计）进行设计时，应基于项目全过程、全生命周期，充分考虑工程造价的影响因素，对方案进行比较、优化设计；专业咨询工程师（造价）要及时进行造价评估和编审，在设计过程中协助专业咨询工程师（设计）进行技术经济分析和论证，从而达到有效管控项目工程造价的目的。

为了科学合理分解投资目标，确定投资限额，各设计阶段投资总限额一般以满足投资人投资目标、兼顾使用人需求进行方案设计，确定投资估算；用设计方案和投资估算指导初步设计；用初步设计文件控制施工图设计。为了有效进行限额设计，在初步设计阶段，总咨询师带领各专业咨询师明确建设项目各专业的组成部分，通过分析各专业和所选用不同材料设备对使用功能的影响程度，分析不同材料设备对造价影响的敏感度，根据分析结果，共同对投资总额进行合理分解，并将分解后的投资目标作为初步设计的目标。在初步设计完成后，进一步调整完善投资目标分解，并将调整后的投资分解目标作为施工图设计的限额设计目标。坚持投资限额的严肃性，投资限额目标一旦确定，必须坚持其投资额的严肃性不能随意变动。如有必要调整，必须通过分析论证，按规定程序调整。跟踪限额设计的执行情况，应要求各专业咨询工程师（设计）负责人根据各专业特点编制"各设计专业投资核算点表"，并确定各设计专业投资控制点的计划完成时间。造价工程师按照投资核算点对各专业设计投资进行跟踪核算，并分析产生偏差的原因，与设计师互动，有效实现限额设计。

**4. 设计方案评价与优化**

设计方案评价与优化是设计过程的重要环节，通过技术比较、经济分析和效益评价正确处理技术先进与经济合理之间的关系，力求达到技术先进与经济合理的和谐统一。主要依据有国家和省（区、市）的经济和社会发展规划；国家或有关部门颁布的相关法律法规、政策文件、标准规范、参数和指标等；有关基础数据资料，包括同类项目的技术经济参数、指标等；项目设计说明书、设计文件；项目的建议书（初步可行性研究报告）和咨询合同的具体委托要求；项目的投资估算、设计概算等。

设计方案评价与优化内容如下所示：

（1）建立评价指标和参数体系：即设计方案评价与优化的衡量标准。评价指标和参数既要符合有关法律法规和标准规范的规定，也应能充分反映拟建项目投资人和其他利益相关者以及社会的需求，指标和参数体系包括的主要内容有：①使用价值指标，即拟建项目满足功能的指标；②反映创造使用价值所消耗的社会劳动消耗量指标；③其他相关指标和参数等。指标和参数体系的建立，可按重要程度设置主要指标/参数和辅助指标/参数，并选择主要指标进行分析比较。

（2）方案评价：①备选方案的筛选，剔除不可行的方案；②根据评价指标和参数体系，对备选方案进行全面的分析比较，要注意各个方案间的可比性，要遵循效益与费用计算口径一致的原则。

（3）方案优化：根据设计方案评价的结果，并综合考虑项目工程质量、造价、工期、安全和环保五大目标，基于全要素造价管控进行优化，力求达到整体目标最优，在保证工程质量和安全、保护环境的基础上，追求全生命周期成本最低的方案。

（4）评价与优化方法：设计方案评价与优化的方法有很多，主要有目标规划法、层次分析法、模糊综合评价法、灰色综合评价法、价值工程法和人工神经网络法等。较为常用的是采用价值工程法进行方案比选和优化。

对于单项工程或单位工程设计的多方案经济评价与优化，应将技术与经济相结合，配合委托人确定合理的建设标准，采用统一的技术经济评价指标体系进行全面对比分析。在进行多方案经济评价、编写优化设计造价咨询报告时应与投资人、专业咨询师（设计）充分沟通，可参考借鉴类似项目的技术经济指标，提出的优化设计建议应切实可行并得到投资人与全过程工程咨询单位的认可。

在设计阶段，应在项目总体策划阶段提出项目总估算造价目标的基础上，具体开展分解落实工作，包括：分析可研报告等项目前期资料，分析业主需求和项目情况，提出项目总造价控制目标，并分块分析、调整优化，建立造价控制目标体系。

为了控制项目总造价，根据项目情况，可在设计任务书中提出有关造价控制的要求，提出限额设计的要求，监督检查项目总造价目标及各设计阶段设计限额的执行情况。

审核方案设计估算，如有优化方案则协助对估算作出调整，审核项目设计概算，并可针对设计方案优化、限额设计方案进行工程造价比较分析。项目既要满足使用单位的使用需求，也要在投资方面得到很好的控制，在设计阶段就对设计方案进行技术和经济相结合的充分对比，不断优化设计方案，选择最优设计方案，投资控制工作前置，在优化设计阶段，将设计和造价充分结合，提出的优化设计建议应切实可行。

## （三）招投标及施工发包阶段工程造价咨询服务

本阶段发包与采购管理工作包括工程类、服务咨询类及材料与设备类招标活动。其中，工程类招标包括施工总承包、指定专业分包（如钢结构、幕墙、消防、精装修、特种空调系统、楼宇智能化系统、电梯、园林绿化等）；服务类招标包括指定专业设计、施工监理、招标代理、造价咨询、工程审价、监测或检测及其他咨询服务类等；材料与设备采购包括甲供材料、甲供设备等。投标单位的选择从资质、管理水平、技术力量、历史记录、资金实力和合作经历来审核、考察和评估，从而确定合同结构，并分清各发包界面，避免遗漏、避免重复、便于实施管理和工程的交接。根据我国地方政府的相关规定，结合项目和合同结构特点，确定发包方式。

**1. 招标书应包含如下内容**

（1）工期；

（2）工程造价或取费标准；

（3）质量要求；

（4）付款方式；

（5）招标范围；

（6）结算方式；

（7）验收标准；

（8）投标注意事项；

（9）废标条件（投标书必须加盖投标单位法人印章）；

（10）接标时间；

（11）开标时间；

（12）定标方法；

（13）投标单位补充意见；

（14）标准合同条文；

（15）图纸、其他要求等。

造价咨询人员组织审核招标（采购）文件，具体审查内容如下：

（1）审查招标文件中规定的计价方式；

（2）审查工程量清单及标底；

（3）审查标底价、中标价（合同价）与预算、概算的对比情况。

**2. 招标（采购）文件审查要点**

（1）审查招标范围是否与已经确定的项目合同结构相符，有无漏项；

（2）审查招标文件中规定的计价方式是否符合国家有关规定，是否有利于计价，有利于实施过程中的投资控制；

（3）审查工程量清单中主要项目的工程量是否合理，有没有漏项；

（4）审查标底中定额采项是否正确，换算是否正确，补充定额是否合理；

（5）审查标底中材料的补差价格是否符合有关规定，是否是规定时间的价格，各项材料指标有没有偏高偏低现象和漏补现象；

（6）审查标底中取费类别是否超出规定，有没有过分压低或者提高取费现象；

（7）审查标底价、中标价（合同价）与概算的对比情况，以确定投资是否在控制目标之内，如超出控制目标，应分析原因，并上报业主后进行设计调整或调整概算。

造价咨询人员针对投标单位的投标文件，做回标分析报告（如有），在此阶段，施工图预算的编制与审核是全过程咨询管控的重中之重。其依据如下：

（1）国家、行业和地方政府有关建设投资（工程造价）管理的法律和规定；

（2）经审查批准后的施工图设计文件和相关标准图集；

（3）经批准的拟建项目的设计概算文件；

（4）工程地质勘查资料；

（5）施工组织设计或施工方案；

（6）现行建筑工程或安装工程预算定额和费用定额、单位计价表、费用规定、企业定额等文件；

（7）全过程工程咨询单位的知识经验积累和指标指数体系。

**3. 施工图预算**

施工图预算根据建设项目实际情况可采用三级预算编制或二级预算编制形式；当建设项目有多个单项工程时，应采用三级预算编制形式，三级预算编制形式由建设项目施工图总预算、单项工程综合预算、单位工程施工图预算组成；当建设项目只有一个单项工程时，应采用二级预算编制形式，二级预算编制形式由建设项目施工图总预算和单位工程施工图预算组成。施工图预算的具体编制内容可参照《建设项目施工图预算编审规程（CECA/GC 5—2010）》执行。施工图预算审查的主要内容有：工程量的计算，定额的使用，材料设备及人工、机械费用的确定，相关费用的选取和确定等。

全过程工程咨询单位组织施工图预算审查步骤如下：

（1）熟悉施工图纸；

（2）了解预算包括的范围，根据预算编制说明，了解预算包括的工程内容；

（3）弄清预算采用的单位估价表；

（4）选择合适的审查方法，按相应内容审查；

（5）综合整理审查资料，定案后编制调整预算。

工程量的计算是编审施工图预算的基础和重要内容，施工图预算的准确与否，关键在于工程量的计算是否准确。全过程工程咨询单位必须对施工图预算的编审程序进行严格把控，采取措施避免重算、漏算等，同时加强对编审人员的管理与考核，要严格确定定额项目的选套。同一分项工程，如果由于对定额的理解偏差或对定额考虑的因素不清楚，很有可能造成工程造价的较大误差。在选套定额项目时，一定要认真阅读定额的总说明、章节说明及附注内容，正确理解定额的适用范围等。与此同时，专业咨询工程师（造价）还应深入现场，了解施工工序，确保选套定额项目的准确性，避免出现重大疏漏，要认真做好人工、材料、设备价格的确定工作。材料价格的来源很多，有由各级造价管理部门发布的材料指导信息价格、已完成交易的案例价格、有形市场和无形市场的价格信息等。全过程工程咨询单位应建立健全可靠的价格信息来源，及时掌握建筑市场动态，合理确定价格，经审查的施工图预算不能超过设计概算。

在编制施工图预算时，应根据已批准的建设项目设计概算的编制范围、工作内容、确定的标准进行编制，将施工图预算值控制在已批准的设计概算范围内，与设计概算存在偏差时，应在施工图预算中予以说明，需调整概算的应该告知委托人并报原审批部门核准。对建设项目造价影响最大的阶段是设计阶段，要使建设项目具有较好的经济效益，应在设计阶段应用价值工程的方法对设计进行优化，从设计、施工、材料设备、运营等多方面进行必要的市场调查和技术经济分析，在考虑项目全生命周期的成本及经济效益的基础上，对不同的技术方案进行论证、优选，如发现设计可能突破造价目标，则协助设计人员提出解决办法。

对设计变更进行技术经济分析，检查变更设计的可施工性，以及建筑造型和使用功能是否满足业主的要求，若是对造价及进度有影响的变更，业主方应进行核签。

通过对各阶段设计结果的评审、控制，力争达到以下目标：（1）扩初设计完成时的概算不超过开发项目可行性研究时的造价估算；（2）施工图设计完成时的预算不超过开发项目的概算，建立并保存设计阶段造价控制的记录，进行造价计划值和实际值的动态跟踪比较，提交各种造价控制报表和报告，当发现设计可能超过造价计划时，应分析原因并向负责人报告，并组织后续工作，以控制造价。

## （四）施工阶段的造价咨询服务

该阶段工程造价管控就是通过采取有效的措施，依据项目施工合同以及其他相关文件，在满足工程质量和进度要求的前提下，力求使工程实际造价不超过预定造价目标，为完成实施阶段的成本控制，全过程工程咨询单位的专业咨询师需要做好如下工作。

（1）造价咨询单位编制资金使用计划，项目管理单位对其进行审查后由业主确认；

（2）监理单位或造价咨询单位定期对质量合格的已完工程进行计量，项目管理单位对计量结果进行审查；

（3）造价咨询单位对施工单位提出的工程变更价款予以审核确认，项目管理单位对审核结果进行审查，对不合理或不必要的变更价款予以否决；

（4）造价咨询单位对施工单位提出的索赔金额予以审核确认，项目管理单位对审核结果进行审查，对不合理或不必要的索赔金额予以否决；

（5）造价咨询单位对甲供的材料设备采购合同价款予以审核确认，项目管理单位对审核结果进行审查；

（6）造价咨询单位对施工单位提出的结算价款予以审核确认，项目管理单位对审核结果进行审查；

（7）项目管理单位定期将动态的项目投资实际值与计划值相比较，及时掌握投资偏差的情况；

（8）当实际值偏离计划值时，项目管理单位应分析产生偏差的原因，采取适当的纠偏措施。

### 1. 施工阶段造价控制审查要点

（1）审查资金使用计划时主要审查工作分解以及投资分配的合理性；

（2）审查计量结果主要检查计量是否符合承包合同精神，工作量是否属实，工程量计算规则是否正确，填报单价是否正确等；

（3）审查工程变更价款主要审查其变更价款确认方法是否正确，采用市场价格的材料价格是否合理等；

（4）审查索赔价款主要审查其是否符合合同精神，索赔金额计算方法是否合理等；

（5）审查甲供的材料设备采购合同价款主要审查其单价及数量是否与合同一致，付款方式是否符合合同规定；

（6）审查结算价款主要审查其是否根据合同精神，将各种动态因素渗透到结算过程中，使结算大致能反映实际的消耗费用。

动态的项目投资实际值除审核确认的施工单位上报的结算价款外，还必须包括甲供材料设备价款等其他价款。根据《建设项目全过程造价咨询规程（CECA/GC 4—2017）》，全过程工程咨询单位在项目实施阶段的成本控制主要是包括资金使用计划、工程计量与工程款审核、询价与核价、工程变更、工程索赔和工程签证审核、合同期中结算、终止结算审核、工程造价动态管理。

全过程工程咨询单位的专业咨询工程师（造价）应根据施工合同约定及项目实施计划编制项目资金使用计划，其中编制建安工程费用资金使用计划应依据施工合同和批准的施工组织设计，并与计划工期和工程款的支付周期及支付节点、竣工结算款支付节点相符。

全过程工程咨询单位的专业咨询工程师（造价）应根据项目标段的变化、施工组织设计的调整、投资人资金状况适时调整项目资金使用计划，在进行资金使用计划编制时，主要依据是《建设工程监理规范（GB/T 50319—2013）》、《建设项目全过程造价咨询规程（CECA/GC 4—2017）》、施工合同、建设项目可行性研究报告、设计概算、施工图预算、施工组织设计（施工进度计划等）、全过程工程咨询单位的知识和经验体系。

全过程工程咨询单位的专业咨询师应对比与设计阶段编制的项目资金使用计划是否存在较大偏差，如果存在较大偏差，则应分析原因并向投资人提出相关建议。资金使用计划应根据项目实施计划编制，并结合已签署的施工合同适时调整更新。对尚未签署的施工合同可参照项目概算或目标成本编制。当期项目资金使用计划中，对于可相对准确预期的近期（如3个月之内）资金流可采用较短的计算周期（如按月或季度）为单位；对于中远期（如3个月之后）的资金流可以适当增加的计算周期（如季度或半年度）为单位，对于经批准的概算或目标成本占比较大的施工合同，当合同金额与目标成本发生较大偏差时，应实时调整资金使用计划。

根据《建设项目全过程造价咨询规程（CECA/GC 4—2017）》得知：全过程工程咨询单位的专业咨询工程师（造价）可接受委托进行项目实施阶段的工程造价动态管理，并应提交动态管理咨询报告；全过程工程咨询单位的专业咨询工程师（造价）编制的工程造价动态管理报告应至少以单位工程为单位对比相应概算，并根据项目需要与投资人商议确定编制周期，编制周期通常以季度、半年度、年度为单位；全过程工程咨询单位的专业咨询工程师（造价）应与项目各参与方进行联系与沟通，并应动态掌握影响项目工程造价变化的信息情况。对于可能发生的重大工程变更应及时做出对工程造价影响的预测，并应将可能导致工程造价发生重大变化的情况及时告知投资人。

实施阶段造价管理是一个动态管理过程，很多不确定的因素会对造价产生影响，如国家政策的变化、业主要求的变化等，在变化发生时，应采取合理的应对方式。工程造价的整个管理过程需要各方人员的共同维护，相关的技术人员也应具备一定的工程造价管理知识，并配合全过程工程咨询单位的专业咨询工程师（造价）的工作，保质保量、低成本地完成工程建设。

**2. 施工阶段工程计量与工程价款支付**

全过程工程咨询单位在对工程计量与工程价款支付的管理中，主要体现对工程计量与工程进度款的审核，主要依据：《中华人民共和国招标投标法》以及其他国家、行业和地方政府的现行有关规定；《建设工程工程量清单计价规范（GB 50500—2013）》；《建设项目全过程造价咨询规程（CECA/GC 4—2017）》；施工合同；工程施工图纸；施工过程中的签证、变更费用洽商单和索赔报告等；全过程工程咨询单位的专业咨询师（监理）核准的工程形象进度确认单；已核准的工程变更令及修订的工程量清单等；全过程工程咨询单位的专业咨询师（监理）核准的签认付款证书；全过程工程咨询单位的知识和经验体系。

工程计量是向承包人支付工程款的前提和凭证，是约束承包人履行施工合同义务，强化承包人合同意识的手段。在项目管理过程中要充分发挥全过程工程咨询单位的专业咨询工程师（造价）在工程计量及工程款（进度款）支付管理中的作用，应严格审查工程进度付款，工作内容如下所示。

（1）根据工程施工合同中有关工程计量周期及合同价款支付时点的约定，审核工程计量与合同价款支付申请，编制《工程计量与支付表》《工程预付款支付申请核准表》《工程进度款支付申请核准表》。

（2）应对承包人提交的工程计量结果进行审核，根据合同约定确定本期应付合同价款金额；对于投资人提供的甲供材料（设备）金额，应按照合同约定列入本期应扣减的金额中，并向投资人提交合同价款支付审核意见。

（3）全过程工程咨询单位的专业咨询工程师（造价）应对所咨询的项目建立工程款支给账，编制《合同价与费用支付情况表（建安工程）/（工程建设其他费用）》，工程款支付台账应按施工合同分类建立。

（4）全过程工程咨询单位的专业咨询工程师（监理）对工程款支付进行把关审核，应重点审核进度款支付申请中所涉及增减工程变更金额和增减索赔金额，这是控制工程计量与进度款支付的关键环节；审核是否有超报、虚报及质量不合格的项目，将审定完成的工程投资进度记入台账。

在进行工程计量与进度款支付审核时，应重点从工程计量和进度款支付申请进行控制。全过程工程咨询单位的专业咨询工程师（造价）对承包人在工程款支付报审表中提交的工程量和支付金额进行审核，确定实际完成的工程量，提出到期应支付给承包人的金额及相应的审查意见，全过程工程咨询单位的总咨询师对专业咨询工程师（造价）的审查意见进行审核，签认后报投资人审批，全过程工程咨询单位根据投资人的审批意见，向承包人签发工程款支付证书。

在施工过程中，工程计量与进度款支付是控制工程投资的重要环节。全过程工程咨询单位应按工程进度款审签程序进行审核，需要注意的是暂估价格与实际价格的差额根据合同约定可在进度款中同期支付，对工程款支付进行把关审核，应重点审核进度款支付申请中所涉及增减变更价款和增减索赔金额。

在施工过程中，询价与核价依据《建设项目全过程造价咨询规程（CECA/GC 4—2017)》；相关法律法规等资料；施工合同；全过程工程咨询单位的知识和经验体系。

全过程工程咨询单位的专业咨询工程师（造价）可接受委托承担人工、主要材料或新型材料、设备、机械及专业工程等市场价格的咨询工作，并应出具相应的价格咨询报告或审核意见。

全过程工程咨询单位的专业咨询工程师（造价）在确定或调整建筑安装工程的人工费、材料费、机械费时，应根据合同约定、相关工程造价管理机构发布的信息价格以及市场价格信息进行计算。

对于因工程变更引起已标价工程清单项目或工程数量变化，相应的核价工作应按照如下规定进行。

（1）已标价工程量清单中有适用于变更工程项目的，应采用该项目的单价，当工程变更导致清单项目的工程数量发生变化，且工程量偏差超过合同约定的幅度时，应按合同约定调整。

（2）已标价工程量清单中没有适用但有类似变更工程项目的，可在合理范围内参照类似项目价格。

（3）已标价工程量清单中没有适用也没有类似于变更工程项目的，应依据合同相关约定确定变更工程项目的价格，合同没有约定的则应依据变更工程资料、工程计量规则和计价办法、工程造价管理机构发布的信息价格和承包人报价浮动率确定变更工程项目的价格，并经投资人确认。

对采用工程量清单方式招标的专业工程暂估价、材料设备暂定价，全过程工程咨询单位的专业咨询工程师（造价）应对后续招标采购和直接采购材料或设备价格提供咨询意见。对于招标采购的，专业咨询工程师（造价）应编制或审核专业工程暂估价项目的清单和最高投标限价；对于直接采购材料或设备的，专业咨询工程师（造价）应通过对三家及以上同等档次并符合要求的承包人询价、比价，提供审核意见。

全过程工程咨询单位的专业咨询工程师（造价）应依据国家及行业有关规定、相关执业标准及合同约定独立进行询价与核价工作。当有分歧意见时，应在投资人和意见合裁单位或相关利益方共同参加的前提下进行讨论，并有权保留自己的专业意见，拒绝其他人员无正当理由修改核价结果的要求，以及完成工作过程的记录。

**3. 施工阶段工程变更和签证**

全过程工程咨询单位的专业咨询工程师（造价）应在工程变更和工程签证确认前，对其可能引起的费用变化提出建议，并根据施工合同的约定对有效的工程变更和工程签证进行审核，计算工程变更和工程签证引起的造价变化，并计入当期工程造价。工程变更是实施阶段费用增加的主要途径，全过程工程咨询单位必须重视工程变更管理，主要依据：《建设工程工程量清单计价规范（GB 50500—2013）》；《建设项目全过程造价咨询规程（CECA/GC 4—2017）》；施工合同；施工图纸；变更通知书及变更指示；计量签证；人工、材料、机械台班的信息价以及市场价格；全过程工程咨询单位的知识和经验体系。

在建设项目施工过程中，由于各种原因，经常出现工程变更和合同争执等许多问题。由于工程变更所引起的工程量变化、承包人索赔等，都有可能使建设项目投资超出投资控制目标，全过程工程咨询单位必须重视工程变更及其价款的管理。

全过程工程咨询单位在进行工程变更管理过程中，建立严格的审批制度和审批程序，防止任意提高设计标准，改变工程规模，增加工程投资，切实把投资控制在控制目标范围内。

全过程工程咨询单位进行工程变更管理的主要工作如下所示。

（1）审查变更理由的充分性。

全过程工程咨询单位对承包人提出的变更，应严格审查变更的理由是否充分，防止承包人利用变更增加工程造价，减少自己应承担的风险和责任。

（2）审查变更估价的准确性。

在工程变更管理过程中，全过程工程咨询单位对工程变更的估价的处理应遵循以下原则。

①工程变更计量应按合同约定方法计算工程变更增减工程量，合同没约定的按国家和地方现行的工程量计算规则计算；

②工程变更计价应按合同约定条款计算工程变更价款，合同没约定的，按照

《建设工程工程量清单计价规范（GB 50500—2013）》进行；

③合同中另有约定的，按约定执行。

（3）提出审核意见、签认变更报价书。

全过程工程咨询单位审查同意承包人的要求，若投资人授权全过程工程咨询单位则可以直接签认，若投资人未授权，则需报投资人签认。全过程工程咨询单位审查未同意承包人的要求，则需要注明变更报价书上的错误未同意的原因、提出的变更价款调整方案，并抄送专业咨询工程师（监理）审阅。

全过程工程咨询单位的专业咨询工程师（造价）对工程变更和工程签证的审核应遵循以下原则。

（1）审核工程变更和工程签证的必要性和合理性。

（2）审核工程变更和工程签证方案的合法性、合规性、有效性、可行性和经济性。

工程变更价款确定的原则如下：

（1）合同中已有适用于变更工程的价格，按合同已有的价格计算、变更合同价款。

（2）合同中有类似于变更工程的价格，可参照类似价格变更合同价款。

（3）合同中没有适用或类似于变更工程的价格，全过程工程咨询单位的专业咨询工程师（监理）应与投资人、承包人就工程变更价款进行充分协商并达成一致；如双方达不成一致，由全过程工程咨询单位按照成本加利润的原则确定工程变更的合理单价或价款，如有异议，按施工合同约定的争议程序处理。

工程变更对工程项目建设产生极大影响，全过程工程咨询单位应从工程变更的提出到工程变更的完成，再到支付施工承包人工程价款，对整个过程的工程变更进行管理。

全过程工程咨询单位在进行现场签证管理时，主要依据：

（1）国家、行业和地方政府的有关规定；

（2）《建设项目全过程造价咨询规程（CECA/GC 4—2017）》；

（3）施工合同；

（4）现场地质相关资料；

（5）现场变化相关依据；

（6）计量签证；

（7）工作联系单、会议纪要等资料；

（8）全过程工程咨询单位的知识和经验体系。

现场工程签证是指在施工现场由全过程工程咨询单位和承包人共同签署的，必要时需投资人签认，用以证实在施工过程中已发生的某些特殊情况的一种书面证明材料。现场管理必须坚持"先签证、后施工"的原则。

现场工程签证涉及的工程技术、工程隐蔽、工程经济、工程进度等方面的内容均会直接或间接地发生现场签证价款从而影响工程造价。

施工阶段造价管理的成果文件有：资金使用计划表；报价（变更价款、索赔价款）审核流转单；工程款支付申请表；实际费用支付情况表；投资计划与实际费用执行情况对比表。

### 4. 施工阶段索赔费用处理

全过程工程咨询单位进行索赔费用处理时主要依据：

（1）国家和省级或行业建设主管部门有关工程造价、工期的法律、法规、政策文件等；

（2）《建设项目全过程造价咨询规程（CECA/GC 4—2017)》；

（3）施工合同；

（4）招标文件、经认可的施工组织设计、工程图纸、技术规范等；

（5）工程各项来往的信件、指令、信函、通知、答复等；

（6）工程各项有关的设计交底、变更图纸、变更施工指令等；

（7）工程各项经监理工程师签认的签证及变更通知等；

（8）工程各种会议纪要；

（9）施工进度计划和实际施工进度表；

（10）施工现场工程文件；

（11）工程有关施工部位的照片及录像等；

（12）工程现场气候记录，如有关天气的温度、风力、雨雪等；

（13）建筑材料和设备采购、订货运输使用记录等；

（14）工地交接班记录及市场行情记录等；

（15）全过程工程咨询单位的知识和经验体系。

全过程工程咨询单位进行索赔费用处理时的内容如下：

（1）全过程工程咨询单位的专业咨询工程师（造价）审核工程索赔费用后，应在签证单上签署意见或出具报告；

（2）做好日常施工记录，为可能发生的索赔提供证据；

（3）索赔费用的处理，包括索赔费用的计算及索赔审批程序；

（4）根据收集的工程索赔的相关资料，迅速对索赔事项开展调查，分析索赔原因，审核索赔金额，并征得投资人意见后负责与承包人据实妥善协商解决。

全过程工程咨询单位进行索赔费用处理时的程序如下：

（1）全过程工程咨询单位的专业咨询工程师（监理）批准承包人费用索赔应同时满足下列条件。

①承包人在施工合同约定的期限内提出费用索赔；

②索赔事件由非承包人造成，且符合施工合同约定；

③索赔事件造成承包人直接经济损失。

（2）当承包人的费用索赔要求与工程延期要求相关联时，全过程工程咨询单位的专业咨询工程师（监理）可提出费用索赔和工程延期的综合处理意见，并应与投资人和承包人协商。

（3）因承包人原因造成投资人损失，投资人提出索赔时，全过程工程咨询单位的专业咨询工程师（监理）应与投资人和承包人协商处理。

当全过程工程咨询单位未能按合同约定履行自己的各项义务或工作失误，以及应由全过程工程咨询单位承担责任的其他情况，造成承包人的工期延误和（或）经济损失，按照国家有关规定和施工合同的要求，承包人可按程序向全过程工程咨询单位进行索赔。

全过程工程咨询单位进行索赔费用处理时应注意以下事项：

（1）索赔事件是否具有合同依据、索赔理由是否充分及索赔论证是否符合逻辑。

（2）索赔事件的发生是否存在承包人的责任，是否有承包人应承担的风险。

（3）在索赔事件初发时，承包人是否采取了控制措施。如确有证据证明承包人未采取任何措施，全过程工程咨询单位可拒绝其补偿损失的要求。

（4）承包人是否在合同规定的时限内向全过程工程咨询单位的专业咨询师（监理）报送索赔意向通知书。

## （五）项目竣工阶段工程造价咨询服务

建设工程造价的合理确定是各投资主体、施工企业、建设工程造价管理部门共同关注的要点，工程的结算审核是合理确定工程造价的必要程序及重要手段，是反映项目最终实际发生的投资。通过对工程的结算进行全面、系统的检查和复核，及时揭露所存在的错误和问题，使之更加合理地确定工程造价，达到有效地控制工程造价，保证项目目标管理的最终实现。

**1. 项目竣工阶段工程造价咨询工作内容**

（1）由建设单位按财政部门的要求提交工程进度结算书、工程结算书及相关资料和结算资料；造价团队负责审核相关资料的完整性，督促建设单位按照要求完善工程进度结算书、工程结算书或补充资料及依据，提供符合要求的工程进度结算书、工程结算书及相关资料和结算依据。

（2）以合法、合理、实事求是为结算原则，重点审核结算依据、资料的完整性和有效性，核实工程量计算的准确性，防止各种计算误差，核实费用调整的依据和计算的准确性，解决工程进度结算、工程竣工结算中的疑难分歧。

（3）在规定时间内向建设单位提交初步审核报告，并且提供详细的结算审核底稿。同时，在甲方单位有关人员参加或事先征得甲方单位主管人员同意的情况下，进行反复核对和沟通。核对时，请有关各方人员必须在场，当日的核对工作结束后，以文字形式记录核对结果，相关人员签字后分别留存。

（4）建设单位对初步审核报告中工程内容、质量要求、工期要求结算费用和依据资料进行初步审核后，向项目服务造价中介机构提出审核意见；若在核对过程中，有关意见不能达成共识，视问题严重性及时地向甲方单位书面汇报，造价机构根据建设单位、甲方单位意见与承包方再次进行核对和谈判。

（5）核对以及谈判完成后，签订审核定案表，向甲方单位提交正式结算审核报告（含结算书），填写明确的报审意见或建议；如正式结算审核报告与工程承包方提交结算结果有出入，造价机构应附详细的相关情况说明及相关审核依据。

（6）经甲方单位对最终结算结果进行确认后，组织有关人员及各单位对正式结算审核报告盖章确认。

（7）工程结算审核完成后，按甲方单位要求移交有关结算资料。

（8）向甲方单位出具的结算报告除常规内容外还应包括报告索引目录、分部分项清单对比表、关于工程造价方面的经济评价内容以及经济指标分析。

（9）出具最终成果文件和意见，及时报告超出成本项目并提出处理方案。

（10）按甲方单位要求，参加甲方单位组织召开的各项工作会议或谈判会议，提供本阶段其他有关工程造价咨询服务。

（11）按甲方单位要求，到现场核实工程量，并拍摄带水印照片。

（12）按甲方单位要求，向甲方单位提供造价咨询业务有关法律、法令、条例、规定、标准、规范和一般惯例的咨询服务。

（13）按甲方单位要求协助甲方单位处理有关工程竣工结算审核及进度结算审核方面的诉讼、仲裁和调解工作。

（14）根据本项目需要和甲方单位要求，应在特定阶段加派项目负责人之外赴施工现场或甲方单位指定办公地点，提供全过程造价咨询服务。

（15）保持造价咨询团队成员的相对稳定性，未经甲方单位书面同意不得自行更换项目咨询团队及项目负责人。

（16）竣工结算项目涉及隐蔽工程的，应向结算复核单位提供隐蔽工程验收记录、进度款结算审核记录。

**2. 项目竣工阶段工程造价咨询工作要点**

（1）结算资料是否真实、完整，主要包括以下内容。

①工程结算书，是否有施工单位编制、审核人员的签章及施工单位公章。

②工程竣工图纸，是否有竣工章及编制人、施工单位技术负责人和总监签字。

③工程勘查成果相关文件，是否有勘查单位盖章。

④设计变更图纸及说明，是否有设计院图签。

⑤工程签证单，是否有相关各方签字盖章。

⑥招投标文件，复印件是否加盖施工单位公章。

⑦总包合同、专业分包合同及其补充协议，复印件是否加盖施工单位公章。

⑧施工组织设计和施工进度计划，是否有施工单位盖章及监理认可。

⑨涉及工程造价的隐蔽工程验收记录，是否有监理单位签字盖章。

⑩主要材料价格汇总表及其依据，价格依据是否为国家有关部门发布有各方签字。

⑪发包人供料、设备明细表，是否有发包人签字盖章。

⑫工程的计划工期和实际工期，是否有监理单位签字认可。

⑬工程质量计划目标和工程竣工验收报告，是否有监理单位签字认可。

⑭其他有关工程造价调整的有效证明文件。

（2）结算审核重点。

①审核工程量。

工程量是决定工程造价的主要因素，核定施工工程量是工程竣工结算审核的关键。审核的方法可以根据施工单位编制的竣工结算中的工程量计算表，对照图纸尺寸进行计算来审核，也可以依据图纸重新编制工程量计算表进行审核。

一是要重点审核投资比例较大的分项工程，如基础工程、钢筋混凝土工程、钢结构以及高级装饰项目等。

二是要重点审核容易混淆或出漏洞的项目。如土石方分部中的基础土方，清单计价中按基础详图的界面面积乘以对应长度计算，不考虑放坡、工作面。

三是要重点审核容易重复列项的项目。如水表、卫生器具的阀门已计含在相应的项目中，阀门不能再列项计算安装工程量。

四是重点审核容易重复计算的项目。如钢筋混凝土基础 T 型交接计算，梁、板、柱交接处受力筋重复计算等。对于无图纸的项目要深入现场核实，必要时可采用现场丈量实测的方法。

②审核分部分项工程、措施项目清单计价。

一是审核结算所列项目的合理性。注意由于清单计价招标中漏项、设计变更、工程洽商纪要等发生的高估冒算、弄虚作假问题；工程项目、工作内容、项目特征、计算单位是否与清单计算规则相符，是否有重复内容；重点审核价高、工程量较大或子目容易混淆的项目，保证工程造价准确。

二是审核综合单价的正确性。除合同另有约定外，由于设计变更引起工程量增减的部分，属于合同约定幅度以内的，应执行原有的综合单价；工程量清单漏项或由于设计变更引起新的工程量清单项目、设计变更增减的工程量属于合同约定幅度以外的其相应综合单价由承包方提出，经发包人确认后作为结算的依据。审计时以当地的预算定额确定的人工、材料、机械台班消耗量为最高控制线，参考当地建筑市场人工、材料、机械台班的价格，根据施工企业报价合理确定综合单价。

三是审核计算的准确性。计算公式的数字运算是否正确，是否有故意计算、合计错误以及笔误等。

③审核变更及隐蔽工程的签证。

一是对工程变更，首先，核查原施工图的设计、图纸答疑和原投标预算书的实际所列项目等资料是否有出入，对原投标预算书中未做的项目要予以取消；其次，核增变更中的项目。

二是变更增加的项目是否已包括在原有项目的工作内容中，以防止重复计算。

三是变更签证的手续是否齐全，书写内容是否清楚、合理，含糊不清和缺少实质性内容的，要深入现场核查并向现场当事人进行了解，核查后加以核定。

④审核规费、税金及其他费用。

一是审计费率计算是否正确，计算基础是否符合规定，有无错套费率等级情况；

二是审核费率的采用是否正确；

三是审查各项独立费的计取是否正确。

⑤审核资料。

一是完整的施工图、竣工图；

二是招标文件、招标答疑、补充文件；

三是投标文件、施工合同和补充协议；

四是图纸会审记录、施工组织设计、会议纪要；

五是业主指定或自供的设备、材料型号、品牌；

六是设计变更单、工程联系单及现场签证单；

七是地基验槽记录、工程隐蔽记录、施工日志；

八是桩基检测报告与验收记录；

九是其他与工程造价有关的所有资料。在审核资料时必须甄别：

（a）是否为经过业主签字、盖章确认的送审资料，以确定其资料的可靠性，任何施工方送审的资料及补充资料均是无效资料，应经过业主认可后转交咨询公司；

（b）是否为原件（原始资料），以推断其资料的真实性；

（c）所有的资料是否编号连续、有明确的时间标注，以判断其资料的有效性。

在甄别以上资料的真实性、有效性、可靠性的同时还应对资料存在的问题进行质疑，并以书面联系函的形式要求业主回复及提供补充资料。

⑥合同的审核。

施工合同审核是工程结算审核的重要内容，也是降低工程成本、提高经济效益的有效途径。施工合同条款的字斟句酌对项目结算造价的增加与否起着关键作用，施工合同中约定了合同价款的模式（即总价包干与综合单价包干两种模式）、工程结算方式、工期要求、质量标准、索赔与反索赔的条件等。

对于合同为总价包干模式的工程，结算时要弄清包干的内容具体有哪些，是否都按合同约定全部完成，针对现场实际情况，尤其是装修部分一定要到现场进行踏勘及实地测量与统计，对于未完成的项目一定要给予核减，核减项目不只是核减直接费，以直接费为基数按费率计算的间接费、税金等也应同比例核减。

对于合同为综合单价包干模式的工程，工程量为据实结算，审核前一定要重新按合同约定的结算方式，根据行业相关规定与规则进行工程量计算，做到准备充分、心中有数，计算时切忌按图计算，一定要结合现场实际施工情况，同时在计算式处标注计算依据，以便与施工单位核对时方便查找，做到有理有据。

对于施工合同中对工期与质量标准有约定的，应征得业主同意，按合同约定对工期与质量标准进行奖惩。

⑦招、投标文件的审核。

在工程招标、投标活动中，招标是一种要约邀请，如果你投了标，表明你对招标方有兴趣，你就要响应要约邀请中的条件，也就要满足要约邀请中的规定，即招标文件对投标方有一些特殊要求，那么投标方既然要投标而最终又中了标，那一定对招标要求有一些承诺，这些要求与承诺作为最终结算时对造价是否增减的重要审核依据，尤其是招标文件中对措施费的报价方式的明确规定，审核时要重点关注，合同外增加费用是否要调整与其对应的措施费。

⑧设计变更的审核。

施工图是工程项目招标的依据和工程施工的基础，在施工过程中根据现场实际情况难免会发生变更。设计变更由原设计单位出具设计变更通知单和修改图纸，设计、校审人员签字并加盖公章，并经建设单位、监理工程师审查签字同意的设计变更才算有效变更，重大的设计变更应经原审批部门审批，否则不应列入结算。施工中承包人不得对原工程设计进行变更，因承包人擅自变更设计发生的费用和由此导致发包人直接损失的，由承包人承担，延误的工期不予顺延，所以在审核变更单时，要留意变更的主体是谁，为什么要变更，是否引起了造价的变化，同时要注意变更的时间和费用减少的变更单，有的变更单从时间上可以判断是在招投标过程中发生的变更，此种变更所引起的费用增减应反映在合同中，而不是在施工过程中，如为总价包干项目则不应调整造价；有些变更单并不引起造价增加，只是一些方案的细化与说明，审核时一定要前后推敲，仔细核对原施工图及其说明；有些变更单是引起造价减少的项目，施工方在送审时不会主张，我们专业工程师要拿出有力的依据来说服施工方，从而准确确定设计变更部分的造价。

设计变更的价款计算方法合同中一般会约定：合同中有适用或类似于变更工程的单价或总价的按合同已有的价格或参照类似价格，合同中没有适用或类似于变更工程的单价或总价，由承包人提出适当的变更价格，经工程师确认后执行。在审核过程中，对合同中有适用或类似于变更工程的单价或总价的按合同已有的价格或参照类似价格的子目，一定要注意对于费率下浮或总价下浮的工程，在结算时要特别注意变更或新增项目也应按此同等比例下浮后作为变更增加的造价。对合同中没有适用或类似于变更工程的单价或总价，由承包人提出适当的变更价格，在审核时重点关注价格的套取是否与合同约定一致，取费标准也应与原投标文件即商务标中的费率一致，如果有下浮或让利的也应按同等比例下浮后作为变更增加的造价。

⑨现场签证的审核。

现场签证是在施工过程中额外发生的一些事件，它反映了施工过程中的实际情况，但不一定都会引起造价的增加。审核过程中要注意签证单上的签字单位是否齐全，签字人是否为施工合同中约定的各方负责人，如果不是或是有多个负责人签字，就应提出质疑，要求业主确认是否均为有效文件。尤其对签字为"情况属实"的签证单，只能说明事实存在，但要分清是谁的责任引起的签证事项，是否要增加造价，该增加多少都要重点审核。另外，以实物量形式进行签证的，应按消耗量定额及统一基价表（或单位估价表）计算，列入直接费，如以"元"的形式进行签证的，不应列入直接费，只能计取税金，另有说明的除外。

**3. 结算审核最终情况汇报**

由项目管理单位组织，审核单位整理编制，主要包括总包及各专业分包的审价最终金额以及与概算（投资控制目标）的对比情况；审核报告经业主、审价单位和施工单位三方签字认可后，由项目管理单位组织，监理单位协助，造价咨询单位编制项目投资分析报告，投资分析报告应包括以下内容。

（1）项目概况：项目名称、建设地点、占地面积、建筑面积、层数、结构类型、开竣工日期、质量等级和批准的概算、工程项目主要参与的单位；

（2）工程竣工结算审价的依据、结果；

（3）审价结果与概算的对比和差异分析。

**4. 竣工结算审查时限**

（1）500万元以下：从接到完成竣工结算资料之日起20天；

（2）500万~2000万元：从接到完成竣工结算资料之日起30天；

（3）2000万~5000万元：从接到完成竣工结算资料之日起45天；

（4）5000万元以上：从接到完成竣工结算资料之日起60天。

**5. 竣工结算审核的方法**

（1）逐项审核法。

逐项审核法又称全面审核法，即按预算顺序或施工顺序，对各项工程细目逐项全面详细审查的一种方法。其优点是全面、细致，审查质量高、效果好。竣工结算大多采用此种方法。

（2）标准结算审核法。

标准结算审核法就是对利用标准图纸或通用图纸施工的工程，先集中力量编制标准预算，以此为准来审查工程预算的一种方法。按标准设计图纸施工的工程，一般上部标准层主体结构和做法基本相同，只是根据现场施工条件或地质情况不同，仅对基础部分做局部改变，凡是这样的工程，以标准预算为准，对局部修改部分单独审查即可，无须逐一详细审查。

（3）分组计算审核法。

分组计算审核法就是把预算中有关项目按类别划分若干组，利用同组中的一组数据审查分项工程量的一种方法。这种方法首先将若干分部分项工程按相邻且有一定内在联系的项目进行编组，利用同组分项工程间具有相同或相近计算基数的关系，审查一个分项工程数，由此判断同组中其他几个分项工程的准确程度。

（4）对比审核法。

对比审核法是当工程条件相同时，用已完工程的预算或未完但已经过审查修正的工程预算对比审查拟建工程的同类工程预算的一种方法。采用该方法一般须符合下列条件。

①拟建工程与已完成在建工程预算采用同一施工图，但基础部分和现场施工条件不同，则相同部分可采用对比审查法；

②工程设计相同，但建筑面积不同，两个工程的建筑面积之比与两个工程各分部分项工程量之比大体一致；

③两个工程面积相同，但设计图纸不完全相同，则相同的部分，如厂房中的柱子、层架、层面、砖墙等，可进行工程量的对照审查，对不能对比的分部分项工程可按图纸计算。

## 三、结论

要做好全过程工程咨询模式下的投资控制，是以合理确定为基础，以有效控制为核心。做好事前控制、事中控制、事后控制。工程造价的控制是贯穿项目建设全过程的控制，把建设工程造价控制在批准的造价限额以内，随时纠正发生的偏差，以保证项目管理目标的实现，以求在各个建设项目中能合理使用人力、物力、财力，取得较好的投资效益和社会效益。项目咨询团队只有站在全过程、全参与方、全专业的高度，把技术与经济有机结合，才能达到控制投资的目标。

## 参 考 文 献

[1] 陈金海，陈曼文，杨远哲，等.建设项目全过程工程咨询指南 [M].北京：中国建筑工业出版社，2018.

[2] 佟禹霖，王吉春.试析工程项目的建筑工程造价全过程动态管控 [J].工程建设与设计，2019（8）：214–215.

# Construct a New Model of Whole-process Engineering Consulting to Study the Whole Process Control Service of Engineering Cost

**Zhou Min**

[**Abstract**] In 2017, the General Office of the State Council issued the Opinions on Promoting the Sustainable and Healthy Development of the Construction Industry, encouraging engineering consulting enterprises to carry out whole-process engineering consulting services, which set off an upsurge of exploration and practice of whole-process engineering consulting across the country. In the whole process of engineering consulting and control of construction projects, the whole process cost consulting plays a major role in the investment control of the entire project. The author analyzes the project cost management and control based on the pre-planning, survey and design stage, bidding stage, construction stage and project completion stage of the construction project, so as to improve the service quality of the whole process of engineering consulting.

[**Key words**] Whole-Process Engineering Consulting; Whole Process Cost Consultation; Whole Process Cost Management

# 产业政策、产权性质与企业非效率投资

吕　航[*]

【摘　　要】本文将产业政策纳入企业非效率投资的分析框架，并探讨其在不同产权性质下的差异。以 2016～2020 年我国 A 股上市企业为样本的实证研究发现：第一，我国上市企业存在严重的投资不足问题；第二，产业政策对抑制企业投资不足具有正向作用，且投资不足程度越高，产业政策作用越明显；但同时也会进一步恶化企业的过度投资，且投资过度程度越高，加剧作用越明显；第三，与国有企业相比，产业政策对非国有企业非效率投资的抑制作用更显著。本文的研究结论对于产业政策的制定具有重要的借鉴意义。

【关键词】产业政策；产权性质；非效率投资

## 一、引言与文献综述

有效投资是提升资源使用效率的关键，而企业非效率投资会降低资源使用效率进而降低经济全要素生产率和潜在经济增长率水平。许多研究证实我国企业存在着非效率投资问题（Ding et al.，2013；刘飞和王开科，2014；张玮倩，2016），这严重制约了经济新动能的形成和企业国际竞争力的提升。关于如何抑制企业非效率投资，一种思路是实施相关产业政策，认为产业政策在弥补市场缺陷、优化资源配置、市场协调等方面发挥着重要的作用（小宫隆太郎，1975；刘澄等，2011；林毅夫，2011）。而另一种思路则反对实施产业政策，认为市场环境存在不确定性，并且在政策执行过程中由于各级政府激励不相容和监督制度不完善，会导致政策实施效果与预期大相径庭（Kruger，1980；代永华，2002）。关于产业政策能否抑制企业非效率投资，学术界进行了有益的探索。

大多数学者认为产业政策降低了企业的投资效率。黎文靖等（2014）、唐建新等（2016）发现，产业政策虽然能够帮助民营企业扩大投资，但会降低其投资效率。张

---

* 作者简介：吕航（1999～），男，重庆九龙坡人，辽宁大学经济学院硕士研究生，研究方向：国民经济学。

新民等（2017）、王克敏等（2017）研究表明，在产业政策引导下企业可能盲目投资于产业政策扶持的行业，诱发了企业的过度投资。李曙希（2015）将企业按照不同产权性质、不同生命周期进行分组，发现产业政策会降低处于衰退期的企业的投资效率，并且产业鼓励政策虽然有助于民营企业提升投资效率，但对于国有企业则不适用。

少部分的学者认为产业政策能改善企业的投资效率。赵卿（2016）认为，以"五年计划"为代表的产业政策经过了严谨的设计，对企业的投资效率有积极作用。何熙琼等（2016）进一步分析指出，产业政策实施过程中，对产业政策扶持行业内企业的信贷偏好提高了企业投资效率。李婷（2018）研究表明，产业政策对企业投资效率的提高作用主要体现在非国有企业上。

可以看出，学术界关注较多的是产业政策与投资效率之间的关系，却忽略了企业投资存在投资不足和投资过度这两种常见的非效率投资情况。基于此，本文试图弥补上述缺陷，采用微观企业数据来探讨产业政策的实施效果，为之后产业政策的制定和完善提供理论支持。

## 二、研究假设

由于市场信息不对称和缺乏信号传递，致使我国企业决策不能实现完全的依赖市场信息（程俊杰，2015）。在复杂的外部环境下，企业自行获取私有信息数据的成本会相对较高，甚至很难通过其他有效的途径来及时获取具有投资价值的信息。因此，企业高管在投资信息不被确定之时也往往不愿意冒险去从事一些高风险投资（Cole，2011）。另外，根据企业风险理论，当投资者在面临不确定的市场环境时，他们对风险溢价报告会有更高的要求。与此同时，银行也会加快收紧它们的信贷支出，造成贷款利率的上升，从而使企业面对难以承受的融资成本（Bradley et al.，2016）。阿加沃尔和萨姆威克（Aggarwal & Samwick，2006）研究认为，企业高管们一般都存在着惰性心理，加入新的投资会使企业管理层额外付出许多辛苦与劳动，当企业高管们不愿意再承担这些额外的付出或是回报无法抵消这些努力时，他们对于投资的积极性就会降低，从而导致企业的投资不足。基于以上观点，本文提出了如下假设。

假设1：我国上市公司存在着非效率的投资行为，与投资过度相比，投资不足更为明显。

市场机制在发挥资源配置作用时，由于存在信息不对称、不完全以及外部性等问题，造成一些产业出现生产过剩，另外一些产业却生产不足，因此给整体经济带来危机，而产业政策的实施在一定程度上可以弥补和纠正市场缺陷。国家通过产业保护和产业扶持，能使原本投资不足的企业突破行业壁垒，获得国家倾斜性的金融和税收优惠，获得技术支持和补贴，改善投资环境和市场预期，从而引导这些投资不足而又符合产业政策的企业增加投资规模，进而改善其投资效率，实现产业政策的规模激励、边际激励和风险激励功能（江海潮，2007）。

然而，产业政策虽然在一定程度上弥补了市场缺陷，但它也是政府干预经济的一种重要表现形式，它的实施可能因政府的不当行为而对企业投资效率产生不利影响（江飞涛和李晓萍，2010）。首先，这种直接干预市场的政策措施容易诱发企业寻租等不当行为。由于产业政策的制定和执行会影响到大量社会资源的投向，这使得企业为了自身利益最大化可能通过寻租等不当竞争方式去获取这种社会资源，不仅会导致一些投资不足的企业失去获得发展资源的机会，还可能使一些投资过度的企业在得到政策红利之后并未将资金运用到可改善其投资效率的领域，从而造成产业政策的失效。其次，政府在实施产业政策时，不仅要达到其经济目的，还要兼顾其政治目标。一方面，政府官员为了其政治晋升可能存在用力过猛的问题。周黎安（2004）通过研究发现，处于政治锦标赛博弈中的地方政府官员，在一味地追求地区 GDP 增长时，难免会造成地方企业投资过度、产能过剩等问题。因此在产业政策实施后，晋升的动机可能会促使政府对政策支持的产业过度投资，从而导致投资效率的下降。另一方面，由于政府同时要兼顾就业、经济增长等社会目标，特别是地方政府在财政分税制改革后，还要积极筹谋地方的财政收入以保障各项职能的正常执行，因此投资于产业政策所支持的一些高科技产业往往不符合它们的短期利益，从而导致重要的社会资源依然流向符合地方政府目标的一些投资过剩产业，而符合产业政策的一些高新企业却依然缺乏支持（潘亮，2012）。由此，本文提出了如下假设。

假设 2a：产业政策对我国上市公司的投资不足起到抑制作用。

假设 2b：产业政策将加剧我国上市公司的过度投资。

在我国特色社会主义经济制度体系中，因国有企业同时具有商业性和公益性，其在管理模式、经营目标、经营范围等方面与民营企业存在显著差异。一方面，国有企业存在政府干预过度和政策性负担过重的问题，导致投资的非效率现象。相较于非国有企业，国有企业承担了更多的社会责任（林毅夫，2001），例如，扶贫帮困、促进就业、环境保护等。这些社会责任既占用了部分国有企业资金，抑制了国有企业投资意愿，又在一定程度上影响了国有企业的投资决策。另一方面，在产业政策实施后，民营企业将面临更加激烈的市场竞争环境，为达到利益最大化目标，其投资行为将更加合理，投资效率更高。相反，国有企业上市时间早、经营范围固定、股权相对集中、利润相对稳定。因此，虽然有产业政策的支持，但是国有企业改善投资效率以提升市场竞争力的意愿不强，动力不足，从而导致产业政策的实施效果被削弱。因此，非国有企业的投资效率对产业政策支持更敏感。基于上述分析，本文提出了如下假设：

假设3：与国有企业相比，实施产业政策对非国有企业投资效率的影响更为显著。

# 三、研究设计

## （一）样本选取与数据来源

本文的样本来自A股上市公司数据，选取的样本年限为2016～2020年，主要是基于这个时间跨度刚好覆盖了我国第十三个五年计划（2016～2020年）。为了保证数据的有效性，首先，本文将金融保险类的上市公司数据全部剔除；由于ST、*ST的公司财务出现严重困难，所以删除ST、*ST的公司。其次，剔除连续数据不足3年的公司。再次，对于样本数据信息缺失较多的公司也将不予纳入样本范围。最后，为了避免异常值的干扰，我们对所有的数据进行1%和99%的缩尾。本文的数据主要来自国泰安（CSMAR）和Wind数据库。

## （二）模型构建

根据前文的理论与假设，为验证产业政策对企业非效率投资的影响，本文构建以下模型来进行验证。

$$\text{Underinv}_{i,t}(\text{Overinv}_{i,t}) = \beta_0 + \beta_1 IP_{i,t} + \beta_2 Size_{i,t} + \beta_3 Lev_{i,t} + \beta_4 Dual_{i,t} + \beta_5 Tq_{i,t}$$
$$+ \beta_6 Top1_{i,t} + \beta_7 Out_{i,t} + \sum Year_{i,t} + \delta_{i,t} \qquad (1)$$

由于该模型主要检验产业政策的实施是否会给企业的非效率投资带来影响，因此，$IP_{i,t}$前的系数$\beta_1$的显著性和符号是本文的关注点。在模型中，$\text{Underinv}_{i,t}$表示企业投资过度的程度，其数值越大，企业投资效率越低；$\text{Overinv}_{i,t}$表示企业投资不足的程度，其数值越大，企业投资效率越高。$IP_{i,t}$表示企业是否受产业政策支持。由于过去大量研究表明，公司治理结构会对企业非效率投资行为带来重要影响。因此，本文将一些公司治理结构指标作为控制变量纳入模型之中，这些变量包括：代表董事长是否兼任总经理的$Dual_{i,t}$，代表企业董事会独立程度的$Out_{i,t}$，代表企业第一大股东持股比例的$Top1_{i,t}$。除此之外，本文还将企业的资产负债率、企业规模与托宾Q值纳入控制变量中，三个指标分别用$Lev_{i,t}$、$Size_{i,t}$和$Tq_{i,t}$表示。

此外，为了验证假设3产业政策在不同产权性质企业中的实施效果，本文构建以下模型来进行验证：

$$\text{Underinv}_{i,t}(\text{Overinv}_{i,t}) = \beta_0 + \beta_1 \text{IP}_{i,t} + \beta_2 \text{Size}_{i,t} + \beta_3 \text{Lev}_{i,t} + \beta_4 \text{Dual}_{i,t} + \beta_5 \text{Tq}_{i,t}$$
$$+ \beta_6 \text{Top1}_{i,t} + \beta_7 \text{Out}_{i,t} + \beta_8 \text{Soe}_{i,t} + \sum \text{Year}_{i,t} + \delta_{i,t} \quad (2)$$

模型（1）、模型（2）中详细的控制变量定义和度量如表 1 所示。

表 1                               变量定义

| 变量分类 | 变量符号 | 变量解释 |
|---|---|---|
| 被解释变量 | Underinv | 投资不足，由模型（1）计算得出 |
| | Overinv | 投资过度，由模型（1）计算得出 |
| 解释变量 | IP | 产业政策激励的虚拟变量，当企业所处的行业、年度属于五年规划中鼓励或扶持的产业时，该变量赋值为 1，否则赋值为 0 |
| 控制变量 | Size | 公司规模，总资产的自然对数 |
| | Lev | 资产负债率，总资产与总资产的比值 |
| | Dual | 两职合一，董事长兼任总经理为 1，否则为 0 |
| | Tq | 托宾 Q 值，非流通股权市值用净资产代替计算 |
| | Top1 | 第一大股东持股比例 |
| | Out | 独董比例，独立董事人数占董事会总人数的比例 |
| | Soe | 产权性质，国有企业为 1，非国有企业为 0 |

## （三）变量选取

### 1. 被解释变量

本文的被解释变量为企业的非效率投资。关于投资效率的衡量，本文参考理查森（Richardson，2006）计算企业投资效率的方法，利用企业公开的财务数据测算出理论最优投资水平，然后将实际投资状况与之进行比较。Richardson 模型的优点在于可利用财务数据测算出非效率投资水平，便于与实际投资情况进行比较分析。预期投资支出采用企业托宾 Q 值、资产负债率、现金流量、上市年限、企业规模和权益报酬率等企业财务数据测算得出，实际投资支出减去测算出的新增投资支出即为非预期投资支出，表现为企业非效率投资情况。Richardson 的残差度量模型如模型（3）所示。

$$\text{Inv\_N}_{i,t} = \beta_0 + \beta_1 \text{TQ}_{i,t-1} + \beta_2 \text{Lev}_{i,t-1} + \beta_3 \text{Cash}_{i,t-1} + \beta_4 \text{Size}_{i,t-1} + \beta_5 \text{Age}_{i,t-1}$$
$$+ \beta_6 \text{Stock}_{i,t-1} + \text{YearD} + \varepsilon_{i,t} \quad (3)$$

对于投资效率变量模型中的具体变量解释如下：

$\text{Inv\_N}_{i,t}$ 为被解释变量，表示新增投资；$\text{TQ}_{i,t-1}$ 为企业的托宾 Q 值；$\text{Lev}_{i,t-1}$ 为资

产负债率；$Cash_{i,t-1}$ 为现金比例；$Age_{i,t-1}$ 为公司的上市年限；$Size_{i,t-1}$ 为企业规模；$Stock_{i,t-1}$ 为公司股票年度回报；控制行业和年度的影响。运用上述模型进行回归得到残差 $\varepsilon_{i,t}$，利用残差 $\varepsilon_{i,t}$ 的绝对值表示非效率投资的程度，该值越大，表明企业的非效率投资程度越高；反之则越低。此外，当 $\varepsilon_{i,t}$ 为正数时，表明企业投资过度；当 $\varepsilon_{i,t}$ 为负数时，表明企业投资不足。

**2. 解释变量**

五年规划作为产业政策的纲领性文件，对我国经济的发展会产生实质性的影响。对于产业政策的衡量，本文参考相关文献（陈冬华等，2010；陆正飞等，2013；马壮等，2016）的产业政策数据整理方法，对国家五年规划文件（"十三五"规划纲要）的内容按照如下方法进行筛选：（1）如果我们查找的文件在提及相关行业时出现"大力发展""积极发展""加大扶持""重点支持"等文字则说明相关产业受国家产业政策的支持；（2）将受到国家产业政策支持的行业进行整理，参照证监会2012年修订的《上市公司行业分类指引》进行具体的分类；（3）将产业政策设为虚拟变量，并用 IP 进行表示，IP = 1 则表示产业政策支持的企业，IP = 0 则表示产业政策未支持的企业；（4）剔除金融类的上市公司。

**3. 控制变量**

考虑到非效率投资与公司结构联系密切（周运兰等，2018），因此，我们将一些公司治理结构指标作为控制变量；与此同时，本文也按照国内外研究惯例（Stein et al.，2003；颜恩点等，2022），控制了股权融资水平和其他的一些公司变量，如企业规模和资产负债率等。

综合以上叙述，本文所有变量的定义及说明如表 1 所示。

# 四、实证结果分析

## （一）上市公司非效率投资情况

在利用模型（3）计算出残差结果后，我们通过对企业非效率投资数据的描述性统计，可以观察数据的整体分布情况，了解不同企业投资的差异，为我们进行下一步的实证分析打好基础。描述性统计如表 2 所示。

2016 ~ 2020 年我国上市公司非效率投资水平中位数分别为 − 0.0202、− 0.0110、− 0.0111、− 0.0114、− 0.0135，全体样本的非效率投资水平中位数为 − 0.0131，并且投资不足企业的占比高于过度投资企业的占比，表明投资不足问题在我国市场中较为明显，这也符合前人的研究成果（辛清泉等，2007），由此假设 1 得证。

表2                    2016～2020年我国上市公司非效率投资水平描述性统计

| 年份 | 投资不足（Underinv） | | 投资过度（Overinv） | | 中位数 | 标准差 |
|---|---|---|---|---|---|---|
| | 数量（家） | 比例（%） | 数量（家） | 比例（%） | | |
| 2016 | 1275 | 66.13 | 653 | 33.87 | -0.0202 | 0.0715 |
| 2017 | 1122 | 52.82 | 1002 | 47.18 | -0.0110 | 0.0728 |
| 2018 | 1236 | 53.62 | 1069 | 46.38 | -0.0111 | 0.0849 |
| 2019 | 1270 | 54.79 | 1048 | 45.21 | -0.0114 | 0.0823 |
| 2020 | 1315 | 57.60 | 968 | 42.40 | -0.0135 | 0.0725 |
| 2016～2020 | 6218 | 56.74 | 4740 | 43.26 | -0.0131 | 0.0775 |

表3报告了样本按产权性质分组进行描述性统计的结果。如表3所示，在国有和非国有企业样本中，投资不足企业的占比都大于投资过度企业的占比，而国有企业中投资不足的比例略低于非国有企业，均值的绝对量也略低，说明不同产权性质的公司投资不足程度差异不大。此外，对于非国有企业样本，投资过度企业的占比略低于国有企业，但均值绝对量明显偏高，说明产权性质为非国有时，投资过度程度更高。

表3                    不同产权性质下企业非效率投资水平描述性统计

| 产权性质 | 投资不足 | | | 投资过度 | | | 总体均值 | 标准差 |
|---|---|---|---|---|---|---|---|---|
| | 数量（家） | 比例（%） | 平均值 | 数量（家） | 比例（%） | 平均值 | | |
| 国有 | 2459 | 56.60 | -0.0331 | 1810 | 43.40 | 0.0386 | -0.0026 | 0.0457 |
| 非国有 | 3759 | 57.20 | -0.0423 | 2930 | 42.80 | 0.0590 | -0.0012 | 0.0626 |

## （二）产业政策与非效率投资

本文通过模型（1）对产业政策的微观效果进行检验，分析产业政策与非效率投资之间的关系，其回归结果如表4所示。表中第2列衡量了产业政策的实施对全部投资不足企业的影响，投资不足（Underinv）与产业政策（IP）的回归系数为0.0176，并且在10%的水平上显著正相关，表明在样本企业中，产业政策的实施有助于投资不足的企业加大投资，从而提高投资效率，验证了假设2a即产业政策对我国上市公司的投资不足起到抑制作用。表中第5列则衡量了产业政策的实施对全部投资过度企业的影响，投资过度（Overinv）与产业政策（IP）的回归系数为0.0861，在1%的水平上显著正相关，说明对于投资过度的企业，产业政策的实施会激励他们继续扩大投资，加重企业投资的非效率程度，这也验证了假设2b即产业政策将加剧我国上市公司的过度投资。

表4 产业政策与非效率投资的回归结果

| 变量 | 全部投资不足 | 高投资不足 | 低投资不足 | 全部投资过度 | 高投资过度 | 低投资过度 |
|------|------|------|------|------|------|------|
| IP | 0.0176 *<br>(1.83) | 0.0421 ***<br>(4.07) | 0.0083 ***<br>(2.84) | 0.0861 ***<br>(5.65) | 0.0843 ***<br>(4.06) | 0.0192 ***<br>(6.03) |
| Scale | 0.0061 ***<br>(11.95) | 0.0040 ***<br>(2.60) | 0.0023 ***<br>(13.67) | − 0.0242 ***<br>(− 4.15) | 0.0170<br>(1.60) | 0.0024 *<br>(1.89) |
| Lev | 0.0051<br>(1.02) | 0.0001<br>(0.03) | 0.0062 ***<br>(2.69) | 0.0273<br>(1.13) | 0.1209 *<br>(1.78) | − 0.0016<br>(− 1.45) |
| Tq | − 0.0015 ***<br>(− 3.68) | − 0.0013 *<br>(− 1.94) | − 0.0003 *<br>(− 1.78) | − 0.0005<br>(− 0.40) | 0.0016<br>(0.89) | − 0.0000<br>(− 0.09) |
| Top1 | 0.0002<br>(1.56) | 0.0003 ***<br>(2.62) | − 0.0001 **<br>(− 2.47) | − 0.0002<br>(− 0.58) | − 0.0004<br>(− 0.85) | − 0.0000<br>(− 0.83) |
| Out | − 0.0032<br>(− 0.24) | − 0.0090<br>(− 0.64) | − 0.0031<br>(− 0.67) | 0.0078<br>(0.20) | − 0.0023<br>(− 0.08) | − 0.0027<br>(− 1.00) |
| Dual | 0.0002<br>(0.12) | 0.0025 *<br>(1.72) | − 0.0004<br>(− 0.77) | − 0.0050<br>(− 0.89) | − 0.0043<br>(− 1.10) | 0.0003<br>(0.78) |
| _Cons | − 0.1897 ***<br>(− 13.50) | − 0.1787 ***<br>(− 5.11) | − 0.0723 ***<br>(− 14.69) | 0.5538 ***<br>(4.12) | − 0.3217<br>(− 1.27) | − 0.0432<br>(− 1.53) |
| $R^2$ | 0.100 | 0.199 | 0.188 | 0.074 | 0.156 | 0.275 |
| N | 6217 | 2717 | 4857 | 4740 | 1471 | 3269 |

注：\*\*\* 代表在1%水平上显著、\*\* 代表在5%水平上显著、\* 代表在10%水平上显著；括号内为稳健标准误。

为了保证回归结果的可靠性，本文以同行业投资不足的均值为标准，在全部投资不足的企业样本中，将非效率投资值大于行业均值的企业归为低投资不足的一类；将非效率投资值小于行业均值的企业归为高投资不足的一类。同理，将全部投资过度企业样本分为低投资过度样本和高投资过度样本。在引入严重程度不同的非效率投资水平之后对样本重新进行回归分析。

对投资不足严重程度不同的样本进行回归后的结果显示，在高投资不足的样本中，投资不足（Underinv）与产业政策（IP）的回归系数为0.0421，在1%的水平上显著正相关；在低投资不足的样本中，投资不足（Underinv）与产业政策（IP）的回归系数为0.0083，在1%的水平上显著正相关。上述实证结果进一步验证了假设2a。

此外，高投资不足样本的回归系数明显大于低投资不足的样本，表明产业政策的实施更加有助于投资不足程度高的企业抑制投资不足，从而有利于改善企业的非效率投资情况。

对投资过度严重程度不同的样本进行回归后的结果显示，在高投资过度的样本中，投资过度（Overinv）与产业政策（IP）的回归系数为 0.0843，在 1% 的水平上显著正相关；在对于低投资过度的样本中，投资过度（Overinv）与产业政策（IP）的回归系数为 0.0192，在 1% 的水平上显著正相关。上述实证结果进一步验证了假设 2b。此外，高投资过度样本的回归系数明显大于低投资过度的样本，表明产业政策对投资过度程度较高的企业而言，加剧效果更为明显，从而加大了企业的非效率投资程度。

## （三）产业政策、产权性质与非效率投资

考虑到不同产权性质的企业对产业政策的敏感性也不同，本文将研究样本按照企业性质划分来进一步分析。其按照企业所有权不同进行分组，回归结果如表 5 所示。

表5　　　　　　　　产业政策、产权性质与非效率投资的回归结果

| 变量 | 非国有企业 | | 国有企业 | |
| --- | --- | --- | --- | --- |
| | 非国有投资不足 | 非国有投资过度 | 国有投资不足 | 国有投资过度 |
| IP | 0.0532 *** | 0.1098 *** | 0.0198 | 0.0707 *** |
| | （6.28） | （4.66） | （1.42） | （3.14） |
| Scale | 0.0051 *** | − 0.0355 *** | 0.0057 *** | − 0.0020 |
| | （8.09） | （− 4.41） | （8.37） | （− 0.52） |
| Lev | 0.0083 | 0.0227 | 0.0013 | 0.0717 * |
| | （1.54） | （0.72） | （0.16） | （1.85） |
| Tq | − 0.0011 *** | − 0.0016 | − 0.0011 | 0.0005 |
| | （− 3.79） | （− 0.94） | （− 1.57） | （0.20） |
| Top1 | 0.0002 | − 0.0001 | 0.0004 ** | − 0.0004 |
| | （1.57） | （− 0.17） | （2.50） | （− 0.85） |
| Out | − 0.0227 | − 0.0389 | 0.0071 | 0.0325 |
| | （− 1.11） | （− 0.56） | （0.57） | （0.75） |
| Dual | − 0.0004 | − 0.0092 | 0.0021 | 0.0053 |
| | （− 0.20） | （− 1.15） | （0.89） | （0.62） |

续表

| 变量 | 非国有企业 | | 国有企业 | |
|---|---|---|---|---|
| | 非国有投资不足 | 非国有投资过度 | 国有投资不足 | 国有投资过度 |
| _Cons | − 0. 1831 ***<br>（ − 10. 63） | 0. 8289 ***<br>（4. 43） | − 0. 1846 ***<br>（ − 9. 47） | 0. 0112<br>（0. 14） |
| $R^2$ | 0. 102 | 0. 120 | 0. 118 | 0. 035 |
| N | 3758 | 2930 | 2459 | 1810 |

注：*** 代表在 1% 水平上显著、** 代表在 5% 水平上显著、* 代表在 10% 水平上显著；括号内为稳健标准误。

表 5 中的回归结果显示，在非国有企业样本中，投资不足（Underinv）与产业政策（IP）的回归系数为 0. 0532，在 1% 的水平上显著正相关，说明产业政策的实施有助于促进非国有投资不足企业提高投资，减少投资不足行为，从而提高投资效率；投资过度（Overinv）与产业政策（IP）的回归系数为 0. 1098，在 1% 的水平上显著正相关，说明产业政策的实施更加刺激了非国有企业的投资意愿，从而使企业的过度投资程度进一步加深，造成了严重的非效率投资；此外，国有企业样本的回归结果显示，投资过度（Overinv）与产业政策（IP）的系数为 0. 0707，在 1% 的水平上显著正相关，说明产业政策的实施虽然也会加深国有企业投资不足程度，但是这种影响不如非国有企业大；投资不足（Underinv）与产业政策（IP）的系数为 0. 0198，回归结果却并不显著，说明对国有投资不足企业而言，产业政策的实施不会对其产生显著影响。以上的研究结果验证了本文的假设 3。

### （四）稳健性检验

为了保证实验结果的稳健性，本文借鉴理查德森（Richardson，2006）和辛清泉（2007）的稳健性检验方法，将模型（1）回归方程计算的残差按从小到大的顺序分成三组，将残差值小的一组作为投资不足组，残差值大的一组作为过度投资组，再重新做回归分析。该回归结果与前文研究结论没有实质性变化。所以，可以认为本文研究模型的估计结果具有可靠性。

## 五、结论与启示

本文以"十三五"规划（2016 ~ 2020 年）为时间窗口，基于上市公司财务数据，系统地探讨了其对我国上市企业非效率投资的影响，并考察了不同产权性质下的差异，得出以下结论：第一，我国上市企业存在严重的投资不足问题。第二，产业政策对抑制企业投资不足具有正向作用，且投资不足程度越高，产业政策的效果越明显。此外，产业政策对企业过度投资有进一步加剧的影响，且投资过度程度越高，加剧作用越明显。第三，与国有企业相比，产业政策对非国有企业非效率投资的抑制作用更显著。

基于本文的研究结论，我们提出如下的政策建议：（1）针对大量企业存在的投资不足现象，政府要积极引导银行实施信贷创新机制，一方面要为企业提供信贷支持以缓解其融资困境，另一方面要加强贷前、贷中、贷后的全方面监管，确保资金能够正常地流入真正的需求环节，抑制大规模企业的过度投资，提升企业总体的投资水平。此外，对于小规模的企业，银行应减少信贷歧视，给予小规模民营企业更多的优惠和支持，在风险可控的情况下，适当放宽小规模民营企业的贷款期限，拓宽抵押品的范围，增加信贷支持，发挥信贷的融资作用，缓解小规模企业的投资不足。（2）由于产业政策对国有企业的激励作用较弱，而国有企业作为我国市场经济的重要组成部分，具有较大的市场规模，能够影响行业的发展进步，因此在设立产业政策时，应当将重点放在继续深化国有企业改革，调整其不合理的发展方式，减少国有企业的无效率投资，促进产业结构调整升级。（3）在应对产业政策时，国有企业和民营企业显著不同的表现说明，长期以来民营企业面对较高的行业进入壁垒，各种资源和投资机会都少于国有企业，因此当其因产业政策支持而得以进入管控行业时，民营企业会积极响应政策而去投资，因此在设立产业政策时要注意消除民营企业面临的各种歧视，要保障不同所有制的企业主体在市场上的公平竞争；此外，还要及时放开可以开放的行业以鼓励有资质有能力承担项目的民营企业进入，这样不仅可以提高行业活力，也能给更多企业提供机会。（4）政府在制定产业政策的时候，应当随之设置评价产业政策标准，定期对产业政策进行客观评价，及时根据实际情况调整产业政策的结构布局。

# 参考文献

［1］程俊杰. 中国转型时期产业政策与产能过剩：基于制造业面板数据的实证研究［J］. 财经研究，2015，41（8）：131－144.

［2］代永华. 中国产业结构政策：绩效分析与方向选择［J］. 东南学术，2002（4）：15－18.

［3］何熙琼，尹长萍，毛洪涛. 产业政策对企业投资效率的影响及其作用机制研究：基于银行信贷的中介作用与市场竞争的调节作用［J］. 南开管理评论，2016，19（5）：161－170.

［4］胡艳，陈肖兰，张坤，等. 混合所有制、董事会效率与企业非效率投资

[J]. 投资研究，2020，39（6）：36 – 51.

　　[5] 江飞涛，李晓萍. 直接干预市场与限制竞争：中国产业政策的取向与根本缺陷 [J]. 中国工业经济，2010（9）：26 – 36.

　　[6] 江海潮. 产业政策激励、产业剩余分配与产业政策效应 [J]. 产业经济评论，2007（2）：105 – 123.

　　[7] 黎文靖，李耀淘. 产业政策激励了公司投资吗？[J]. 中国工业经济，2014（5）：122 – 134.

　　[8] 李曙希. 产业政策对企业投资效率的影响研究 [D]. 长沙：湖南大学，2015.

　　[9] 李婷. 产业政策对企业投资效率的影响：基于产权视角的实证分析 [J]. 商业经济，2018（8）：87 – 89.

　　[10] 林毅夫. 产业政策的应用将更为广阔 [J]. 今日中国论坛，2011（Z1）：65.

　　[11] 刘澄，顾强，董瑞青. 产业政策在战略性新兴产业发展中的作用 [J]. 经济社会体制比较，2011（1）：196 – 203.

　　[12] 刘飞，王开科. 我国中小板上市公司是投资不足还是投资过度？[J]. 经济评论，2014（4）：122 – 135，160.

　　[13] 陆正飞，韩非池. 宏观经济政策如何影响公司现金持有的经济效应：基于产品市场和资本市场两重角度的研究 [J]. 管理世界，2013（6）：43 – 60.

　　[14] 马壮，李延喜，曾伟强，等. 产业政策提升资本配置效率还是破坏市场公平？[J]. 科研管理，2016，37（10）：79 – 92.

　　[15] 潘亮. 产业政策对中国企业投资行为影响的相关分析 [J]. 云南社会科学，2012（5）：93 – 97.

　　[16] 谭周令，朱卫平. 产业政策实施与企业投资行为研究：来自 A 股上市企业的证据 [J]. 软科学，2018，32（7）：35 – 38，43.

　　[17] 唐建新，王珏玮. 投资者保护、企业性质与海外并购收益的实证 [J]. 统计与决策，2016（6）：174 – 178.

　　[18] 王克敏，刘静，李晓溪. 产业政策、政府支持与公司投资效率研究 [J]. 管理世界，2017（3）：113 – 124，145，188.

　　[19] 小宫隆太郎，现代日本经济研究 [M]. 东京：东京大学出版会，1975.

　　[20] 辛清泉，林斌，王彦超. 政府控制、经理薪酬与资本投资 [J]. 经济研究，2007（8）：110 – 122.

　　[21] 颜恩点，侯明辉，李路. 产能过剩、产业政策与非效率投资：来自 A 股上市公司的经验证据 [J]. 上海大学学报（社会科学版），2022，39（2）：98 – 116.

　　[22] 张玮倩，方军雄，伍琼. 地区腐败与企业投资效率：投资不足还是投资过

度？［J］．经济问题，2016（5）：62－66，79．

［23］张新民，张婷婷，陈德球．产业政策、融资约束与企业投资效率［J］．会计研究，2017（4）：12－18，95．

［24］赵卿．国家产业政策、产权性质与公司业绩［J］．南方经济，2016（3）：68－85．

［25］周黎安．晋升博弈中政府官员的激励与合作：兼论我国地方保护主义和重复建设问题长期存在的原因［J］．经济研究，2004（6）：33－40．

［26］周运兰，冯婷燕，魏婧娅．公司治理对投资效率影响的实证研究：基于制造业上市公司的经验证据［J］．大连民族大学学报，2018，20（2）：143－149．

［27］Cassandra R. Cole，Enya He，Kathleen A. McCullough，David W. Sommer. Separation of ownership and management：Implications for risk taking behavior［J］．Risk Management and Insurance Review，2011，14（1）．

［28］Daniel Bradley，Christos Pantzalis，Xiaojing Yuan. Policy risk，corporate political strategies，and the cost of debt［J］．Journal of Corporate Finance，2016，40．

［29］Jeremy C. Stein. Chapter 2 Agency，information and corporate investment［J］．Handbook of the Economics of Finance，2003，1．

［30］Krueger A. O.，Tuncer B. Estimating total factor productivity growth in a developing country［M］．Washington：World Bank，1980．

［31］Rajesh K. Aggarwal，Andrew A. Samwick. Empire-builders and shirkers：Investment，firm performance，and managerial incentives［J］．Journal of Corporate Finance，2006，12（3）．

［32］Sai Ding，Alessandra Guariglia，John Knight. Investment and financing constraints in China：Does working capital management make a difference?［J］．Journal of Banking and Finance，2013，37（5）．

［33］Scott Richardson. Over-investment of free cash flow［J］．Review of Accounting Studies，2006，11（2－3）．

# Industrial Policy, Nature of Property Rights and Firms' Inefficient Investment

## Lv Hang

[**Abstract**] This paper incorporates industrial policy into the analytical framework of corporate inefficient investment and explores its differences under different property rights properties. The empirical study with the sample of China's A – share listed enterprises in 2016 – 2020 finds that: first, China's listed enterprises have a serious underinvestment problem; second, industrial policy has a positive effect on suppressing enterprise underinvestment, and the higher the degree of underinvestment, the more obvious the role of industrial policy; while overinvestment of the enterprise has a further exacerbating effect, and the higher the degree of overinvestment, the more obvious the exacerbating effect; Third, compared with state-owned enterprises, industrial policy is more significant in inhibiting inefficient investment in non-state-owned enterprises. The findings of this paper are of great significance for the formulation of industrial policy.

[**Key words**] Industrial Policy; Nature of Property Rights; Inefficient Investment

# 环 境 规 制

# 双碳目标约束下中国高耗能产业
# 碳排放治理的 IAD 框架构建*

陈俊龙　高玉博**

【摘　要】面对日益严峻的气候变化问题，中国提出"力争2030年前实现碳达峰，2060年前实现碳中和"的双碳目标。中国高耗能产业在国民经济中占据重要位置，能否实现对其高效的碳排放治理关系着整个双碳目标的实现。运用制度分析与发展框架，深入剖析在现有社会经济环境、社区属性和规则约束下，重要利益主体在高耗能产业碳排放治理行动舞台上的互动机制和互动结果，得出以下结论：在高耗能产业碳排放治理过程中，中央政府、地方政府、社会舆论与公众和高耗能企业之间存在激励机制和约束机制两大机制；通过各主体的协同治理，中国高耗能产业资源生产和利用方式发生重大转变，但仍存在资源利用效率低下和碳排放总量规模大等问题；应持续推动高耗能产业碳排放治理，加强高耗能产业碳排放治理的政策引导，充分发挥市场机制在高耗能产业碳排放治理中的决定性作用。

【关键词】高耗能产业；制度分析与发展框架；碳排放治理

---

　　* 基金项目：2023年度河北省高等学校科学研究项目"混合所有制驱动河北省产业链现代化的机理、效应与路径研究"（编号：BJS2023027）。

　　** 作者简介：陈俊龙（1984~），男，山东泰安人，东北大学秦皇岛分校经济学院教授，经济学博士，研究方向：公共政策；高玉博（2000~），女，河北省邢台人，东北大学文法学院硕士研究生，研究方向：公共政策。

# 一、引言

随着世界范围内工业化和城市化的快速发展，人类对气候变化的负面影响日益显著。2019 年全球碳排放量高达 343.6 亿吨，创历史新高。[①] 虽然 2020 年受到新冠疫情的影响，全球碳排放量下降了 5.8%，但全人类碳排放总量依旧巨大。过高的碳排放成为全球变暖、冰川消融和海平面上升等现象的重要诱因。根据世界气象组织发布的"2021 年全球气候状况"的临时报告，2021 年全球平均气温（1~9 月）比 1850~1900 年高出约 1.09 摄氏度。同时，报告警示说，在全球变暖形势下，全球冰川和海平面状况也不容乐观，2015~2019 年，北美冰川融化的速度几乎比 21 世纪初翻了一番，2013~2021 年平均每年海平面上升 4.4 毫升。[②] 因此，人类碳排放已经严重威胁到了地球的环境状况和人类的居住环境，控制碳排放已经成为全人类的共识。2020 年 9 月 22 日，中国在联合国大会上承诺"将力争 2030 年前实现碳达峰、2060 年前实现碳中和"，习近平总书记在 2021 年 4 月 22 日的"领导人气候峰会"上宣布将碳达峰、碳中和纳入生态文明建设整体布局。"碳达峰、碳中和"的双碳目标是我国应对全球气候变暖、构建人与自然生命共同体、主动承担国际责任所作出的庄严承诺，充分彰显了我国坚持以人为本的理念、绿色循环发展的原则和推动我国经济低碳绿色转型的决心。

我国目前正处于快速转型期，受限于资金技术和发展阶段，化石能源是能源结构的主体。因此，双碳目标既是实现高质量转型发展的机遇，又面对着极大的挑战性，尤其是对于高耗能产业而言。双碳目标下推动高耗能产业碳排放治理具有巨大的必要性和重要性：一方面，高耗能产业是我国国民经济的重要组成部分，甚至是很多地方经济发展的支柱性产业，承担着经济增长和就业的双重任务，对促进基础设施建设和工业稳定发展具有重要意义。另一方面，工业碳排放是我国碳排放的重要来源，而我国产业结构偏重、能源结构偏煤的特点导致高耗能产业碳排放占据了工业碳排放相当大的比重。因此，要想实现双碳目标，有必要将高耗能产业碳排放治理作为重中之重。

如何推动碳减排是学界的研究热点，相关研究主要聚焦在以下三个方面：一是重点行业研究。大量学者研究了包括电力行业、能源行业、建筑行业、交通行业等重点领域的能源转型和低碳发展问题，并有针对性地提出了碳达峰路径。王少洪（2021）认为，我国能源转型面临着社会经济发展阶段、资源禀赋、技术发展、相关机制等挑

---

① 资料来源：国际能源署。

② State of Climate in 2021：Extreme Events and Major Impactsz ［EB/OL］. United Nations Climate Change，2021 – 10 – 31.

战，"要充分发挥社会主义制度优越性""立足于'开源'和'节流'"，完善相关市场机制，从顶层设计引导、稳定和加速能源低碳转型，以增强科技进步、创新为突破，构建以新能源为主体的新型电力系统。朱莉红和袁艳红（2020）构建了各行业的碳减排能力、责任和潜力指标体系，认为农林牧渔业、其他行业、批发、零售业、煤炭开采和洗选业等具有更多的强度降低责任、更好的经济条件、更多的累计排放量和更大的减排空间。二是区域研究。相关学者分析了我国不同地区或城市的碳排放现状及碳达峰路径。张友国和白羽洁（2021）认为，中国各省份碳排放态势的显著差异性也已经显现，并将在长期内持续。各区域应因地制宜地选择适合本地的"双碳"目标实现路径。许立松（2021）等采用自下而上的方法构建了覆盖京津冀及周边地区、长三角地区、汾渭平原和两广地区重点地区的钢铁产业能耗和二氧化碳（$CO_2$）模型，最终得出降低钢产量是重点区域产业节能和碳减排的根本措施的结论。三是多视角下着眼于全国的路径研究。相关学者从技术创新、市场机制、金融政策等多个角度剖析了中国实现双碳目标的路径。刘仁厚等（2021）认为，为实现双碳目标应全面推进绿色低碳科技创新，推动核心技术突破，打造市场化应用的技术优势和成本优势。方国昌等（2021）基于系统动力学理论，构建了碳交易驱动下的政企碳减排演化博弈模型，认为在碳交易市场发展的不同阶段，政企间会形成若干博弈均衡情况。

综上所述，学者们主要从重点行业、地区差异、具体措施等方面探索了实现双碳目标的路径，具有积极的借鉴价值和前瞻性。但是，少有研究将双碳目标所涉及相关利益主体的立场、利益、行动放在统一的框架下进行整合，系统性有待进一步加强，且碳排放治理具有很高的复杂性，需要一个严密的理论分析框架。基于此，本文以制度分析与发展（IAD）框架为理论依据，以高耗能产业碳排放治理为研究内容，剖析在中国现有的社会经济发展状况、应用规则和社会属性条件下，利益相关者如何采取行动并产生相应的行动结果利益协调和相互影响，将高耗能产业碳减排问题纳入涉及环境和行动者的博弈情境中，揭示相关利益主体间的作用机制、存在的问题与原因，设计完善的高耗能产业碳排放治理框架。

# 二、IAD 框架与中国高耗能产业碳排放治理

## （一）IAD 框架概述

制度分析与发展（IAD）框架是由奥斯特罗姆提出的包含多层次概念的社会生态系统分析框架。在 IAD 框架中，外部变量、行动舞台、相互作用机制与结果是重要组成内容。外部变量包括自然物质条件、社区属性和共同体普遍认可的应用规则。行

动舞台指行动者采取行动和产生互动的社会空间，包括行动情境和行动者。相互作用机制与结果是指政策中的相关利益主体的行动方式、利益协调关系和所形成的结果。该框架通过描述规则、共同体属性和资源属性如何影响公共池塘资源自主治理中的政策结果，提供了可增强信任与合作的制度设计方案。

制度分析与发展框架的重要变量和分析逻辑能够为研究公共资源自主治理以及不同主体处在受多种因素影响的复杂博弈情境中的问题提供有益帮助。恩里科和彼得（Enrico & Peter，2021）以秘鲁的马丘比丘和柬埔寨的吴哥为例，运用 IAD – NAAS 理论框架揭示了以上两个文化遗产地存在的治理困境和冲突的驱动因素。沙阿等（Shah et al.，2020）等运用 IAD 框架对中国台湾地区、毛里求斯、特立尼达和多巴哥三个岛屿管辖区内的能源政策进行比较评估，发现在能源政策实施过程中，一些体制因素会发挥影响，这些因素包括：政府、决策者、决策环境；正在使用和计划使用的政策工具和手段；多中心性；市场动态和信息透明度等。布里斯布瓦等（Brisbois et al.，2019）将权利理论和 IAD 框架相结合，研究了加拿大两个涉及大型能源产业的利益合作过程，并评估了合作过程对于实现社会和环境目标的能力，最终得出当强大的资源产业作为参与者时，协作治理无法产生进步的结果的结论。潘等（Pan et al.，2021）基于 IAD 理论框架，选取中国 6 个乡村旅游社区为研究对象，采用解释学七大基本原则和归纳式研究方法，提取出"一阶编码、二阶编码、聚合维度"，提出了乡村旅游社区多中心治理的路径。罗等（Luo et al.，2021）运用 IAD 理论框架评估杭州城市增长控制政策的有效性，认为在城市发展边界政策实施过程中，中央政府、地方政府、开发商和购买者在正式阶段和非正式阶段存在冲突；特殊的经济发展阶段、土地保有制度、法律制度和行为者的互动会导致一系列不良后果。由此可见，IAD 理论框架已经被广泛应用于包括自然资源、人文资源的公共资源治理中，能够有效推进协作治理和提高资源利用效率。

### （二）IAD 框架对研究中国高耗能产业碳排放治理的应用价值

IAD 框架对分析中国高耗能产业碳排放治理具有较强的适用性，具体包括：

第一，从研究对象来看，IAD 框架主要用于研究公共池塘资源治理问题。而气候作为一种公共产品，当二氧化碳排放过多，引起气候变化，则容易出现"公地悲剧"。而高耗能产业碳排放治理的目的是推动我国碳减排目标的落实，改善大气环境，保护公共资源。

第二，IAD 框架中外部变量因素能够很好地解释我国高耗能产业碳排放治理面临的社会经济环境。IAD 框架中的外部变量包括生物物理条件、社区属性和使用的规则。生物物理条件是物质资源和行动环境。根据"社会生态系统分析框架"，自然物质条件的范畴已延伸到包括自然、社会、经济、政治、文化等在内的多重环境因素。社区属性是社会和文化因素，包括信任、互惠、共识、社会资本和社会储备；使用中的规则包括正式规则、非正式规则和产权，而我国高耗能产业碳排放治理也面临着生物物理条件、社区属性和使用中的规则三个方面的环境条件。其中，生物物理条件主要指我国的经济社会发展状况，具体包括产业发展状况、技术发展水平和能源结构现状等。社区属性主要指公众正在形成的低碳意识。正在使用的规则是指中央政府和地方政府高度重视高耗能产业的碳排放治理，出台众多关于高耗能产业碳排放治理的文件，对高耗能产业碳排放实施严格的管控。

第三，IAD 框架中行动舞台的核心变量和分析逻辑对全面分析我国高耗能产业碳排放治理中重要行动主体的互动机制是有效的。IAD 框架中的行动舞台指主体间相互作用的社会空间，包括行动情境和行动者。行动情境指直接影响作为研究对象的行为过程的结构。在行动情境中，行动主体拥有不同的利益和立场，追求各自的利益，相互作用，产生互动结果。行动者在行动情境中又深深受到外部变量中应用规则的影响。在我国高耗能产业碳排放治理中，重要的利益主体有中央政府、地方政府、高耗能企业、社会舆论与公众。他们在地位、行动、控制、产出、掌握信息上分别表现出不同的特征。由于所处地位不同，这些主体在现有的环境条件下采取不同的行动，分别对碳排放治理形成了独特的治理机制。同时，这些主体能够相互联系、相互作用，形成互动机制，对于碳排放治理产生促进或阻碍的影响效果。

因此，本文运用 IAD 框架，将我国高耗能产业碳排放治理放在一个完整的制度框架下（见图 1），将治理机制清晰地呈现出来，以便发现机制运作中的问题，进而提出优化我国高耗能产业碳排放治理的路径。

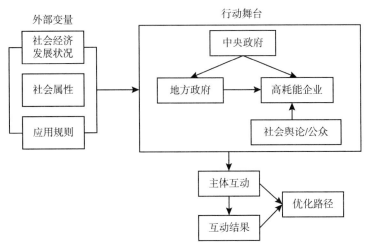

**图 1　高耗能产业碳排放治理的 IAD 框架**

## 三、双碳目标下我国高耗能产业碳排放治理的 IAD 分析

### （一）外部变量

**1. 经济社会发展状况**

改革开放后，我国逐步融入全球经济体系，国内经济得到了持续稳定快速发展。2021 年，我国 GDP 达 114.4 万亿元，增速 8.1%，稳居世界第二，占全球经济的比重预计超过 18%。[①] 在人民生活方面，我国科教文卫事业全面发展，社会治理体系更加完善，社会整体稳定和谐。

工业领域作为核心物质生产部门，在我国实现全面小康社会和国民经济持续稳定发展的过程中发挥着不可替代的作用。但目前我国工业经济存在诸多问题：第一，科技水平相对较低、创新动力不足。虽然我国人工智能、芯片等高端产业得到了一定发展，但是包括钢铁、冶金、化学、材料等在内的重工业依旧是支撑我国经济发展的重要基础，我国工业尚未达到高端制造业的水平，一些高端技术对外依存度高，技艺被"卡脖子"。第二，工业绿色低碳转型有待加强。虽然由于环境污染问题得到了明显改善，但是我国的能源结构、产业结构、产品结构并没有发生根本改变，工业绿色低碳发展、实现碳达峰碳中和依旧任务艰巨。第三，工业发展所需的能源资源存在缺口。我国部分重要能源对外依存度较高，自给能力不足，能源安全得不到充分保障。我国是全球最大的铁矿石进口国，铁矿石对外依存度长期保持在 80% 左右。[②] 2021 年，我国原油对外依存度为 72%，天然气对外依存度约为 42%。[③]

由此可见，我国高耗能产业发展现状离生态文明建设要求还有一定差距，不利于碳达峰碳中和目标的实现。资源约束趋紧、环境污染严重、生态系统退化的严峻形势要求必须改变过多依赖增加物质资源消耗、过多依赖规模粗放扩张、过多依赖高能耗高排放产业的发展模式，要依据经济发展的新常态，结合供给侧结构性改革，优化调整产业结构。

**2. 社区属性**

社区属性主要包括社会共同体普遍接受的行为规范、准则以及人们偏好的同质性等。在我国高耗能产业碳排放治理中，社区属性主要是指不同参与者对高耗能产业碳

---

[①] 资料来源：国家统计局发布的 2021 年国民经济数据。

[②] 资料来源：中研产业研究院发布的《2023－2028 年中国铁矿石行业供需分析及发展前景研究报告》。

[③] 资料来源：国家统计局。

排放治理的互惠和共识的态度。

一方面，我国不同层级政府对高耗能产业碳排放治理的认识较为统一。中央政府、省级政府和一些重点市政府都出台了"碳达峰、碳中和"的相关文件与行动方案，并将高耗能产业碳排放治理作为重点治理内容。中央政府层面，为了实现"碳达峰、碳中和"目标，国家倡导加快调整产业结构、能源结构，鼓励推动能源、工业、交通、建筑等重点领域以及钢铁、建材、有色、化工、石化、电力、煤炭等重点行业制订相关目标及行动方案。地方政府层面，各地根据本地区现有的资源禀赋和社会经济条件制订适宜的"碳达峰、碳中和"行动计划。其中，一些煤炭、石油能源大省和重点产业聚集的重点地区强调要严格管控高耗能产业和高耗能项目，采取限制产能、阶梯电价、推进绿色项目等措施推动高耗能产业降碳。

另一方面，公众的环境自觉意识日益增强。改革开放以后，环保宣传教育不断推进，公众的环境自觉意识在逐渐形成，绿色消费受到了越来越多人的青睐。因此，主动进行碳减排的相关企业更能获得社会公众的认可度，提高市场美誉度。相反，高排放高污染的企业将会逐渐面临社会认可度降低、市场萎缩的困境。

**3. 使用中的规则**

使用中的规则包括正式规则和非正式规则。正式规则包括政府出台的高耗能产业碳排放治理的正式文件和官方政策等，非正式规则指与碳减排有关的社会舆论。

首先，我国政府"减少碳排放"的要求能够体现在相关污染防治法和能源法当中，但中央层面目前尚未有一部专门针对碳排放治理的法律，只有一些具体操作的规范文件。但值得一提的是，天津市人大常委会 2021 年 9 月 27 日通过了《天津市碳达峰碳中和促进条例》，该条例于 2021 年 11 月 1 日起正式实施。该条例详细说明了"降碳增汇""碳市场""碳普惠机制和生态保护补偿机制"等内容，并提出以刚性措施规范排碳单位。该条例具有许多亮点和创新点，不仅对国内其他地方出台类似法律法规具有引领作用和借鉴意义，同时也是对《巴黎协定》的直接回应。

其次，随着我国进入新时代，社会主要矛盾发生变化，碳排放治理愈加受到国家重视。无论是 2021 年召开的全国生态环境保护工作会议还是"十四五"规划纲要，中央政府都反复强调深入要打好污染防治攻坚战，要落实"减污降碳"总要求，要严格管控高能耗、高排放项目首日开发。在国家政策的指引和要求下，许多重点领域产业积极响应，实行碳减排措施和设立专门碳减排资金项目。同时，高耗能产业碳减排等新闻消息越来越受到社会公众的重视。

总之，政府越来越重视高耗能产业的碳排放治理，但相关法律法规仍处于起步阶段，约束力有限；关于环境保护的宣传教育活动和新闻媒体的宣传则加强了人们对于减少碳排放的重视程度，正式规则和非正式规则在高耗能产业碳排放治理中能够发挥重要的约束作用。

## （二）IAD 框架下高耗能产业碳排放治理的重要行动主体

基于 IAD 框架分析高耗能产业碳排放治理，中央政府、地方政府、高耗能企业和社会舆论与公众等重要行动主体在"地位""行动""信息""支付""控制""结果"等要素上表现出不同的特征，高耗能产业碳排放治理要素与 IAD 框架的对应关系如表 1 所示。

**表 1** 高耗能产业碳排放治理要素与 IAD 框架的对应关系

| IAD 框架 | 碳排放治理 | | | |
|---|---|---|---|---|
| 行动者 | 中央政府 | 地方政府 | 社会舆论、公众 | 高耗能企业 |
| 地位 | 发起者、监督者 | 监督者、执行者 | 监督者、促进者 | 执行者 |
| 行动 | 规范"边界" | 遵守"边界"、在"大边界"中制定"小边界" | 督促执行者遵守"边界" | 在"边界"中履行责任 |
| 信息 | 信息强势 | 信息较强 | 信息弱势 | 信息弱势 |
| 支付 | 制定政策成本、补偿成本、监督成本、生态收益 | 补偿成本、监督成本、补贴收益、生态收益 | 监督成本、生态收益 | 转换成本、机会成本、被处罚成本、补贴收益、长期发展收益 |
| 控制 | 高 | 较高 | 较低 | 低 |
| 潜在结果 | 获得生态效益和社会效益 | 获得生态效益、经济效益受到影响 | 获得生态效益 | 获得经济补偿 |

首先，中央政府为高耗能产业碳排放治理的发起者、制定者、监督者和"边界"规范者。在"双碳"目标约束下，中央政府将高耗能产业碳排放治理作为一次重点任务，即为地方政府提供政策支持，监督地方政府对本地区高耗能企业碳排放的规制，监督高耗能企业的生产过程、适用技术、资源获取和使用方式，对生产落后产能、大量创造环境污染的企业进行规制。中央政府在这一过程中拥有绝对的领导权、决策权和控制权。其次，地方政府既要对本地区管辖的高耗能企业的碳排放行为进行综合治理，同时自身又受到中央政府的监督。可以说，地方政府起到政策连接的作用，既是政策执行者，又是政策制定者和监督者。最后，社会舆论和公众是高耗产业碳排放治理的促进者和监督者。社会舆论和公众可借助各种媒介方式对政府和相关高耗能企业进行监督，对履行碳排放治理责任的企业予以认可，使其获得市场美誉度；

反之，对不履行碳排放治理责任的企业进行曝光，使之承受社会舆论压力。总之，高耗能企业要受到中央政府、地方政府和社会舆论与公众的三重监督，不仅会得到碳排放治理的补贴，还有可能会因越界而受到处罚。但是，地方政府也可能会在经济利益的驱动下，违背统一的碳排放政策，进而导致三方主体陷入治理困境，影响碳排放治理效果。

中央政府规定了碳排放的相关边界，包括谁需要履行碳排放治理、履行责任主体需要做什么、不能够做什么、获得的补偿、越界后的惩罚。地方政府可以在中央政府提供的边界内因地制宜地制定符合本地的边界内容。同时，政府作为生态治理的主体，在高耗能产业碳排放治理中居于主导地位，尤其是中央政府作为碳排放治理政策的发起者、政策制定者，掌握着更多的信息和控制权。而高耗能企业是碳减排政策的执行者，更多的是采取措施规范自身碳排放行为，对政府碳减排政策影响不足，而处于信息弱势地位。相关民间环保组织由于管理不健全和影响力有限等原因掌握着较少信息。广大公众的环保意识虽然有所增强，但仍未掌握到较多的碳减排信息。支付是指推动高耗能企业碳排放治理的成本与收益，政府成本包括制定政策成本、监督成本、审查成本、补偿成本。收益主要指生态收益和社会收益。社会舆论和公众的成本主要指监督成本，收益包括生态收益。高耗能企业的成本包括转换生产方式和机器设备成本、用于生产落后产能的机会成本和被处罚成本。收益包括补贴收益和获得长期发展的经济效益。成本和收益是行动的阻碍因子和激励因子，影响着高耗能产业碳减排治理的实际效果。

### （三）IAD 框架下高耗能产业排放治理中的相互作用机制

根据 IAD 框架的碳排放治理的要素安排，双碳目标约束下高耗能产业碳排放的治理机制可以归纳为激励机制和约束机制两大机制。激励机制包括：中央政府给予地方政府推进高耗能产业碳排放治理和高耗能企业的政策激励和财政激励、社会舆论与公众给予减排企业社会认可度、企业间分享减排经验和技术；约束机制包括：中央政府对地方政府高耗能产业碳减排工作的监督、中央和地方政府对高耗能企业的碳排放监督、社会舆论与公众对高耗能企业碳排放情况的监督。

#### 1. 激励机制

第一，中央环保部门给予地方环保部门碳减排专项补贴。中央环保部门是中国碳减排政策的主要规划者之一，以服务于中国的环境保护事业为宗旨。针对地方环保部门财权受制于地方政府的现状，中央环保部门可对地方环保部门给予相应的财政支持，进而增强地方环保部门的自主性。

第二，政府给予高耗能企业碳减排财政补贴。首先，中央政府可设立节能减排专项资金，给予碳减排企业减排补贴，降低其减排成本，提高碳企的减排意愿。其次，中央和地方政府可对高耗能企业淘汰落后产能进行补贴。最后，中央政府对节能技术、环保新技术的开发和利用给予一定的财政补贴。

第三，政府给予投资者和消费者的补贴。一方面，政府对新能源产业和节能项目的投资者和可再生能源的研发者进行补贴，这利于减少高耗能产业和项目，扩大新能源产业的市场规模，促进我国产业结构优化调整。另一方面，政府对购买低碳产品或无碳产品的消费者进行补贴，引导其消费偏好，帮助消费者养成低碳的消费方式。

第四，社会舆论和公众给予减排企业认可，提高其市场美誉度。一方面，随着社会公众环境自觉意识的提高，社会公众更加偏向绿色低碳的消费方式和产品，这有助于提高减排和低碳企业的社会认可度，帮助企业获得良好声誉，扩大市场份额。另一方面，绿色低碳的大力宣传和引导有助于帮助全社会形成节能减排的良好氛围，让高耗能行业坚定碳排放治理和转型升级的信念。

第五，高耗能企业间的碳减排竞争与合作。企业间针对碳排放治理展开良性的产品、资金、技术方面的竞争与合作有利于减少企业碳排放治理成本、帮助落后企业加快碳减排步伐。同时，企业间分享碳减排的成功经验有利于激励其他企业学习借鉴，帮助其扩宽碳减排路径，减少企业的碳减排风险和不确定性。

总之，政府对高耗能企业给予的主要是政策激励和物质激励，社会舆论与公众对企业更多的是进行精神激励，而企业间则是竞争激励。这些激励机制有利于增强高耗能企业的碳减排意识、减少碳排放的治理成本、交易成本，推动相关企业节能减排。

**2. 约束机制**

第一，中央政府对高耗能产业碳排放的严格管控与监督。随着我国经济发展进入新常态，中央政府高度重视转变经济发展方式和优化产业结构。近年来，中央政府持续释放严格管控高耗能产业碳排放的信号，这种信号在"十四五"规划纲要以及各种关于管控高耗能产业碳排放的中央层面文件和会议中十分明显。中央政府在双碳目标约束下，以节能降碳为导向，制定了高耗能产业领域的碳达峰实施方案和产业结构调整方案，通过提高准入门槛、优化出口退税、实行差别电价等方式严格限制高耗能产业的过快增长，严格落实高耗能项目的管控政策，对该产业中不符合清洁生产和资源开发利用要求的企业予以严格规制。

第二，在中央政府的引导和监督下，地方政府对管辖内高耗能产业碳排放的管控。具体表现为：多个省份对高耗能行业实行严格的差别电价政策，对能耗超过限额标准和能耗水平不达标的企业实施用电限制，引导其节能减排和持续健康发展。同时，不少地方政府出台促进新能源产业发展、抑制煤炭消费和大力发展可再生能源的政策，促进发挥新能源对传统能源的替代作用。

第三，中央政府对地方政府碳减排工作的监督与审查。首先，中央政府要求各地根据实际情况设立碳减排目标，制定并实施碳达峰方案和相关制度。其次，中央政府对地方政府本区域高耗能产业管控与整治情况进行审查。最后，中央政府强调实行减少温室气体排放的目标责任制，将碳减排作为地方官员绩效考核的一项重要内容。约谈等机制在督促地方政府进行碳排放治理中发挥了重要作用。事实证明，中央部门的督查与约束不仅能够增加地方政府放任高耗能产业发展的压力，迫使地方政府将高耗能产业碳排放治理作为一项重点发展任务，同时也是对地方政府推动高耗能产业碳排放治理的激励，有利于提高地方政府碳减排的积极性，推动其因地制宜地调整产业结构，严控高耗能产业粗放发展。

第四，社会舆论和公众对高耗能企业和政府碳减排的监督与约束。一方面，生态环境的恶化、国家环境教育的宣传和公众环保意识的提高促使公众更加偏好绿色低碳产品，进而改变高耗能产业的产品生产方式。另一方面，社会公众可通过各种媒介方式表达对高耗能产业的态度，督促高耗能产业进行碳排放治理。新闻媒体在国家政策文件的指引下发布高耗能产业碳减排信息，宣传国家和地方政府高耗能产业碳排放治理政策，提高人们的减排意识。相比政府对高耗能产业强制性的约束，社会舆论和公众的监督与约束是无形的和非强制的，更具有广泛性和根植性。这不仅有利于对高耗能产业的不合理排碳行为形成道德约束，同时能够提高企业的碳排放成本，抑制高耗能企业的机会主义行为。

## （四）互动结果

在碳排放治理行动舞台上，中央政府、地方政府、社会舆论和公众与高耗能企业相互作用，形成了互动结果。一方面，近年来，在政府、社会舆论和公众对高耗能产业的治理与约束下，高耗能产业碳排放治理取得一定成效，该行业的能源消费量和碳排放量呈缓慢增长趋势，表明该行业正在向绿色低碳方向转型。另一方面，高耗能产业依旧存在能源利用效率低和产业转型升级困难的问题，该行业的碳排放量仍占我国总碳排放量的重要部分，因此高耗能产业碳排放量仍面临巨大挑战，实现双碳目标任重道远。

### 1. 高耗能产业能源生产和利用方式发生重大改变

为了实现"碳达峰、碳中和"目标，我国坚定不移推进能源革命，能源生产和利用方式发生重大改变，能源利用效率明显提高，能源消费总量和碳排放总量进入平稳增长期，正在向绿色低碳发展方式转变。首先，高耗能产业尤其是钢铁、煤炭和石油产业能源消费总量得到有效控制，且能源利用效率得到提高，清洁生产取得了明显成效。以我国煤炭业为例，近年来我国积极推广煤炭清洁开发和生产技术，加强煤矿资源综合利用，煤炭清洁开采水平大幅提升，并全面开展燃煤电厂超低排放改造，燃煤锅炉替代和改造成果显著。其次，高耗能产业碳排放量增速得到有效控制。虽然高耗能产业的碳排放总量不断增长，但自 2014 年后，该行业的碳排放量占全国碳排放量的比重进入平稳增长期，增速较前几年相比变缓。最后，我国新型低碳产业不断发展，对高耗能产业可起到一定的替代作用。在中央和各地方政策的支持下，天然气、水电、风电等清洁能源的应用更为广泛，新能源汽车、节能建筑和节能材料产业得到长足发展。低碳经济产业、低碳能源系统和低碳技术系统不断壮大，逐渐替代高耗能和高排放产业。这一改变既能够替代传统能源的消费地位，倒逼高耗能产业转型升级，同时又能丰富我国能源消费类型，增强能源安全保障能力，为经济高质量发展提供重要支撑。

**2. 高耗能产业资源利用效率仍处于较低水平，碳排放量大**

目前，我国的碳排放总量居世界第一，碳排放的主要来源在于电力、热力、钢铁、水泥和建筑等重点行业领域。虽然我国高耗能产业碳排放治理和产业结构调整取得一定成效，但仍面临着资源利用效率低下和资源利用方式粗放的突出问题，其排放的二氧化碳占据了我国二氧化碳排放总量的大部分。根据 CEADs 网站数据统计，2019 年我国高耗能行业碳排放量大约 8144.1 百万吨二氧化碳，其中，电力热力的生产和供应业释放的二氧化碳最多，黑色金属冶炼和非金属矿物制造业排放的二氧化碳分别排第二和第三。[①] 2021 年 11 月 17 日，《财经》杂志和中创碳投联合发布了"中国上市公司碳排放排行榜（2021）"，该榜单涵盖了在 A 股和港股上市的 100 家高碳排放公司，他们分布在石化、化工、建材、钢铁、有色、造纸、电力、航空八大高耗能行业。该榜单数据显示，2020 年度，中国二氧化碳排放总量约 99 亿吨，占据全球第一，而上榜的 100 家上市公司，二氧化碳排放总量合计 44.24 亿吨，占全国总量约 44.7%。

我国高耗能产业整体工艺水平不足、技术水平较低和资源利用方式粗放是该产业能源利用效率低下的重要原因，而能源利用效率低自然又导致该行业的碳排放量高。因此，我国要实现双碳目标，就必须要在高耗能产业碳排放治理中采取更加有力的举措来破解高耗能产业的减排难题。

# 四、优化中国高耗能产业碳排放治理的路径

高耗能产业作为国民经济的重要组成部分，对于稳定就业、促进经济增长具有重

---

① 资料来源：中国碳核算数据库（CEADs）发布的相关数据。

要的支撑作用。为进一步促进高耗能产业碳排放治理，第一，我国应当加大高耗能产业的碳减排治理力度，通过优化我国产业结构、提高工艺技术等手段提高能源利用效率，促进发展方式由粗放型转为集约型。第二，加强政策对高耗能产业的引导作用，通过明确行业排碳标准、改变地方政府绩效考核标准等方式为高耗能产业碳排放治理提供良好的行动前提与政治环境。第三，建立并完善用能权交易制度和碳排放交易制度，充分发挥市场机制对高耗能产业碳排放治理的促进作用。具体如下所示。

## （一）持续推动高耗能产业碳减排治理工作

推动双碳目标的实现，一方面，要进一步优化产业结构，提升产业链现代化水平，持续发展高新技术产业、现代服务业和绿色低碳产业，积极推动高耗能产业产能压缩，尽量减少不必要的传统高耗能项目，促进我国三次产业之间的高质量协同发展。在高耗能项目审批上，要提高项目环境门槛，严格控制项目整体规模，科学评估项目建设对生态环境的综合影响。另一方面，要切实增强高耗能产业的自主创新能力，加大对共性关键技术的研发，从整体上提高工艺技术水平，提高产品的技术含量，增强产品竞争力。高耗能产业不仅要深化与高等科研院所的合作，采取多种渠道引进人才，构建有效的人才制度和创新环境，形成重视人才和尊重科学的良好创新氛围，同时还要善于攻克技术难关，增强对核心技术和尖端设备的掌握力，减少核心技术的对外依赖度，加快先进成熟绿色低碳技术装备的推广应用，提高高耗能行业技术装备绿色化、智能化水平。

同时，合理的能源政策对减少高耗能产业碳排放、实现高质量转型升级至关重要。我国要在全国范围内深化能源结构优化，以能源结构优化调整倒逼高耗能产业转型升级，有效降低该行业碳排放量。一要严格控制煤炭、石油的消耗总量和强度，减少直接性消耗。尽快摆脱对化石能源的粗放开发和利用方式的路径依赖，引进和研发先进的开发和利用技术，提高化石能源的使用效率，减少热量的损失。二要壮大可再生能源的生产，满足我国日益增长的能源消耗需求，降低改造高耗能产业和减少传统化石能源消耗的风险。电力行业作为中国的碳排放"大户"，需有序逐步关停火电，谨慎利用核电，大力发展抽水蓄能电站、储能电站、潮汐能和生物质能发电。无论是对能源领域"卡脖子"技术环节的攻克，还是对高耗能产业产能的压缩，都要更好地发挥政府作用，而能源结构调整和产业结构转型升级则需要更多借助于市场的自发力量。

## （二）加强对高耗能产业碳减排的政策引导

高耗能产业的碳减排工作在双碳目标任务中占据着重要位置，需要加强各级政府的政策指引，明确治理方向和重点，减少变革带来的风险和不确定性。

一方面，我国应加大与高耗能产业碳排放治理相关的法律法规供给，明确有关高耗能产业节能降碳的标准和效能水平。截至目前，虽然碳达峰碳中和的目标和碳减排的要求能够在《中华人民共和国大气污染防治法》《中华人民共和国森林法》等中体现，我国也出台了许多有关高耗能产业碳排放治理的文件，但我国并没有直接面向这一方面的法律法规，一些降碳标准和能效水平依然存在模糊不清之处。因此，应尽快摸清和明确高耗能行业和重点领域的碳排放水平，进而组织专家对高耗能行业中各个具体行业碳减排标准和效能水平做出评估与明确，同时我国要完善与高耗能产业碳排放治理相关的评估制度、激励制度、责任追究制度等。

另一方面，多措并举规范地方政府碳排放治理行为。为了防止地方政府在碳排放问题上的机会行为。中央政府要加强对地方政府的环保督查，不断健全环保督察工作规定和督查方案，对各领域和各层级进行全面系统督查，将中央批示、交办的事情的落实情况和地方不作为、慢作为、乱作为情况纳入重点督查内容，告知被督查对象存在的问题并责令整改，对其进行"回头看"检查，向社会公开督查结果，推动全社会监督。同时，将能够体现生态效益的指标体系、奖惩机制纳入地方官员的考核机制中，促进地方政府政绩考评从"GDP导向"转向"生态导向"，通过生态绩效考评促进地方政府转变发展观念和发展模式。地方政府应根据自身实际，制订碳减排专项计划，将区域内的高耗能产业列为重点，因地制宜地推进节能技术研发与改造，对标行业能效基准水平和标杆水平，有序推进降碳技术革新。

## （三）充分发挥市场对高耗能产业碳排放治理的决定性作用

高耗能产业碳排放治理是一项极其复杂的工程，需要综合施策，政府与市场协同发力。实践证明，碳排放权交易市场机制能够提高碳减排效率。因此，在高耗能产业碳排放治理中，除了要发挥政策的引导作用，还必须要重视和充分发挥市场机制的决定性作用。首先，加快建设用能权和碳排放交易市场。对于碳排放重点或规模较大的高耗能行业来说，碳排放交易制度要尽量普及，其他规模较小而未实行碳排放交易制度的行业要尽可能纳入用能权交易制度，构建两者相互配合协调的减排市场制度体系。用能权交易制度作为一种市场化手段，可以对能源使用效率高的企业起到积极的激励作用，并对使用效率低的企业产生有效约束，促进优胜劣汰。因此，我国应尽快总结用能权交易制度试点地区的工作经验，加快建设全国用能权交易市场，倒逼一些高耗能和高排放企业自觉进行节能降碳，提高资源利用率。其次，我国还应进一步扩大碳交易市场的覆盖范围，丰富交易品种和交易方式，完善碳排放交易制度。碳交易市场试点地区应当在实践中结合自身产业发展状况，探索适合自身的碳排放权交易方式和规则，充分发挥示范和带动作用。此外，对于高耗能产业来说，目前只有电力部门开通了碳交易市场，其他重要领域还未开通。因此，要尽快推进石化、化工等其他高耗能行业进入全国碳市场，扩大碳交易覆盖范围，吸引更多主体参与到碳交易市场运行。最后，在市场机制的倒逼下，充分发挥企业治理主体的作用，企业应主动优化生产供应体系，推进全链条、全流程的节能减排，将节约贯穿生产经营的全过程，建立健全废弃物再循环体系，推动产品全生命周期的绿色低碳。

# 参考文献

［1］方国昌，何宇，田立新．碳交易驱动下的政企碳减排演化博弈分析［J/OL］．中国管理科学，2022：1-12．

［2］胡楠，裴庆冰．完善用能权交易制度 推动节能增效［J］．宏观经济管理，2020（12）：43-49．

［3］黄玖菊，林雄斌，杨家文，等．城市公共空间"公地悲剧"治理：以共享单车为例［J］．城市发展研究，2021，28（5）：93-101．

［4］黄强，郭怿，江建华，等．"双碳"目标下中国清洁电力发展路径［J］．上海交通大学学报，2021，55（12）：1499-1509．

［5］李琴．行动情境：IAD 框架下女村官治村的治理情境分析［J］．兰州学刊，2014（10）：192-198，205．

［6］刘仁厚，王革，黄宁，等．中国科技创新支撑碳达峰、碳中和的路径研究［J］．广西社会科学，2021（8）：1-7．

［7］刘新民，孙向彦，吴士健．双重治理体制下企业碳排放的演化博弈分析：基于初始意愿差异化视角［J］．系统工程，2019，37（3）：31-47．

［8］谭江涛，章仁俊，王群．奥斯特罗姆的社会生态系统可持续发展总体分析框架述评［J］．科技进步与对策，2010，27（22）：42-47．

［9］万健琳，杜其君．顶层设计与分层对接：对生态治理绩效实现机制的解释［J］．中国行政管理，2021（11）：50-57．

［10］王少洪．碳达峰目标下我国能源转型的现状、挑战与突破［J］．价格理论与实践，2021（8）：82-86，172．

［11］王雨蓉，龙开胜．基于 IAD 框架的政府付费生态补偿利益关系及协调［J］．南京农业大学学报（社会科学版），2016，16（5）：137-144．

［12］许立松，张琦．中国重点区域钢铁产业能耗和 $CO_2$ 排放趋势分析［J］．中国冶金，2021，31（9）：36-45．

［13］袁怀宇，李凤琦．"双碳"目标影响供给侧结构性改革的机制与应对策略

[J]. 理论探讨, 2022 (1): 140 – 145.

[14] 张修凡, 范德成. 碳排放权交易市场对碳减排效率的影响研究: 基于双重中介效应的实证分析 [J]. 科学学与科学技术管理, 2021, 42 (11): 20 – 38.

[15] 张友国, 白羽洁. 区域差异化"双碳"目标的实现路径 [J]. 改革, 2021 (11): 1 – 18.

[16] 朱莉红, 袁艳红. 基于公平和效率的行业碳减排责任分担研究 [J]. 数学的实践与认识, 2020, 50 (24): 256 – 266.

[17] Bertacchini E., Gould P. Collective action dilemmas at cultural heritage sites: An application of the IAD – NAAS framework [J]. International Journal of the Commons, 2021, 15 (1): 276 – 290.

[18] Brisbols M. C., Morris M., De Loe R. Augmenting the IAD framework to reveal power in collaborative governance: An illustrative application to resource industry dominated processes [J]. World Development, 2019, 120: 159 – 168.

[19] Luo J. J., Wang W., Wu Y. Z., et al. Analysis of an Urban Development Boundary Policy in China Based on the IAD Framework [J]. Land, 2021, 10 (8): 855.

[20] Pan H. Y., Chen M. H., Shiau W. L. Exploring post-pandemic struggles and recoveries in the rural tourism based on Chinese situation: A perspective from the IAD framework [J]. Journal of Hospitality and Tourism Technology, 2022, 13 (1): 120 – 139.

[21] Shah K. U., Roy S., Chen W. M., et al. Application of an institutional assessment and design (IAD): Enhanced integrated regional energy policy and planning (IREPP) framework to island states [J]. Sustainability, 2020, 12 (7): 2765.

# Construction of IAD Framework for Carbon Emission Governance in China High Energy-consuming Industries Under the Constraints of Dual Carbon Goals

**Chen Junlong　Gao Yubo**

[**Abstract**] Facing the increasingly severe climate change problem, China has proposed the dual-carbon goal of "strive to achieve carbon peak by 2030 and carbon neutrality by 2060". Energy-intensive industries of China occupy an important position in the national economy and whether they can achieve efficient carbon emission governance is related to the realization of the entire dual-carbon goal. Using the institutional analysis and development framework, this paper deeply analyzes the interaction mechanism and interaction results of important stakeholders on the carbon emission governance action stage of high-energy-consuming industries under the constraints of the existing social and economic environment, community attributes and rules. The following conclusions are drawn. In the process of carbon emission control of high-energy-consuming industries, there are two major mechanisms: incentive mechanism and restraint mechanism between the central government, local governments, public opinion, the public and high-energy-consuming enterprises. Significant changes have taken place in production and utilization methods but there are still problems such as low resource utilization efficiency and large carbon emissions. Moreover, carbon emission control of high-energy-consuming industries should be continuously promoted, policy guidance for carbon emission control of high-energy-consuming industries should be strengthened and market mechanisms should be fully utilized decisive role in carbon emission control of high energy-consuming industries.

[**Key words**] High Energy-Consuming Industries; Institutional Analysis and Development Framework; Carbon Emission Governance

# 海洋环境规制对我国海水养殖业竞争力影响研究

吕慧平　　曹艳秋[*]

【摘　　要】通过制定海洋环境规制政策达到海洋生态环境保护和海水养殖业竞争力提升的双重目标，是促进我国海水养殖业可持续健康发展的关键。本文统计了2006~2019 年我国沿海 10 个省份的相关面板数据，利用回归模型就我国海洋环境规制对我国海水养殖业竞争力的影响进行了实证研究。研究结论表明：不同环境规制政策对海水养殖业竞争力的影响效果不同，但综合来看，海洋环境规制能有效提升海水养殖业的竞争力。

【关键词】海洋环境规制；海水养殖业；产业竞争力

---

## 一、引言

近年来，我国各沿海省份都在充分发挥自身的地理位置优势，扩大海水养殖规模，丰富养殖品种，海水养殖业产值不断增长。然而过度注重规模扩大带来的经济效益，往往会忽视其背后的负向影响。对海水养殖业来说，随着产值的日益增加，海洋生态环境却在日趋恶化，生态系统越来越脆弱，海洋生态多样性也受到了威胁。

为了缓解海洋生态环境的持续恶化，助力海水养殖业可持续健康发展，我国在2016~2020 年的"十三五"规划中提出我国海水养殖业要实现与环境更为融合的可持续和更健康生产的目标，《"十四五"全国渔业发展规划》更是提出海水养殖业要绿色低碳生产的工作思路。由此可以发现，我国海水养殖业正在积极转型，向着更友好、更清洁的方向发展。因此，研究海洋环境规制对我国海水养殖业竞争力的影响具有重要的理论和现实意义。

---

* 作者简介：吕慧平（1997~），河南周口人，辽宁大学经济学院硕士研究生，研究方向：环境规制；曹艳秋（1969~），河北昌黎人，辽宁大学经济学院教授、硕士生导师，研究方向：规制经济学、政治经济学和信息经济学。

由于海域资源环境的公共物品属性和海水产品市场的"负外部效应"，会出现"公地悲剧"和"搭便车"现象，许瑞恒和林欣月（2020）认为，海水养殖产业内存在"市场失灵"，无法依靠市场机制实现资源在保护环境方面的最佳配置；另外，秦怀煜和唐宁（2009）等多位学者均发现海洋经济的发展状况并不符合EKC曲线，随着海洋产值的提高，海洋环境并没有改善。基于上述分析，需要政府对海水养殖业市场进行相应的环境规制。通过文献梳理发现，海洋环境规制对海水养殖业竞争力影响的相关文献研究主要有以下三种观点。

传统古典主义观点认为，环境规制和经济增长之间存在"遵循成本"，即环境规制力度的增加会增加主体运行的成本，给主体造成不必要的负担，从而阻碍主体快速发展，降低产业竞争力，这一观点在不同行业得到了国内外学者的验证。博库舍瓦尔、昆巴卡尔斯克和莱曼布（Bokushevar、Kumbhakarsc & Lehmannb，2012）通过对瑞士环境规制改革期间的乳品农场和农产品的经营状况调查得出，环境规制降低了相关产业的产品竞争力。张学鹏等（Zhang Xuepeng et al.，2021）发现以产业结构优化为门槛，环境规制对城市土地利用率的影响存在明显的边际递减效应。这一结果在海洋产业方面也有印证。祝敏（2019）发现由于命令控制型环境规制政策所造成的环境成本较大，而技术创新效应无法短期实现，造成海洋产业竞争力下降。宁陵和宋泽明（2020）也提出，国家的海洋环境规制政策确实会增加海水养殖的经营成本，从而降低产业效率。

第二种观点与古典主义观点相反，认为环境规制和经济增长之间的关系存在"创新补偿"，即环境规制形成创新带来的效益可以弥补规制成本，从而为主体带来收益。波特（Porter，1991）发现严格的环境规制对于主体创新具有一定的刺激作用，这种创新刺激作用会提高行业竞争力，这就是著名的"波特假说"。钱薇雯和陈璇（2019）、张菡（2021）在分区域研究中证明，两种环境规制手段均能促进海洋技术创新，但是在东中西部存在差别。另外，肖远飞和张柯扬（2021）通过构建概念模型，发现进行环境规制带来的绿色技术创新会促进产业链升级。

除此之外还有第三种观点，认为环境规制会对产业规模结构造成影响，进而影响海水养殖业的竞争力。马库森（Markusen，1991）和康拉德（Conrad，2005）发现环境规制有利于提高产业集中度，由此带来规模效应的影响会提高产业竞争力，但产业的过度集中会造成垄断，降低行业整体效率；布莱尔和海特（Blair & Hite，2005）研究了垃圾填埋经营者在面对监管部门环境规制时的做法，由此估计了产业规模变化的经验模型，发现环境法规对填埋作业地点和行业集中度都有重大影响。梁倩颖（2019）从海洋生态效益时空分异角度出发，发现我国海水养殖业规模结构对海洋生态效率具有正向影响；靳亚亚等（2020）发现，我国环境规制促进了海洋渔业规模结构调整。

综上所述，相关文献研究指出环境规制对产业竞争力的影响，主要来自成本效应、创新效应与产业规模效应，三种效应通过不同的作用机制对产业竞争力产生影响，而不同环境规制政策对产业竞争力的影响状况取决于这三种效应的综合作用结果。因此，下文从上述角度出发，对不同海洋环境规制政策对海水养殖业竞争力影响的具体机制进行理论分析和实证检验。

## 二、理论分析与研究假设

### （一）命令控制型环境规制政策对海水养殖业竞争力的影响分析

从成本效应角度来看，命令控制型环境规制通过法规规定了企业应该达到的环境、技术标准，为了达到规制者的要求，企业会通过购置环保设备、引入先进生产方式、聘请专业技术人员等方式降低环境污染，这些额外增加的投资被认为是企业在面临规制时增加的"环境成本"，这些成本可以部分地转嫁到消费者身上。一般来说，企业通常采用提高产品价格的方式将企业的新增成本转嫁给消费者。对于海水养殖业则表现在海水养殖产品价格的提升，但价格的提升势必会降低消费者购买能力，减少购买需求，从而影响海水养殖业的竞争力。

从创新效应角度来看，当企业承担了一定的环境成本后，会从两条路径影响技术创新。一方面，增加的环境成本会挤占创新投入的费用。当企业承担了更多的环境治理相关费用后，技术创新投入资金会大大减少，这样会削弱其创新的动力，进而导致技术创新的滞后。另一方面，企业在承担了环保成本之后，期望能够通过技术创新来提升要素的生产力，从而达到节约和增效的目的，并尽量以增加的收入来弥补环境成本的增长，从而实现"创新补偿"。对海水养殖业而言，"创新效应"的强弱是由环境费用增长的"抑制效应"和技术创新产生的"创新补偿效应"共同作用的结果。

从产业规模效应角度来看，为了避免因生产主体数目的增长而造成的环境破坏加快，命令控制型环境规制通常会对新进入的公司实行更为严格的环境和技术标准。面对严格的标准，新进企业将难以进入，发展较差的企业也可能会面临退出，整个产业的规模将会更加集中，竞争度降低为少数在位企业提供了获得垄断利润的可能性。由此对产业竞争力的影响有两个方面：一方面，企业采用主动式经营战略，以获取垄断利益为动力，持续进行技术革新、提高技术，并以多种方式影响政府的政策制定，将在位企业的技术标准定为行业进入的技术标准，提高进入壁垒，降低潜在进入者的数量，同时也使技术不达标的企业相继退出或被并购，进而提高垄断水平，获取更多的垄断利益。另一方面，如果市场结构变成了完全垄断或者寡头垄断，这些企业就会形成战略同盟，共享垄断利益。由于没有潜在的或者新进入的竞争对手对垄断利润的威胁，他们就会采取被动的经营策略，缺乏创新的动力。换言之，垄断利益对于技术创新的刺激趋于零。另外，当企业在达到了政府规定的技术标准且技术标准在很长一段时间内不进行调整，企业就会进一步失去继续进行技术创新的动力，也称之为技术标准"锁定效应"，从而影响产业竞争力的提高。

从以上分析可以看出，命令控制型环境规制虽然存在部分创新效应和产业规模效应，但是效应的大小是难以确定的，而且成本效应和产业规模效应也在一定程度上对创新效应有抑制作用，因此提出本文的第一个研究假说：

假说1：命令控制型环境规制政策会降低海水养殖业的竞争力。

## （二）市场激励型环境规制政策对海水养殖业竞争力的影响分析

在市场激励型环境规制政策中应用范围最广泛的就是环境税。环境税具有根据减排的档次来征税的特点，减排档次越高，税收减免越多，提高了企业自主减排的动力。正如环境税一样，市场激励型环境规制政策能够给予企业较大的自主权，让企业自己决定对治污的投入水平。

从成本效应角度来看，市场激励型环境规制政策是把环境作为一种投入因素，通过环境要素的价格变动来影响企业的经营和利润，从而对产业竞争力产生影响。由于企业生产排污时所承担的边际成本要小于其造成的社会边际成本，征收环境税的税率可以被理解为政府为企业在使用环境要素时所少承担的边际社会成本的定价，即企业在使用环境要素时需要承担的外部边际成本；而排污权交易的定价是指由政府作为环境因素的供给方，排污企业作为环境要素的需求方，由供给和需求的交互作用所产生的价格，反映了企业对环境要素的边际支付意愿。因此，征收环境税或购买排污权增加了企业的生产成本，降低了产业的竞争力。但是对企业来说，这种生产成本的大小是可以改变的，生产主体完全可以通过改进技术、减少污染排放量来降低成本。因此，市场激励型环境规制政策成本效应的"抑制作用"是可控的。

从创新效应角度来看，当政府提高环境税率或者减少免费排污权数量时，企业环境要素使用的边际成本会提高，企业为了自身利润最大化，会考虑采用技术创新来节省边际减排成本。另外，政府补贴和押金返还制度也会进一步刺激企业进行技术创新。由于技术创新研发投入大、成本高、周期长、存在研发失败风险，且研发者并不能完全获得研发收益，因此技术创新存在"市场失灵"，即企业在技术创新时面临着边际收益小于边际成本的风险。而此时政府的财政补贴或者返还押金恰恰可以弥补企业减少的边际收益，帮助企业达到自身利润最大化，这将激励企业创新。因此，市场激励型环境规制政策的创新"激励效应"是很显著的。

从产业规模效应角度来看，市场激励型环境规制政策也会对产业结构有一定积极影响。政府通过政策激励促进环境友好型产品的企业发展，会增加市场绿色产品的供应，改变市场需求，受需求影响，污染较高的产品会被淘汰，相应企业也会退出市场，这样既有利于产业优化升级，也有益于引导企业积极采用绿色生产技术、购买清洁生产设备，降低排污量。

从以上分析可以看出，市场激励型环境规制政策虽然会增加企业生产成本，但由此产生的创新激励和对产业结构的优化作用是显著的，因此提出本文的第二个研究假说。

假说2：市场激励型环境规制政策会提升海水养殖业的竞争力。

## （三）两种环境规制政策对海水养殖业竞争力的综合影响分析

在环境规制的现实实践中，政府不会采用单一的规制政策，往往会多措并举。单一分析一种规制政策虽然能清晰看出该政策的影响机制和效果，但是环境规制的最终成果是多种手段共同作用的结果，因此还需对两种环境规制政策的综合实施影响进行分析。

首先，就成本效应来说，由于命令控制型环境规制的强制性，企业若未达到目标会受到规制者的处罚从而增加成本，而市场激励型环境规制不具有惩罚性，更多的是通过外在的价格上涨而增加企业生产成本。就惩罚成本来讲，对于污染程度较大、垄断性较强、技术改进意愿较弱的企业来说，实施强制的命令规制效果可能更加明显。

其次，从创新效应角度来看，命令控制型环境规制政策往往采取"一刀切"的方式，不利于激发企业进行技术创新的积极性，企业是否进行技术创新取决于规制带来的边际成本和技术创新的边际收益之间的大小，而市场激励型环境规制则对技术创新存在明显的激励作用，除了自主创新带来的技术发展和产能的增加以外，企业也能从政府方面获得降税、补贴、押金返还等额外激励。因此就技术创新作用来说，结合实施市场激励型环境规制作用效果会比单一实行命令型环境规制政策要更显著。

最后，从产业规模效应角度来看，由于两种规制政策下企业的自主选择空间不同，受命令控制型环境规制政策的企业自主选择性较小，企业面临较为严峻的发展形势，企业退出、转让的情况居多，随着规制强度的增强，产业规模会更加集中，从而有利于规模效应的产生，但是随着产业规模过度集中，行业会丧失竞争效率，不利于产业长期发展；而受市场激励型环境规制的企业拥有较大自主性，企业可以根据自身发展情况，采取有利于自身利益最大化的排污方式，虽然对产业规模的调整不强烈，但是良好的自主发展空间，对于污染密集型企业来说有更好的激励，从而起到推动产业规模健康发展的作用。

从上面的分析可以看出，命令控制型环境规制政策惩罚作用明显，市场激励型环境规制创新激励效果明显，二者在产业规模结构调整方面的效果各有优点，因此下文提出本文第三个研究假说：

假说3：在两种规制政策的共同效应下，海洋环境规制政策对海水养殖业竞争力的正向影响更显著。

## 三、实证检验与分析

### （一）计量模型构建

基于以上理论分析和研究假设，本文分别研究两个单独环境规制政策和二者共同效应对海水养殖业竞争力的影响，构建了三个静态面板模型，同时由于部分控制变量均为绝对值，所以为了避免数据间差距过大而造成变量的不平稳，在此将这些控制变量指标取对数，模型构建如下：

$$F_{it}^{*} = \beta_0 + \beta_1 ER1_{it} + \beta_2 \ln X2_{it} + \beta_3 \ln X3_{it} + \beta_4 \ln X4_{it} + \beta_5 X5_{it} + \beta_6 \ln X6_{it} + \beta_7 \ln X7_{it}$$
$$+ \beta_8 \ln X8_{it} + \beta_9 \ln X9_{it} + \beta_{10} \ln X10_{it} + \beta_{11} \ln X11_{it} + \beta_{12} \ln X12_{it} + \beta_{13} \ln X13_{it} + \mu_{it}$$
$$(1)$$

$$F_{it}^{**} = \beta_0 + \beta_1 ER2_{it} + \beta_2 \ln X2_{it} + \beta_3 \ln X3_{it} + \beta_4 \ln X4_{it} + \beta_5 X5_{it} + \beta_6 \ln X6_{it} + \beta_7 \ln X7_{it}$$
$$+ \beta_8 \ln X8_{it} + \beta_9 \ln X9_{it} + \beta_{10} \ln X10_{it} + \beta_{11} \ln X11_{it} + \beta_{12} \ln X12_{it} + \beta_{13} \ln X13_{it} + \mu_{it}$$
$$(2)$$

$$F_{it}^{***} = \beta_0 + \beta_1 ER1_{it} + \beta_2 ER2_{it} + \beta_3 \ln X2_{it} + \beta_4 \ln X3_{it} + \beta_5 \ln X4_{it} + \beta_6 X5_{it} + \beta_7 \ln X6_{it}$$
$$+ \beta_8 \ln X7_{it} + \beta_9 \ln X8_{it} + \beta_{10} \ln X9_{it} + \beta_{11} \ln X10_{it} + \beta_{12} \ln X11_{it} + \beta_{13} \ln X12_{it}$$
$$+ \beta_{14} \ln X13_{it} + \mu_{it}$$
$$(3)$$

其中，i 表示省份，t 表示年份，F 表示海洋产业竞争力指数，ER1 表示命令控制型环境规制，ER2 表示市场激励型环境规制，$\ln X2$ 表示海水养殖面积，$\ln X3$ 表示海水鱼苗，$\ln X4$ 表示养殖渔船数，X5 表示产业规模，$\ln X6$ 表示海洋渔业从业人数，$\ln X7$ 表示技术推广人员，$\ln X8$ 表示技术推广机构个数，$\ln X9$ 表示规模以上加工企业，$\ln X10$ 表示水产冷库，$\ln X11$ 表示海水产品加工量，$\ln X12$ 表示渔业第三产业产值，$\ln X13$ 表示渔业管理执法机构个数。

## （二）变量选取和数据说明

### 1. 海洋环境规制指标

本文采用布莱克曼（Blackman，2010）的做法，分别采用命令控制型环境规制和市场激励型环境规制指标进行海洋环境规制的强度测度。其中，在测度命令控制型环境规制的强度时采用了污染治理投资比，在测度市场激励型环境规制强度时采用了海域金征收率。其中，污染治理投资比为污染治理完成投资额与地区生产总值的比值，海域金征收率为征收海域使用金与海域使用面积的比值（见表1和表2）。

表1    2006～2019 年沿海省份污染治理投资比    单位：%

| 年份 | 天津市 | 河北省 | 辽宁省 | 山东省 | 江苏省 | 浙江省 | 福建省 | 广东省 | 广西壮族自治区 | 海南省 |
| --- | --- | --- | --- | --- | --- | --- | --- | --- | --- | --- |
| 2006 | 0.34 | 0.16 | 0.56 | 0.27 | 0.13 | 0.16 | 0.26 | 0.12 | 0.18 | 0.20 |
| 2007 | 0.30 | 0.16 | 0.21 | 0.26 | 0.21 | 0.11 | 0.15 | 0.15 | 0.31 | 0.03 |
| 2008 | 0.26 | 0.13 | 0.15 | 0.27 | 0.13 | 0.07 | 0.14 | 0.11 | 0.21 | 0.03 |
| 2009 | 0.24 | 0.08 | 0.13 | 0.15 | 0.08 | 0.08 | 0.11 | 0.06 | 0.15 | 0.02 |
| 2010 | 0.18 | 0.05 | 0.08 | 0.12 | 0.04 | 0.04 | 0.10 | 0.07 | 0.10 | 0.02 |
| 2011 | 0.14 | 0.10 | 0.05 | 0.14 | 0.06 | 0.06 | 0.08 | 0.03 | 0.07 | 0.11 |
| 2012 | 0.10 | 0.09 | 0.05 | 0.13 | 0.07 | 0.08 | 0.12 | 0.05 | 0.07 | 0.17 |
| 2013 | 0.10 | 0.18 | 0.10 | 0.15 | 0.10 | 0.15 | 0.18 | 0.05 | 0.13 | 0.11 |
| 2014 | 0.14 | 0.30 | 0.13 | 0.24 | 0.07 | 0.17 | 0.18 | 0.06 | 0.11 | 0.16 |
| 2015 | 0.15 | 0.07 | 0.07 | 0.15 | 0.09 | 0.14 | 0.17 | 0.05 | 0.15 | 0.04 |
| 2016 | 0.06 | 0.08 | 0.09 | 0.19 | 0.10 | 0.13 | 0.08 | 0.03 | 0.07 | 0.04 |
| 2017 | 0.06 | 0.04 | 0.05 | 0.16 | 0.05 | 0.07 | 0.05 | 0.04 | 0.04 | 0.08 |
| 2018 | 0.04 | 0.27 | 0.03 | 0.09 | 0.09 | 0.06 | 0.05 | 0.03 | 0.03 | 0.01 |
| 2019 | 0.09 | 0.11 | 0.05 | 0.13 | 0.06 | 0.05 | 0.03 | 0.03 | 0.02 | 0.01 |

表2    2006～2018 年沿海省份海域金征收率    单位：%

| 年份 | 天津市 | 河北省 | 辽宁省 | 山东省 | 江苏省 | 浙江省 | 福建省 | 广东省 | 广西壮族自治区 | 海南省 |
| --- | --- | --- | --- | --- | --- | --- | --- | --- | --- | --- |
| 2006 | 1.24 | 0.52 | 0.41 | 0.48 | 0.23 | 1.10 | 1.24 | 0.22 | 6.57 | 0.84 |
| 2007 | 8.03 | 0.75 | 0.94 | 0.96 | 0.47 | 2.17 | 1.46 | 2.75 | 3.85 | 2.81 |
| 2008 | 52.52 | 2.15 | 1.01 | 1.86 | 0.14 | 5.97 | 4.01 | 8.75 | 10.41 | 11.44 |
| 2009 | 41.62 | 3.87 | 1.31 | 4.75 | 0.44 | 4.89 | 13.43 | 6.32 | 22.20 | 12.16 |

| 年份 | 天津市 | 河北省 | 辽宁省 | 山东省 | 江苏省 | 浙江省 | 福建省 | 广东省 | 广西壮族自治区 | 海南省 |
|------|--------|--------|--------|--------|--------|--------|--------|--------|----------------|--------|
| 2010 | 93.03 | 11.10 | 1.58 | 4.83 | 1.43 | 18.63 | 13.99 | 10.41 | 23.40 | 11.22 |
| 2011 | 112.13 | 4.48 | 2.42 | 8.83 | 2.13 | 12.6 | 8.02 | 7.64 | 9.21 | 22.03 |
| 2012 | 146.79 | 36.52 | 0.85 | 1.09 | 1.76 | 40.75 | 15.72 | 18.67 | 13.85 | 4.32 |
| 2013 | 70.06 | 27.89 | 0.99 | 1.15 | 1.57 | 38.73 | 7.24 | 16.00 | 8.45 | 27.32 |
| 2014 | 62.17 | 0.89 | 1.11 | 0.86 | 1.58 | 34.19 | 9.43 | 15.35 | 5.12 | 23.05 |
| 2015 | 84.24 | 1.91 | 1.02 | 1.68 | 2.04 | 26.17 | 12.62 | 13.01 | 5.19 | 53.85 |
| 2016 | 104.97 | 2.70 | 0.70 | 1.06 | 1.69 | 28.63 | 15.52 | 15.33 | 4.70 | 79.23 |
| 2017 | 43.18 | 1.26 | 0.69 | 3.28 | 2.04 | 27.22 | 17.43 | 38.10 | 11.52 | 63.64 |
| 2018 | 16.69 | 5.20 | 0.43 | 0.58 | 0.40 | 44.54 | 5.65 | 28.66 | 4.98 | 1.15 |

### 2. 海水养殖业竞争力指标

本文采用因子分析法对我国海水养殖业竞争力进行测度，借鉴迈克尔·波特先生提出的"钻石模型"从四个内部产业核心因素和一个外部政府因素来构建我国沿海省份海水养殖业竞争力指标体系，具体如表3所示。

表3 　　　　　　　　　　海水养殖业竞争力评价指标体系

| 一级指标 | 二级指标 | 三级指标 |
|----------|----------|----------|
| 生产要素 | 生产条件 | 海水养殖水域面积（公顷）（X1） |
| | | 海水鱼苗（尾）（X2） |
| | | 养殖渔船（艘）（X3） |
| | 资本条件 | 海水养殖市场占有率（%）（X4） |
| | | 渔民人均纯收入（元）（X5） |
| | | 渔业从业人数（人）（X6） |
| | 技术条件 | 技术推广经费（万元）（X7） |
| | | 技术推广人员（人）（X8） |
| | | 水产技术推广机构（个）（X9） |
| 需求因素 | 经济基础 | 人均国内总产值（元）（X10） |
| | 消费水平 | 海水养殖总产值（元）（X11） |
| | | 水产品进出口量（吨）（X12） |

| 一级指标 | 二级指标 | 三级指标 |
|---|---|---|
| 相关产业 | 加工业 | 海产品加工主体数（个）（X13） |
| | | 水产品冷库数（个）（X14） |
| | | 海水加工产品量（吨）（X15） |
| | 渔业第三产业 | 渔业第三产业产值（元）（X16） |
| 政府因素 | 渔政管理 | 渔业管理执法机构（个）（X17） |
| | | 渔业管理人员（人）（X18） |
| 主体组织 | 主体发展规模 | 规模以上加工主体（个）（X19） |

本文利用 SPSS. 20 软件进行因子分析测算，经过变量提取和成分矩阵旋转，我国海水养殖业竞争力主要体现在四个主因子上，F1、F2、F3、F4 分别为海水养殖业在四个主要因子上的得分，但是综合竞争力需要对四个因子进行加权求和，算得综合得分 F。在对四个因子的权重赋值时，本文采用了四个因子的方差贡献率在总的贡献率上的比值。计算公式和计算结果如下：

$$F = \frac{\lambda_1}{\lambda}F1 + \frac{\lambda_2}{\lambda}F2 + \frac{\lambda_3}{\lambda}F3 + \frac{\lambda_4}{\lambda}F4 \quad （其中，\lambda = \lambda_1 + \lambda_2 + \lambda_3 + \lambda_4） \quad （4）$$

即：$F = 0.34F1 + 0.2565F2 + 0.2241F3 + 0.1788F4$

根据此方法测算出来的具体结果如表 4 所示。

表4　　　　　2006～2019 年我国沿海 10 个省份海水养殖业竞争力综合得分

| 年份 | 天津市 | 河北省 | 辽宁省 | 山东省 | 江苏省 | 浙江省 | 福建省 | 广东省 | 广西壮族自治区 | 海南省 |
|---|---|---|---|---|---|---|---|---|---|---|
| 2006 | -0.63 | -0.43 | -0.08 | 0.41 | 0.07 | -0.03 | -0.10 | -0.04 | -0.43 | -0.56 |
| 2007 | -0.54 | -0.42 | -0.06 | 0.42 | 0.075 | 0.0001 | -0.11 | -0.03 | -0.41 | -0.53 |
| 2008 | -0.55 | -0.41 | -0.04 | 0.47 | 0.05 | -0.04 | -0.13 | -0.017 | -0.41 | -0.56 |
| 2009 | -0.61 | -0.40 | 0.03 | 0.55 | 0.15 | 0.015 | -0.03 | 0.05 | -0.39 | -0.59 |
| 2010 | -0.57 | -0.37 | 0.07 | 0.57 | 0.10 | 0.05 | -0.01 | 0.09 | -0.35 | -0.58 |
| 2011 | -0.56 | -0.34 | 0.09 | 0.70 | 0.27 | 0.09 | 0.05 | 0.13 | -0.32 | -0.57 |
| 2012 | -0.52 | -0.32 | 0.17 | 0.75 | 0.22 | 0.05 | 0.08 | 0.12 | -0.31 | -0.56 |
| 2013 | -0.50 | -0.31 | 0.25 | 0.82 | 0.37 | 0.14 | 0.14 | 0.19 | -0.24 | -0.55 |
| 2014 | -0.48 | -0.29 | 0.30 | 0.93 | 0.41 | 0.17 | 0.19 | 0.24 | -0.21 | -0.54 |
| 2015 | -0.47 | -0.28 | 0.25 | 0.95 | 0.43 | 0.20 | 0.24 | 0.28 | -0.19 | -0.53 |
| 2016 | -0.46 | -0.25 | 0.32 | 0.95 | 0.39 | 0.23 | 0.29 | 0.37 | -0.14 | -0.52 |

| 年份 | 天津市 | 河北省 | 辽宁省 | 山东省 | 江苏省 | 浙江省 | 福建省 | 广东省 | 广西壮族自治区 | 海南省 |
|------|--------|--------|--------|--------|--------|--------|--------|--------|----------------|--------|
| 2017 | −0.50 | −0.27 | 0.27 | 0.96 | 0.42 | 0.24 | 0.34 | 0.52 | −0.15 | −0.52 |
| 2018 | −0.50 | −0.31 | 0.20 | 0.97 | 0.50 | 0.21 | 0.42 | 0.58 | −0.16 | −0.51 |
| 2019 | −0.48 | −0.28 | 0.22 | 1.14 | 0.37 | 0.23 | 0.44 | 0.60 | −0.05 | −0.51 |

### 3. 控制变量

控制变量选取如表 5 所示。

**表 5** 控制变量的选取

| 指标类型 | 指标名称 | 指标代码 | 指标选取 |
|----------|----------|----------|----------|
| 控制变量 | 要素投入水平 | lnX2 | 海水养殖面积 |
| | | lnX3 | 海水鱼苗 |
| | | lnX4 | 养殖渔船数 |
| | | lnX6 | 海洋渔业从业人数 |
| | 产业规模水平 | X5 | 产业规模（沿海各省海水养殖产值占地区生产总值的比重） |
| | 技术发展水平 | lnX7 | 技术推广人员 |
| | | lnX8 | 技术推广机构个数 |
| | 相关产业发展水平 | lnX9 | 规模以上加工企业 |
| | | lnX10 | 水产冷库 |
| | | lnX11 | 海水产品加工量 |
| | | lnX12 | 渔业第三产业产值 |
| | 政府管理组织水平 | lnX13 | 渔业管理执法机构个数 |

## （三）单位根与协整检验

由表 6 可知，检验结果中 F、ER1、lnX2、lnX4、X5、lnX6、lnX9、lnX13 这些变量在零阶差分后 Prob. 值均小于 0.05，是零阶单整平稳序列。ER2、lnX3、lnX6、lnX7、lnX8、lnX10、lnX11、lnX12，这些变量在一阶差分后 Prob. 值均小于 0.05，是一阶单整平稳序列。由于面板数据各变量未实现同阶平稳，还需进行协整检验来验证是否可以运用原数据进行回归。

表6 变量 ADF 检验结果

| 变量 | 平稳时的差分阶数 | Statistic | Prob. |
|---|---|---|---|
| F | 零阶 | 95. 0329 | 0. 0000 |
| ER1 | 零阶 | 104. 5661 | 0. 0000 |
| ER2 | 一阶 | 103. 7405 | 0. 0000 |
| lnX2 | 零阶 | 95. 0329 | 0. 0000 |
| lnX3 | 一阶 | 156. 0003 | 0. 0000 |
| lnX4 | 零阶 | 68. 6071 | 0. 0000 |
| X5 | 零阶 | 72. 1441 | 0. 0000 |
| lnX6 | 一阶 | 89. 4817 | 0. 0000 |
| lnX7 | 一阶 | 174. 2408 | 0. 0000 |
| lnX8 | 一阶 | 128. 4632 | 0. 0000 |
| lnX9 | 零阶 | 94. 7243 | 0. 0000 |
| lnX10 | 一阶 | 129. 0406 | 0. 0000 |
| lnX11 | 一阶 | 112. 6496 | 0. 0000 |
| lnX12 | 一阶 | 58. 2434 | 0. 0000 |
| lnX13 | 零阶 | 58. 6008 | 0. 0000 |

由表7的结果我们可以看出,在 Kao 检验中,Prob. 值小于 0.05,通过 5% 水平下的显著性检验,表明各变量通过协整检验,存在稳定的关系,因此本文可以采取原变量进行回归。

表7 Kao 检验结果

| | t – Statistic | Prob. |
|---|---|---|
| ADF | 1. 994 | 0. 0231 |

## (四) 回归结果分析

从 Hausman 检验结果我们可以看出,Prob. 值小于 0.05,也就是说要拒绝原假设,变量之间更适合建立固定效应模型,Hausman 检验结果和具体回归结果如表8和表9所示。

表8                                Hausman 检验结果

| Hausman 检验 | Chi – Sq | Prob. |
|---|---|---|
| | 353. 53 | 0. 0000 |

表9                                面板模型回归结果

| 变量 | (1) | (2) | (3) |
|---|---|---|---|
| | F | F | F |
| ER1 | − 0. 4319 *** <br> ( − 3. 35 ) | | − 0. 2303 ** <br> ( − 2. 05 ) |
| ER2 | | 0. 0011 ** <br> ( 2. 19 ) | 0. 0018 <br> ( 1. 61 ) |
| lnX2 | 0. 1020 *** <br> ( 2. 67 ) | 0. 1429 *** <br> ( 3. 97 ) | 0. 1065 *** <br> ( 3. 09 ) |
| lnX3 | 0. 1003 *** <br> ( 7. 24 ) | 0. 1133 *** <br> ( 8. 40 ) | 0. 0799 *** <br> ( 5. 80 ) |
| lnX4 | 0. 0196 * <br> ( 1. 82 ) | 0. 0099 <br> ( 0. 94 ) | 0. 0143 <br> ( 1. 49 ) |
| X5 | 0. 3761 <br> ( 0. 56 ) | 1. 8454 ** <br> ( 2. 58 ) | 1. 6319 ** <br> ( 2. 52 ) |
| lnX6 | − 0. 0732 *** <br> ( − 3. 08 ) | − 0. 0454 <br> ( − 1. 59 ) | − 0. 0263 <br> ( − 1. 01 ) |
| lnX7 | − 0. 0735 <br> ( − 0. 92 ) | − 0. 0071 <br> ( − 0. 10 ) | − 0. 0471 <br> ( − 0. 68 ) |
| lnX8 | 0. 0448 <br> ( 0. 95 ) | 0. 0028 <br> ( 0. 07 ) | 0. 0543 <br> ( 1. 36 ) |
| lnX9 | − 0. 0111 ** <br> ( − 2. 31 ) | − 0. 0084 * <br> ( − 1. 90 ) | − 0. 0083 ** <br> ( − 2. 07 ) |
| lnX10 | 0. 0654 * <br> ( 1. 74 ) | 0. 0198 <br> ( 0. 55 ) | − 0. 0016 <br> ( − 0. 05 ) |
| lnX11 | 0. 0750 ** <br> ( 2. 57 ) | 0. 0554 * <br> ( 1. 93 ) | 0. 0528 ** <br> ( 2. 04 ) |
| lnX12 | 0. 2586 *** <br> ( 3. 32 ) | 0. 3253 *** <br> ( 4. 37 ) | 0. 2676 *** <br> ( 3. 92 ) |
| lnX13 | 0. 0583 *** <br> ( 2. 72 ) | 0. 0445 * <br> ( 1. 82 ) | 0. 0565 ** <br> ( 2. 54 ) |

续表

| 变量 | (1) | (2) | (3) |
|------|-----|-----|-----|
| | F | F | F |
| Constant | −4.1764 *** <br> (−5.65) | −5.0998 *** <br> (−6.48) | −5.1102 *** <br> (−6.92) |
| Observations | 140 | 130 | 130 |
| R − squared | 0.651 | 0.683 | 0.748 |
| Number of code | 10 | 10 | 10 |
| $r^2\_a$ | 0.585 | 0.618 | 0.689 |
| F | 16.64 | 17.59 | 20.54 |

注：*** 表示在 1% 水平上显著，** 表示在 5% 水平上显著，* 表示在 10% 水平上显著。

由表 9 可知，该面板数据模型整体通过了显著性检验。在单独对命令控制型环境规制指标（ER1）进行回归时显示，命令控制型环境规制指标在 1% 的显著性水平下通过了检验，即每提高 1 个百分点会使海水养殖业竞争力降低 0.4319 个百分点，有较显著的负向影响，验证了假说 1。这是因为命令控制型环境规制政策本身经济效率较低，且会大量增加生产主体成本，对海水养殖业竞争力有一定程度地降低；在单独对市场激励型环境规制指标（ER2）进行回归时显示，市场激励型环境规制指标在 5% 的显著性水平下通过了检验，即每增加一个百分点会使海水养殖业竞争力提高将近 0.0011 个百分点，有较显著的正效应，即证明了假说 2。这是因为市场激励型环境规制政策会给企业带来技术创新的激励，鼓励企业积极减排，这种正向激励不仅能使企业提高生产效率以节省成本，也会在一定程度上带动上下游相关产业的技术创新，形成良好的带动作用。

在对两个环境规制指标进行共同回归时显示，在命令控制型环境规制和市场激励型环境规制共同发生作用时，命令控制型环境规制的负向影响得到很大程度的削弱，而市场激励型环境规制仍显示出对海水养殖业竞争力的正效应，这表明相比于单独使用某一环境规制手段，在两大环境规制手段共同作用下的正效应更强，验证了假说 3。

## （五）稳健性检验

本文用改变样本容量法进行了稳健性检验，来验证上述回归结果的稳健性。本文将原本采用的各个指标的 140 个观测值减少为 130 个进行回归，回归结果如表 10 所示。

**表 10**                                    **面板模型回归结果**

| 变量 | （1） | （2） | （3） |
|------|-------|-------|-------|
|      | F | F | F |
| ER1 | − 0. 2966 ** <br> （− 2. 44） |  | − 0. 2525 ** <br> （− 2. 06） |
| ER2 |  | 0. 0011 ** <br> （2. 19） | 0. 0019 * <br> （1. 75） |
| lnX2 | 0. 1119 *** <br> （2. 96） | 0. 1429 *** <br> （3. 97） | 0. 1172 *** <br> （3. 12） |
| lnX3 | 0. 1118 *** <br> （8. 29） | 0. 1133 *** <br> （8. 40） | 0. 1086 *** <br> （8. 06） |
| lnX4 | 0. 0114 <br> （1. 09） | 0. 0099 <br> （0. 94） | 0. 0123 <br> （1. 18） |
| X5 | 1. 6460 ** <br> （2. 31） | 1. 8454 ** <br> （2. 58） | 1. 7214 ** <br> （2. 44） |
| lnX6 | − 0. 0355 <br> （− 1. 26） | − 0. 0454 <br> （− 1. 59） | − 0. 0429 <br> （− 1. 52） |
| lnX7 | − 0. 0711 <br> （− 0. 95） | − 0. 0071 <br> （− 0. 10） | − 0. 0471 <br> （− 0. 63） |
| lnX8 | 0. 0352 <br> （0. 81） | 0. 0028 <br> （0. 07） | 0. 0301 <br> （0. 70） |
| lnX9 | − 0. 0081 * <br> （− 1. 85） | − 0. 0084 * <br> （− 1. 90） | − 0. 0076 * <br> （− 1. 75） |
| lnX10 | 0. 0568 <br> （1. 61） | 0. 0198 <br> （0. 55） | 0. 0385 <br> （1. 05） |
| lnX11 | 0. 0415 <br> （1. 50） | 0. 0554 * <br> （1. 93） | 0. 0539 * <br> （1. 91） |
| lnX12 | 0. 3127 *** <br> （4. 19） | 0. 3253 *** <br> （4. 37） | 0. 3033 *** <br> （4. 09） |
| lnX13 | 0. 0415 * <br> （1. 72） | 0. 0445 * <br> （1. 82） | 0. 0475 * <br> （1. 96） |
| Constant | − 4. 4855 *** <br> （− 5. 60） | − 5. 0998 *** <br> （− 6. 48） | − 4. 6861 *** <br> （− 5. 85） |
| Observations | 130 | 130 | 130 |
| R − squared | 0. 687 | 0. 683 | 0. 696 |
| Number of code | 10 | 10 | 10 |
| $r^2$_a | 0. 622 | 0. 618 | 0. 629 |
| F | 17. 87 | 17. 59 | 17. 14 |

注： *** 表示在1% 水平上显著， ** 表示在5% 水平上显著， * 表示在10% 水平上显著。

从表 10 可以看出，该模型整体通过了显著性检验，且回归结果与表 9 结果一致，这表明回归结果稳健可靠。

# 四、结论与政策建议

总体来看，海洋环境规制对于海水养殖业竞争力的提高有正向影响，因此地方政府要适当提高环境规制标准，充分发挥环境规制对海水养殖业竞争力提升的正效应。

（1）加强海水养殖业环境规制的法规建设，提高政策执行效率。首先，要完善我国海水养殖业相关环境规制法律法规。对海水养殖业来说，海水污染很大一部分来自工业企业未治理污水排放，因此要明确企业污水排放标准，严格规范企业排污行为；另外，海水养殖业相关市场激励型环境规制起步较慢，排污权交易制度的规范执行还需相关法律法规的制度保障，这需要我国环保部门主动与立法部门联动，助力市场激励型环境规制相应政策在海水养殖业相关领域的早日落地和完善。其次，要加强海水养殖业环境规制政策在落实执行层次的制度建设。地方政府在执行规制政策过程中要有相应的管理条例，规定各部门的执行方向和目标，明确各部门的职责和权限，做到合法执政、科学执政，提高政策执行效率。

（2）加强海水养殖业环境规制力度，提高规制水平。首先，要加大环境规制政策在海水养殖业的执行力度，充分发挥命令控制的强制惩罚规制作用和市场激励的技术创新激励作用。其次，对于执行机构来说，应该积极发挥在规制实践建设中的重要性，根据海水养殖业的产业特点和在不同地区发展情况采取不同的规制措施。对于存在较多污染密集型企业的海水养殖地区，应执行严格的环境标准，加大规制力度和惩罚力度，遏制高污染企业对海水环境的持续不良影响；对于工业企业污染较少的海水养殖区域，应该更多采用市场激励型政策，通过减排减税、政府补贴等，调动养殖主体环境保护的自主性和积极性，更好发挥规制政策的正向激励作用。

（3）完善海水养殖业相关环境规制体系，实现多元化发展。目前，我国海水养殖业的环境规制体系还是以命令控制型为主，市场激励型环境规制仅仅起到辅助作用，并且对于自愿型环境规制运用较少，这就要求我国政府要加快在海水养殖业环境规制领域的治理体系转型。首先，要扩大市场激励型环境规制的运用。这是由于市场激励型环境规制政策不仅能刺激企业加大技术创新力度，改善生产养殖工艺，同时对产业竞争力提升也具有显著效果。其次，要积极探索自愿型环境规制在海水养殖业规制实践中的应用。自愿型环境规制改变了规制主体被动接受规制的现状，使规制主体主动参与到环境保护中，不仅从日常行为中做到环境保护，更是从思想高度上转变规制主体的环保观念。最后，在海水养殖业环境规制实践中推动环境规制体系多元化发展。政府在海水养殖业规制实践中，不能按部就班、循规蹈矩，要根据地区发展情况，在不断探索中实现环境规制由命令控制型为主导向多元主体共同参与的环境规制体系转变。

# 参 考 文 献

[1] 蔡静, 赵光珍. 海洋经济与海洋环境保护协调发展的初步探讨: 大连海域案例研究 [J]. 湛江海洋大学学报, 2005, 25 (2): 16 - 20.

[2] 盖美, 周荔. 海洋环境约束下辽宁省海洋经济可持续发展的思考 [J]. 海洋开发与管理, 2008, 25 (9): 72 - 77.

[3] 高红贵, 肖甜. 异质性环境规制能否倒逼产业结构优化: 基于工业企业绿色技术创新效率的中介与门槛效应 [J]. 江汉论坛, 2022 (3): 13 - 21.

[4] 郭靖, 宁波. 河蟹养殖业区域竞争力比较研究: 基于钻石模型与因子分析法的分析 [J]. 中国渔业经济, 2020, 38 (4): 72 - 79.

[5] 黄贺. 环境规制对农民工城镇就业的影响研究 [D]. 南昌: 江西财经大学, 2020.

[6] 靳亚亚, 刘依阳, 林捷敏. 海洋渔业产业结构演变与海洋渔业经济增长的关系研究 [J]. 海洋开发与管理, 2020, 37 (8): 64 - 68.

[7] 梁倩颖. 中国海洋生态效率时空分异及其与海洋产业结构响应关系研究 [D]. 大连: 辽宁师范大学, 2019.

[8] 钱薇雯, 陈璇. 中国海洋环境规制对海洋技术创新的影响研究: 基于环渤海和长三角地区的比较 [J]. 海洋开发与管理, 2019, 36 (7): 70 - 76.

[9] 秦怀煜, 唐宁. 海洋经济增长与海洋环境污染关系的 EKC 模型检验 [J]. 当代经济, 2009 (17): 158 - 159.

[10] 宋泽明, 宁凌. 海洋创新驱动、海洋产业结构升级与海洋经济高质量发展: 基于面板门槛回归模型的实证分析 [J]. 生态经济, 2021, 37 (1): 53 - 58, 95.

[11] 王倩倩. 江苏省河蟹养殖业竞争力研究 [D]. 上海: 上海海洋大学, 2012.

[12] 肖远飞, 张柯扬. 环境规制、绿色技术创新与中国资源型产业价值链升级 [J]. 经济动态与评论, 2020 (2): 170 - 182, 224 - 225.

[13] 许瑞恒, 林欣月. 多元补偿主体、环境规制与海洋经济可持续发展 [J]. 经济问题, 2020 (11): 58 - 67.

[14] 张菡. 环境规制外商直接投资对中国绿色技术创新的影响研究 [D]. 武汉: 湖北大学, 2021.

［15］赵霄伟. 环境规制、环境规制竞争与地区工业经济增长：基于空间DURBIN 面板模型的实证研究［J］. 国际贸易问题，2014（7）：82－92.

［16］祝敏. 海洋环境规制对我国海洋产业竞争力的影响研究［D］. 沈阳：辽宁大学，2019.

［17］Blackman A. , Kildegaard A. Clean technological change in developing-country industrial clusters：Mexican leather tanning［J］. Environmental economics and policy studies，2010，12：115－132.

［18］Blair B. F. , Hite D. The impact of environmental regulations on the industry structure of landfills［J］. Growth and Change，2005，36（4）：529－550.

［19］Bokusheva R. , Kumbhakar S. C. , Lehmann B. The effect of environmental regulations on Swiss farm productivity［J］. International Journal of Production Economics，2012，136（1）：93－101.

［20］Conrad K. Locational competition under environmental regulation when input prices and productivity differ［J］. The Annals of Regional Science，2005，39：273－295.

［21］Markusen J. R. , Morey E. R. , Olewiler N. D. Environmental policy when market structure and plant locations are endogenous［J］. Journal of environmental economics and management，1993，24（1）：69－86.

［22］Pashigian B. P. The effect of environmental regulation on optimal plant size and factor shares［J］. The Journal of Law and Economics，1984，27（1）：1－28.

［23］Porter M. America's green strategy［J］. Scientific American，1991，264（4）：168.

［24］Zhang X. , Jiang Y. , Chen L. , et al. Anti-plane seismic performance of a shallow-buried tunnel with imperfect interface in anisotropic half-space［J］. Tunnelling and Underground Space Technology，2021：112.

# Research on the Influence of Marine Environmental Regulation on the Competitiveness of Mariculture Industry in China

Lv Huiping    Cao Yanqiu

[**Abstract**] It is the key to promote the sustainable and healthy development of China's mariculture industry to achieve the dual goals of marine ecological environment protection and competitiveness improvement of mariculture industry by formulating marine environmental regulation policies. Based on the relevant panel data of 10 coastal provinces in China from 2006 to 2019, this paper makes an empirical study on the impact of China's marine environmental regulations on the competitiveness of China's mariculture industry using regression models. The research conclusion shows that different environmental regulation policies have different effects on the competitiveness of mariculture industry, but in general, marine environmental regulation can effectively improve the competitiveness of mariculture industry. Finally, based on the above analysis conclusions, this paper puts forward countermeasures and suggestions.

[**Key words**] Marine Environment Regulation; Mariculture; Industry Competitiveness

# 黄河流域生态与经济协同演化[*]

## ——基于哈肯模型的分析

张勇之　谭　啸[**]

【摘　要】生态与经济协同发展是高质量发展的必然要求。以 2010 ~ 2019 年黄河流域九省份为对象，采用熵权—TOPSIS 模型、超效率 DEA 模型分别测度生态保护指数与经济发展效率，并基于哈肯模型分 2010 ~ 2014 年和 2015 ~ 2019 年两个阶段刻画二者的协同演化特征。结果表明：经济发展效率在黄河生态经济系统两阶段中主导着系统协同演化，起着序参量作用，且近年来流域整体协同效应增强；但由于各地禀赋不同，表现出明显的区域性差异。因此应健全流域生态补偿机制，坚持因地制宜，建立跨区域互动合作和协同治理机制，实现黄河流域高质量发展。

【关键词】生态经济系统；协同演化；生态保护指数；经济发展效率

---

## 一、引言与文献综述

黄河流域是我国重要的生态屏障和重要的经济地带，在我国经济社会发展和生态安全方面具有十分重要的地位。[①] 但是，受自然环境条件及长期高强度开发的影响，生态环境较为脆弱，以农业生产、能源开发为主的发展方式与流域资源环境承载能力不匹配的矛盾日益凸显。实现生态与经济协同发展成为新时代黄河流域高质量发展的重要课题。本文基于协同学理论，在对黄河流域生态保护水平及经济发展效率测度的基础上，采用哈肯模型分析了黄河流域生态保护与经济发展的协同演化状态，以期为黄河流域生态保护和高质量发展战略的实施提供参考。

目前，关于黄河流域生态与经济协同演化的研究主要集中在理论分析与协同度静

---

　* 基金项目：辽宁省社会科学规划基金（L20WTA016、L20WTB010）资助。

　** 作者简介：张勇之，辽宁大学经济学院硕士研究生，研究方向：区域经济学；谭啸，辽宁大学经济学院副教授、硕士生导师，研究方向：区域经济学。

　① 习近平. 在黄河流域生态保护和高质量发展座谈会上的讲话 [J]. 求是，2019 (20)：4 - 11.

态测算方面。其中，理论分析主要包括黄河流域发展瓶颈及发展路径研究，总结得出黄河流域目前所面临的困境，根源在于以经济增长为价值导向的粗放型发展模式与脆弱的生态环境之间的冲突所导致的生态效益与经济效益的割裂（薛澜等，2020；郭晗等，2020；殷航，2021；秦华等，2021）。而为了进一步推动黄河流域高质量发展，就必须协调好生态保护与经济发展之间的关系，处理好生态保护的长远利益与经济发展的眼前利益之间的关系（任保平，2021；刘海霞等，2021；金凤君，2019；陈耀等，2020）。在探讨生态保护与高质量发展的协同演化时，相关研究证明黄河流域生态保护与高质量发展的整体耦合度及空间联系势能值呈增长态势（刘琳轲等，2021；孙继琼，2021；李福柱等，2022）。在黄河流域生态保护与经济发展协同演化之间，基于复杂系统耦合协同度模型，发现两者水平虽呈不同发展态势，但近年来整体耦合状况也有所上升（宁朝山，2020；刘同超，2021；程慧娴等，2021）。另外，在面对系统的协同度测算时，许多学者为了克服传统方法缺乏对子系统之间动态演化分析的缺陷，基于协同学理论，选用了哈肯模型，以便客观、准确判明驱动系统协同的序参量（郑玉雯等，2022；高怡冰，2020；李琳等，2014；曾俊伟等，2021；郑树旺等，2016）。

生态环境保护和经济发展不是矛盾对立的关系，而是辩证统一的关系。"生态环境保护的成败归根到底取决于经济结构和经济发展方式。"[①] 因而，经济发展与生态保护的运动演化动态规律是怎样的，各区域的协同处于怎样的水平，两者目前是相互促进的，还是仍然有矛盾的，两者分别处于怎样的情况，哪一个起着主要作用，对于制定合适的政策，正确认识黄河流域的经济与生态问题，实现黄河流域生态保护与高质量发展有重要意义。

但通过以上研究综述发现，当前关于黄河流域生态保护和高质量发展的研究一般为定性分析，对黄河流域生态保护和经济发展协同演化状况进行研究的文献较少，而且关于生态保护与经济发展协同分析所采用的定量测度方法，多选取经济系统与生态系统相应的指标拟合成相应的协同指数，测评其静态协同状况。生态系统与经济系统作为生态经济系统的两个子系统，处于相对运动状态，两者的相互作用推动了生态经济系统的整体发展。在发展过程中哪个系统处于主导地位，对另一个子系统，以及对整个系统的作用是什么，两者的运动演化规律是怎样的，是普通的协同测度进行静态拟合无法识别的。同时就协同而言，生态保护与经济发展双低也会导致较高的协同效应，这也是普通的协同测度无法观测的。

本文以复杂性科学中协同理论思想为基础，基于压力—状态—响应体系（PSR）构建了生态保护指标框架，利用熵权 TOPSIS 法对黄河流域的生态保护情况进行测算，

---

① 习近平. 在深入推动长江经济带发展座谈会上的讲话［N］. 人民日报，2018 - 06 - 14（2）.

并通过超效率 DEA 法测度经济发展效率。基于动态视角，采用哈肯模型建立关于黄河流域生态子系统及经济子系统的协同演化方程，进行协同度测算；同时识别生态经济系统中的主导参量及错配协同区域，探索黄河流域生态保护与经济发展协同演变的时空差异及其内在成因，以期推动黄河流域生态与经济协同、高质量发展。

# 二、研究设计

## （一）研究区域及数据来源

### 1. 研究区域

根据《黄河流域生态保护和高质量发展规划纲要》所规划的范围，本文将黄河干支流流经的青海省、四川省、甘肃省、宁夏回族自治区、内蒙古自治区、山西省、陕西省、河南省、山东省 9 个省份作为研究区域。

从系统的角度来看，黄河流域是一个生态经济系统，经济与生态两个子系统之间存在着物质、能量和信息的循环，从而突破了行政区划的制约，成为一个开放且相对异质的系统（杨红娟等，2018；李崇勇等，2007；单海燕等，2017；戴全厚，2005）。且由于子系统的变化总是从稳定到不稳定、平衡到不平衡，再到新的稳定和平衡，以及两者间存在的相互整合及胁迫作用，使得系统演化经历了一个螺旋上升的过程，正是在这种循环往复的过程中实现了生态经济系统的动态演进（黄寰等，2017；王介勇等，2012；高红贵等，2019）。

另外，根据协同学的自组织原理，在一定的外部能量流、信息流和物质流输入的条件下，系统会通过子系统之间的协同作用而形成新的时间、空间或功能有序结构[①]。当黄河流域生态经济系统的内外部环境发生变化，如重要政策，或交通设施状况、营商环境等的改变，恰恰会影响向黄河生态经济系统所输入的能量流、信息流和物质流，从而导致稳定状态的改变。

### 2. 数据来源

数据主要源于《中国统计年鉴（2011 - 2020）》《中国城市建设统计年鉴（2010 - 2019）》《中国环境统计年鉴（2011 - 2020）》《中国能源统计年鉴（2009 - 2020）》《中国水利统计年鉴（2011 - 2020）》《中国科技统计年鉴（2011 - 2020）》《中国固定资产统计年鉴（2011 - 2013，2015 - 2018）》等。各省份耕地面积及年末就业人数源自黄河流域各省份的统计年鉴和统计公报等。2018 年全社会固定资产投资由 2017

---

① 哈肯. 大自然成功的奥秘：协同学［M］. 凌复华，译. 上海：上海译文出版社，2018：11.

年固定资产投资（不含农户）和固定资产投资（含农户）依次与2018年固定资产投资（不含农户）及固定资产投资（含农户）较上年增长率相乘加总求和而得，2019年全社会固定资产投资同理。2018年山西省、甘肃省耕地面积通过SPSS软件基于邻近点的平均值法补全。

## （二）黄河流域生态保护水平评价

基于面板数据的熵权—Topsis法可以充分利用原始数据信息，因而用其测度黄河流域生态保护情况。指标体系构建借鉴PSR模型，该模型既能体现出生态保护的现状特征，也能反映生态保护的外在压力以及人们为改善生态环境所付出的努力（蒋衡等，2021）。其中，P为"压力"指标，反映人类活动对生态环境造成的影响，S为"状态"指标，表明生态系统当前所处的状态，R为"响应"指标，表明人类面对生态环境问题所采取的对策和措施（朱玉林等，2017；田璐等，2018）（见表1）。

表1　　　　　　　黄河流域生态保护指数（PIE）指标体系及权重

| 目标层 | 准测层 | 指标层 | 单位（符号） | 权重 | 属性 |
|---|---|---|---|---|---|
| 生态保护 | 压力系统 | 城市人口密度 | 人/平方公里（C1） | 0.0309 | 负 |
| | | COD（化学需氧量）排放量 | 吨（C2） | 0.0146 | 负 |
| | | 二氧化硫排放量 | 吨（C3） | 0.0278 | 负 |
| | | 一般工业固体废物产生量 | 万吨（C4） | 0.0117 | 负 |
| | | 万元国内生产总值用水量 | 立方米/万元（C5） | 0.0058 | 负 |
| | | 人口增长率 | %（C6） | 0.0196 | 负 |
| | | 农药使用量 | 吨（C7） | 0.0258 | 负 |
| | 状态系统 | 城市人均公园绿地面积 | 平方米（C8） | 0.0504 | 正 |
| | | 城市建成区绿化覆盖率 | %（C9） | 0.0183 | 正 |
| | | 省会城市空气质量达到及好于二级的天数 | 天（C10） | 0.017 | 正 |
| | | 人均水资源拥有量 | 立方米/人（C11） | 0.2239 | 正 |
| | | 人均耕地面积 | %（C12） | 0.1036 | 正 |
| | | 城市每万人拥有公厕数 | 座/万人（C13） | 0.0677 | 正 |
| | 响应系统 | 城市生活垃圾无害化处理率 | %（C14） | 0.012 | 正 |
| | | 城市污水处理率 | %（C15） | 0.0143 | 正 |
| | | 农村太阳能热水器集热面积 | 万平方米（C16） | 0.1309 | 正 |
| | | 工业污染治理完成投资 | 万元（C17） | 0.1007 | 正 |
| | | 工业固体废物综合利用率 | %（C18） | 0.0347 | 正 |
| | | 第三产业产值占GDP比重 | %（C19） | 0.0335 | 正 |
| | | 累计水土流失治理面积 | 千公顷（C20） | 0.0566 | 正 |

注：篇幅有限，熵权—TOPSIS详细步骤未——列出，其中，计算熵权权重时，归一化区间端点为［0.002,0.996］；人均耕地面积由年末耕地面积总数与年末人口数相除而得。

## （三）黄河流域经济发展水平测度

超效率 DEA 模型改进了传统 DEA 模型对有效单元效率值同为 1 而无法比较的问题，因此采用超效率 DEA 模型测算经济发展效率。本文基于非资源投入、资源投入、期望产出构建投入产出系统。在投入方面，大部分研究均将劳动力、资本和能源等传统投入要素考虑在内，但技术投入对于一个地区的经济发展也发挥着越来越重要的作用（李雪松等，2020；刘杨等，2019）。因而本文在传统投入要素之中加入了创新投入要素。在期望产出方面，将经济产出及社会产出作为期望产出要素，分别用地区国内生产总值及社会消费品零售总额衡量（辛龙等，2020；郭付友等，2022）（见表 2）。

表 2 　　　　　　　　　　经济发展效率（EF）投入产出系统

| 指标类型 | 类别 | 指标划分 | 具体指标 |
|---|---|---|---|
| 投入指标 | 传统投入要素 | 劳动力要素 | 年末就业总人数（万人） |
| | | 资源要素 | 能源消耗（万吨标煤） |
| | | 资本要素 | 全社会固定资产投资总额（亿元） |
| | 创新投入要素 | 技术投入 | R&D 人员全时当量（人） |
| | | | R&D 经费内部支出（万元） |
| 产出指标 | 期望产出 | 经济产出 | 地区生产总值（亿元） |
| | | 社会产出 | 社会消费品零售总额（万元） |

注：篇幅有限，超效率 DEA 模型未详细列出。经济发展效率由 MaxDea 计算得出。

## （四）黄河流域生态保护和经济效率协同水平测度

### 1. 哈肯模型基本原理

（1）参数估计。

哈肯将协同定义为系统的各个组成部分之间相互协作而产生的整体效应或集体效应。他认为任何一个系统都是由各个部分组成的，一个开放、有序、稳定的系统其各个组成部分之间会通过有序协同运作，产生整体效应大于各个部分总和的效用（李奇伟，2018；周伟，2021）。

系统的演进是非线性的动态过程，影响系统运动的参量存在差异性和不平衡性，主导系统演化进程的参量成为慢变量，支配快变量的行为成为新结构的序参量。哈肯模型的关键是估计模型参数，根据绝热近似条件识别序参量，确定演化方程并以序参量为自变量构建势函数。

（2）绝热近似原理。

假设某运动系统在时刻 t 的行为效果 q(t) 仅取决于系统的外力 F，与其他因素无关，设方程：

$$\dot{q}(t) = \gamma q(t) + F(t) \tag{1}$$

其中，$\dot{q}(t)$ 为系统行为效果的变化量；$\gamma$ 为变化系数；F(t) 随着时间衰弱，即 $F(t) = ae^{-\delta t}$，其中 a 为常数，$\delta$ 为阻尼系数。在没有其他外力的情况下，求解方程（1）得：

$$q(t) = \frac{a}{\gamma - \delta}(e^{-\delta t} - e^{-\gamma t}) \tag{2}$$

系统在外力作用下的响应过程是一个"绝热"过程，也就是作用的瞬时性来不及发生能量交换。假设行为效果 q(t) 随时间迅速衰减，速度远远大于 F(t) 的衰减速度，则进行消除得：

$$q(t) = \frac{a}{\gamma}e^{-\delta t} = \frac{1}{\gamma}F(t) \tag{3}$$

上述使用绝热消去法对快变量进行消除的前提是 $\gamma \geq \delta$，这一原理即绝热近似原理。

**2. 哈肯模型推导及求解**

（1）模型推导。

序量为在整个系统中起支配作用的描述系统宏观有序度或宏观模式的参量。某运动方程中，$q_1$ 为其子系统中的序参量，另一个子系统中的参量由 $q_1$ 控制，记作 $q_2$。则其运动方程为：

$$\dot{q}_1 = -\gamma_1 q_1 - aq_1q_2 \tag{4}$$

$$\dot{q}_2 = -\gamma_2 q_2 + bq_1^2 \tag{5}$$

其中，$\dot{q}_1$、$\dot{q}_2$ 为子系统行为效果变化量，$\gamma_1$、$\gamma_2$ 分别代表两个子系统阻尼系数。a、b 为运动方程参数，反映 $q_1$ 和 $q_2$ 的相互作用强度。

系统达到定态解，即 $q_1 = q_2$ 时，则 $|\gamma_1| \geq |\gamma_2|$，且 $\gamma_2 > 0$，满足"绝热近似假设"，即二者具有数量级的差距。此时 $q_1$ 是系统序参量，瞬间撤去 $q_2$，则 $q_1$ 来不及变化。令 $\dot{q}_2 = 0$，求得：

$$q_2 = \frac{b}{\gamma_2}q_1^2 \tag{6}$$

将其代入序参量演化方程（4），得系统演化方程：

$$\dot{q}_1 = -\gamma_1 q_1 - \frac{ab}{\gamma_2}q_1^3 \tag{7}$$

由于物理方程是针对连续型随机变量设定的，为了将其应用到生态经济系统中，本研究对运动方程（4）、方程（5）做离散化处理，得：

$$q_{1(t)} = (1 - \gamma_1)q_{1(t-1)} - aq_{1(t-1)}q_{2(t-1)} \tag{8}$$

$$q_{2(t)} = (1 - \gamma_2)q_{2(t-1)} + bq_{1(t-1)}^2 \tag{9}$$

求 $\dot{q}_1$ 的相反数积分，求得反映系统演进状态的势函数：

$$v = \frac{1}{2}\gamma_1 q_1^2 + \frac{ab}{4\gamma_2}q_1^4 \tag{10}$$

（2）模型求解。

系统处于稳定状态时，$\dot{q}_1 = 0$，将其代入演化方程（7）得方程有三个解：$q^* = 0$ 及 $q^* = \pm\sqrt{\left|\dfrac{\gamma_1\gamma_2}{ab}\right|}$。生态保护指数及经济效率均为正值，所以只考虑 $q^* > 0$ 的部分，则势函数中稳定点 A 的坐标为（$q^*$，$v(q^*)$）。

**3. 协同度**

势函数中任一点 B 与稳定点 A 的距离，决定了该点相对于稳定点的状态，从而建立生态经济系统状态评价函数：

$$d = \sqrt{(q_B - q^*)^2 + (v(q_B) - v(q^*))^2} \tag{11}$$

其中，d 值可以反映生态经济系统的协同效应。d 值越大，表明离稳定状态越远，系统的协同效应越低。

# 三、研究结果及分析

## （一）黄河流域生态保护指数和经济发展效率分析

发展经济不能对资源和生态环境竭泽而渔，生态环境保护也不是舍弃经济发展而缘木求鱼，要坚持在发展中保护、在保护中发展。[①] 只有两者相互促进，形成互相渗透的循环圈，才能充分利用生态保护的经济优势，又能充分开发经济发展过程中所形成的生态价值，从而最大限度地发挥经济发展与生态保护带来的双重效益，使系统整体效应大于两个子系统总和的效用，推进生态经济系统正向发展。

基于对生态保护与经济发展协同关系的探讨，分别采用熵权—TOPSIS 模型和超效率 DEA 模型测得黄河流域生态经济系统的生态保护指数与经济发展效率，为更好地进行两者的协同分析做准备。

由表 3 可以看出，山西省经济发展效率呈波动上升趋势，生态保护指数则呈下降

---

① 习近平. 在深入推动长江经济带发展座谈会上的讲话 [N]. 人民日报, 2018 – 06 – 14 (2).

趋势。内蒙古自治区前期侧重于经济发展效率，在 2014 年前均在 1.9719 以上，2019 年有所下降，仍保持经济发展有效，生态保护指数波动上升，于 2019 年增长至 0.2755。山东省各年经济发展效率贴近 1.5，由 2010 年的 1.4126 逐年下降，在 2019 年达 1.2639，生态保护指数近年来愈发接近 0.4。河南省经济发展效率围绕 1.5 上下波动，生态保护指数则在 2014 年达到第一个高峰 0.2069，之后又波动上涨至 0.2127。四川 2010～2019 年经济发展效率始终在 1.0 以上，生态保护指数则由 0.1707 增长至 0.2039。陕西经济发展效率贴近 1.10 波动，生态保护指数实现小幅度增长。

**表 3**　　　　　　　　　**黄河流域生态及经济子系统评价**

| 地区 | 2010 年 | | 2014 年 | | 2015 年 | | 2019 年 | |
|---|---|---|---|---|---|---|---|---|
| | PIE | EF | PIE | EF | PIE | EF | PIE | EF |
| 山西省 | 0.1623 | 1.1303 | 0.1653 | 1.1119 | 0.1623 | 1.0138 | 0.1543 | 1.8208 |
| 内蒙古自治区 | 0.2180 | 2.0816 | 0.2921 | 1.9719 | 0.2550 | 1.7429 | 0.2755 | 1.1517 |
| 山东省 | 0.2619 | 1.4126 | 0.3899 | 1.2905 | 0.3592 | 1.2837 | 0.3708 | 1.2639 |
| 河南省 | 0.1276 | 1.4981 | 0.2069 | 1.5336 | 0.1853 | 1.5816 | 0.2127 | 1.4624 |
| 四川省 | 0.1707 | 1.0254 | 0.1904 | 1.1138 | 0.1721 | 1.1800 | 0.2039 | 1.1591 |
| 陕西省 | 0.1578 | 1.1311 | 0.1549 | 1.1363 | 0.1527 | 1.0823 | 0.1659 | 1.1051 |
| 甘肃省 | 0.1391 | 0.9524 | 0.1402 | 0.9688 | 0.1314 | 0.9508 | 0.1581 | 1.1574 |
| 青海省 | 0.5055 | 1.4334 | 0.5193 | 2.0080 | 0.4222 | 2.3071 | 0.5465 | 1.8059 |
| 宁夏回族自治区 | 0.1342 | 1.0321 | 0.1451 | 1.0120 | 0.1311 | 1.0120 | 0.1322 | 1.8099 |

甘肃省经济发展效率在 2010～2015 年处于 1.0 以下，2019 年突破 1.0，达 1.1574。青海省经济发展效率由 2010 年的 1.4334 增长至 2015 年的 2.3071，后又降低至 2019 年的 1.8059，波动剧烈，生态保护指数则稳定在 0.5 上下。经济效率衡量经济生产的投入产出结构，经济总量增长和经济效率提升并非同步，因而青海省经济发展效率比较高，并不是因为其经济规模大，恰是因为其处于一个低投入、低产出、低污染的状态，存在规模效应，因此投入少却得到了较高的相对产出（牛雪琪等，2019；何爱平等，2021）。另外，青海省经济发展与生态环境保护均呈较好结果，也与青海省多年来一直注重绿色发展，立足于生态环境发展经济的政策导向有关（孙建国等，2021；宋周莺等，2019）。而两者虽然处于较好状态，但两者发展的同步性杂乱，关联度低，不稳定。宁夏回族自治区经济发展效率贴近 1.0，经济发展基本有

效，2019 年呈陡增，达到高峰，而生态保护指数历年来处于黄河流域末位，在 0.13 上下徘徊，与陡增的经济发展效率表现迥异。

## （二）黄河流域生态保护指数和经济发展效率协同演化

### 1. 序参量识别

哈肯模型主要用于两两变量间的序参量识别，根据其基本原理，以生态保护指数（PIE）和经济发展效率（EF）为变量，提出模型假设，构建两变量间的运动方程，求解相关参数以判断模型假设及运动方程是否成立，同时判断是否满足绝热近似法则，从而得到模型的序参量。

为了更好地分析，本文将黄河流域生态经济系统协同演化划分为两个阶段。2014 年 11 月，习近平总书记正式提出中国经济已进入新常态（黄剑等，2015）。且从 2010 ~ 2015 年，中国经济增速已连续 21 个季度下滑，这种增速转换是中国经济新常态的基本表征（张占斌等，2015）。由于中国经济进入新常态，会对黄河流域生态经济系统协同演化产生重大冲击，所以本文将 2010 ~ 2014 年作为第一阶段，将 2015 ~ 2019 年作为第二阶段，分别识别两阶段序参量进行分阶段研究。模型方程通过 EVIEWS 7.2 软件求得，结果如表 4 所示。

表 4                   黄河流域生态经济系统内部协同两两分析

| 时间段 | 模型假设 | 运动方程 | 结论 |
|---|---|---|---|
| 第一阶段<br>（2010 ~ 2014 年） | $q_1 = PIE$<br>$q_2 = EF$ | $q_{1(t)} = 0.7641^* q_{1(t-1)} + 0.2814 q_{1(t-1)} q_{2(t-1)}$<br>$q_{2(t)} = 0.9224^{***} q_{2(t-1)} - 2.5360^{***} q_{1(t-1)} q_{1(t-1)}$<br>$\gamma_1 = 0.2539$, $\gamma_2 = 0.0776$<br>$a = -0.2814$, $b = 2.5360$ | 运动方程不成立；<br>不满足绝热近似法则；<br>假设不成立 |
| | $q_1 = EF$<br>$q_2 = PIE$ | $q_{1(t)} = 0.8602^{***} q_{1(t-1)} + 1.0104^{**} q_{1(t-1)} q_{2(t-1)}$<br>$q_{2(t)} = 0.9628^{***} q_{2(t-1)} + 0.0248^* q_{1(t-1)} q_{1(t-1)}$<br>$\gamma_1 = 0.1938$, $\gamma_2 = 0.0374$<br>$a = -1.0104$, $b = 0.0248$ | 运动方程成立；<br>满足绝热近似法则；<br>假设成立，EF 为系统序参量 |
| 第二阶段<br>（2015 ~ 2019 年） | $q_1 = PIE$<br>$q_2 = EF$ | $q_{1(t)} = 0.8191^{***} q_{1(t-1)} + 0.1976^{***} q_{1(t-1)} q_{2(t-1)}$<br>$q_{2(t)} = 1.4038^{***} q_{2(t-1)} - 1.5986 q_{1(t-1)} q_{1(t-1)}$<br>$\gamma_1 = 0.1809$, $\gamma_2 = -0.4308$<br>$a = -0.1976$, $b = -1.5986$ | 运动方程不成立；<br>不满足绝热近似法则；<br>假设不成立 |
| | $q_1 = EF$<br>$q_2 = PIE$ | $q_{1(t)} = 1.4038^{***} q_{1(t-1)} - 1.5986^* q_{1(t-1)} q_{2(t-1)}$<br>$q_{2(t)} = 0.9045^{***} q_{2(t-1)} + 0.0257^{***} q_{1(t-1)} q_{1(t-1)}$<br>$\gamma_1 = -0.4038$, $\gamma_2 = 0.0955$<br>$a = 1.5986$, $b = 0.0257$ | 运动方程成立；<br>满足绝热近似法则；<br>假设成立，EF 为系统序参量 |

注：***、**、*分别表示通过 1%、5%、10% 水平的显著性检验。

第一阶段序参量为 EF，$\gamma_1 = 0.1938$，$\gamma_2 = 0.0374$，说明生态经济系统建立了关于经济子系统的负反馈机制，各区域无法对经济发展效率的提高做出正向回应，无法保证促进经济系统进一步发展，形成强者恒强的良性循环。同理生态经济系统对生态子系统建立了负反馈机制，也无法形成促进生态系统发展的良性循环。

第二阶段序参量为 EF，$\gamma_1 = -0.4038$，$\gamma_2 = 0.0955$，生态经济系统同经济子系统建立了正反馈机制，经济子系统有序度较高，各区域具备不断提升经济发展效率的动力，形成了一个良性循环，促进各区域经济发展效率向更高效水平的动态发展（杨兰品等，2020）。而生态经济系统对生态子系统建立了负反馈机制，绝对值较小，呈低无序状态，说明生态子系统的发展潜力仍未被充分开发，无法持续地对生态经济系统的良好发展贡献力量。

同时由表 4 知，第一阶段（2010~2014 年）经济发展效率（EF）为序参量，结合式（7）确定 2015~2019 年的序参量方程：

$$\dot{q}_1 = -0.1938q_1 + 0.6700q_1^3 \tag{12}$$

进一步得系统势函数为：

$$v = 0.0969q_1^2 - 0.1675q_1^4 \tag{13}$$

令 $\dot{q}_1 = 0$，得方程三个解为：$q^* = -0.5378$、$q^* = 0$ 及 $q^* = 0.5378$，生态经济系统生态保护指数及经济效率均为正值，所以只考虑 $q^* > 0$ 的部分，则势函数中稳定点 A 的坐标为（0.5378，0.014）。

从而第一阶段系统的状态评价函数为：

$$d = \sqrt{(q_B - 0.5378)^2 + (v(q_B) - 0.014)^2} \tag{14}$$

同理得第二阶段系统势函数为：

$$v = -0.2019q_1^2 + 0.1075q_1^4 \tag{15}$$

系统状态评价函数为：

$$d = \sqrt{(q_B - 0.9688)^2 + (v(q_B) + 0.0948)^2} \tag{16}$$

**2. 生态保护指数和经济发展效率协同评分**

经济发展效率（EF）是两阶段黄河流域生态经济系统的序参量，控制着系统整体的演化方向。根据势函数的稳态解，可以分别得到两阶段系统的稳定点，进而根据生态经济系统状态评价函数（11）求得协同评分 d。d 值越大，表明离稳定状态越远，系统的协同效应越低。d 值如表 5 所示。

表 5 生态保护指数和经济发展效率协同评分

| 地区 | 第一阶段 | | | | | |
| --- | --- | --- | --- | --- | --- | --- |
| | 2010 年 | 2011 年 | 2012 年 | 2013 年 | 2014 年 | 均值 |
| 山西省 | 0.6147 | 0.5820 | 0.5516 | 0.5289 | 0.5934 | 0.5741 |
| 内蒙古自治区 | 3.1442 | 3.4515 | 2.7824 | 2.1787 | 2.6010 | 2.8316 |
| 山东省 | 1.0015 | 0.9283 | 0.8756 | 0.8329 | 0.8168 | 0.8910 |
| 河南省 | 1.1542 | 1.1656 | 1.2408 | 1.2541 | 1.2245 | 1.2078 |
| 四川省 | 0.4972 | 0.6157 | 0.5564 | 0.6367 | 0.5956 | 0.5803 |
| 陕西省 | 0.6156 | 0.6855 | 0.6869 | 0.6315 | 0.6216 | 0.6482 |
| 甘肃省 | 0.4195 | 0.4173 | 0.3661 | 0.4504 | 0.4367 | 0.4180 |
| 青海省 | 1.0366 | 1.1012 | 1.2760 | 1.7010 | 2.7691 | 1.5768 |
| 宁夏回族自治区 | 0.5045 | 0.5184 | 0.5137 | 0.4908 | 0.4827 | 0.5020 |
| 均值 | 0.9987 | 1.0517 | 0.9833 | 0.9672 | 1.1268 | — |
| 地区 | 第二阶段 | | | | | |
| | 2015 年 | 2016 年 | 2017 年 | 2018 年 | 2019 年 | 均值 |
| 山西省 | 0.0450 | 0.1062 | 1.3876 | 0.7003 | 1.0461 | 0.6570 |
| 内蒙古自治区 | 0.9074 | 0.8154 | 0.5771 | 1.1318 | 0.1836 | 0.7231 |
| 山东省 | 0.3195 | 0.2966 | 0.3549 | 0.3469 | 0.2987 | 0.3233 |
| 河南省 | 0.6666 | 0.6548 | 0.5658 | 0.4082 | 0.5172 | 0.5625 |
| 四川省 | 0.2123 | 0.1982 | 0.1324 | 0.1249 | 0.1912 | 0.1718 |
| 陕西省 | 0.1136 | 0.0842 | 0.1021 | 0.1279 | 0.1365 | 0.1129 |
| 甘肃省 | 0.0180 | 0.0140 | 0.1671 | 0.1928 | 0.1894 | 0.1163 |
| 青海省 | 2.4615 | 1.9142 | 1.9565 | 4.2210 | 1.0182 | 2.3143 |
| 宁夏回族自治区 | 0.0432 | 0.0778 | 0.1447 | 0.4413 | 1.0257 | 0.3465 |
| 均值 | 0.5319 | 0.4624 | 0.5987 | 0.8550 | 0.5118 | — |

第一阶段中，内蒙古自治区、河南省、青海省历年来协同效应最低，协同评分从 2010~2014 年一直稳定在 1.0 以上，距离稳定点较远，系统内无序度较高。甘肃省协同评分低，协同效应高，结合表 3 分析，其是一种低经济发展效率、低生态保护指数的错配协同，而山西省、宁夏回族自治区则是高经济发展效率、低生态保护指数的错配协同，出现这种情况是因为较高的协同效应并不意味着生态保护与经济发展均较好，也可能是要素流动无序或者集中在某一方面，加剧了生态保护与经济发展的错配，导致两者的"双低"或者在某一方面的恶性竞争（韩增林，2022），而这种"双

低"或恶性竞争遵循了某种规律，从而形成了协同效应较高的评分假象。山东省协同评分处于九省中等水平，徘徊在0.9附近，与稳定点的距离逐步缩小。四川省及陕西协同评分稳定在0.5左右，协同评分与各省相比较低，协同效应与各省相比较高。

第二阶段中，内蒙古自治区、河南省协同评分较高，协同效应较低，这是因为协同评分越高，其离稳定状态越远，系统内无序度越高，协同效应就越低。青海省历年来在各省之中，协同评分值最高，多数稳定在2.0附近，仅2019年协同评分值为1.0182，距离稳定点最远，系统内无序度较高，协同效应最低。山西省、宁夏回族自治区协同评分2015~2019年不断增高，协同效应降低，与其追求经济发展效率而忽视生态保护有一定关系。甘肃省协同评分在0.1附近波动，在这一阶段协同效应较强，与其近年来发布如《甘肃省生态保护与建设规划（2014-2020年)》等文件，采取成立专门机构生态环境厅等措施有关。山东省、四川省及陕西省协同评分稳定在0.4以下，特别是后两者在0.2左右且两者系统内部有序度提高，趋于稳定状态。

将第二阶段与第一阶段对比来看，山西省协同效应降低，协同评分均值由第一阶段的0.5741增加至第二阶段0.6570，系统内无序程度增高。内蒙古自治区及河南省较第一阶段协同效应增强，且结合表3分析，两者生态保护指数上升，经济发展仍然高效但趋缓，实现了生态保护与经济发展正向协同的提高。山东省、四川省及陕西省，协同评分均值较第一阶段均有所降低，协同效应增强，其中陕西省在第二阶段协同评分有小范围提高，但提高程度不大，协同效应降低不明显。甘肃省实现了协同效应的改善，但青海省协同评分均值在1.0以上，协同效应仍然各省最低。宁夏回族自治区协同评分均值第二阶段较第一阶段降低，但第二阶段中协同评分逐年增大，表明第二阶段协同效应有所增强，但恶化趋势明显，第一阶段错配发展所形成的协同规律被打破，存在朝着更加不规律，不稳定的偏向发展的倾向。总体来看，黄河流域协同效应均值波动性降低，与稳定点距离逐步拉短，协同效应增强。

**3. 生态保护指数和经济效率协同演化分类分析**

为了更好地分析黄河流域协同演化状态，对d值进行Max-Min标准化处理，将其投映到[0，1]，得到生态经济系统协同值L。其中，最高分为1，此时D点成为稳定点；最低分为0分，表明距离A点最远。采用五分法将协同值区间归类为高度协同区间为（0.80，1.00]，中高度协同区间为（0.60，0.80]，中度协同区间为（0.40，0.60]，中低度协同区间为（0.20，0.40]，低度协同区间为[0，0.20]。选取2010年、2013年、2016年、2019年进行可视化分析。

2010~2019年，深色区域先增加后减少，但数量持恒均为5个，即高协同区域数量不变，只是进行了替换。具体为山东省及内蒙古自治区由浅入深，将由深变浅的山西省及宁夏回族自治区替代，意味着山东省及内蒙古自治区分别由中高度协同、低度协同逐步过渡到高度协同，山西及宁夏分别由高度协同过渡至低度协同。而浅色区域逐渐增多即低协同地区增多，由 2010 年的 1 个增加至 2019 年的 3 个，由内蒙古自治区替代为青海省、宁夏回族自治区及山西省，其中，青海省逐渐变浅，由 2010 年的中低度协同逐步过渡为低度协同，宁夏回族自治区及山西省在 2016~2019 年间由高度协同过渡至低度协同。河南省在中高度协同及中度协同之间变动，最终稳定在中度协同。

具体分类来看，始终处于高度协同的区域为四川省、陕西省、甘肃省，但是高度协同并非全为"好"的协同，系统间的协同演化并不一定具有正向作用。如果黄河流域生态保护与经济发展的错配遵循了某种规律，也会形成协同效应较高的评分假象，像甘肃省、宁夏回族自治区及山西省。青海省协同效应呈下降趋势，最终降级为低度协同，说明研究期内青海省经济发展效率与生态保护指数各有发展，但没有相互促进，关联度不高，但无序度高。随着青海省经济规模的增大，经济效率发生变化，打破系统内部的运动状态，生态子系统会剧烈地无规则运动，无序度增高，经济子系统与生态子系统的壁垒加深。

## 四、结论与启示

基于协同学原理构建哈肯模型，对黄河流域九省份在 2010~2014 年和 2015~2019 年两个阶段生态经济系统的协同演变进行分析，识别序参量，计算势函数进行协同评分测算，得出以下主要结论。

第一，经济发展效率是两阶段协同演化中的序参量，生态经济系统由第一阶段同经济子系统的负反馈机制改善为第二阶段的正反馈机制，经济子系统有序度提高，各区域具备不断提升经济发展效率的动力。而生态经济系统对生态子系统建立了负反馈机制，绝对值较小，呈较小无序状态，生态子系统的发展潜力仍未被充分开发。

第二，整体上 2010~2019 年黄河流域协同效应波动增强，内蒙古自治区、河南省协同效应近年来不断改善，山东省、四川省及陕西省协同较好，前两者有所上升，后者少许降低，青海省协同效应虽有向好趋势但仍为各省份中最低。山西省、甘肃省、宁夏回族自治区协同演化存在生态保护指数低但协同值高的错配发展即生态经济系统内要素流动无序或者集中在经济效率方面，生态子系统同经济子系统按某种协同规律朝着不利于双方及生态经济系统的方向演化，其中甘肃省错配发展在第二阶段有所改善，宁夏回族自治区近年来协同效应降低，存在恶化趋势。

第三，山东省、四川省、陕西省、内蒙古自治区及甘肃省为高度协同，其中始终处于高度协同的区域包括四川省、陕西省及甘肃省，内蒙古自治区及山东省的生态保护指数波动性增长,经济发展维持在高效率水平,逐步转入高度协同。河南省在中度协同及中高度协同之间徘徊。由于追求经济发展效率而忽视生态保护,山西省、宁夏回族自治区降级为低度协同,青海省则由于经济规模较小,导致生态经济系统无规则运动剧烈,经济发展与生态保护存在壁垒,关联度不高,降级为低度协同。

基于上述研究结论,提出如下对策建议。

一是建立生态环境风险评估和防范机制,健全流域生态产品价值实现机制和生态补偿机制。即通过一定的政策手段实行生态保护外部性的内部化,从而使生态投资者获得合理回报。生态环境损坏者和生态保护成果受益者付出相应费用,激励人们从事生态保护投资并使其生态资本增值,从而充分发挥生态资源的经济价值,增强生态保护内生动力。

二是坚持因地制宜的思路,聚焦解决阶段性问题,以整体性的保障机制牵引流域内各种类型的区域差异。青海省应以绿色循环发展为方向,延伸产业链,扩大循环经济规模。山西省及宁夏回族自治区要加快动能转换,通过技术创新推动能源化工产业的绿色升级。甘肃省及内蒙古自治区继续坚持生态优先战略,发挥比较优势,培育绿色产业。山东省、四川省及陕西省可进一步利用数字经济推进产业集聚区、工业开发区等数字化转型,从而进一步推动环境改善和经济提质增效。

三是建立健全有效、实用的跨区域互动合作和协同治理机制,注重区域间生态保护和经济发展的系统性、整体性和协同性,将区域协同、部门合作等融入黄河保护治理综合决策,打破行政区域分隔,破解管理混乱问题,提升黄河流域生态承载力和经济竞争力,形成区域协同发展新格局。

# 参 考 文 献

[1] 陈耀,张可云,陈晓东,等.黄河流域生态保护和高质量发展 [J].区域经济评论,2020(1):8-22.

[2] 程慧娴,俞洋,牛惠,等.黄河流域生态环境与绿色发展测度及耦合协调性分析 [J].林业经济,2021(6):5-20,96.

[3] 戴全厚,刘国彬,刘普灵,等.黄土丘陵区中尺度生态经济系统健康诊断方法探索 [J].中国农业科学,2005(5):990-998.

[4] 高红贵,李攀.新时代生态经济学的一个重大理论问题:生态经济融合发展论 [J].贵州社会科学,2019(6):108-114.

[5] 高怡冰.珠三角城市群协同创新的驱动因素:基于哈肯模型的动态分析 [J].科技管理研究,2020(22):85-93.

[6] 郭付友,高思齐,佟连军,等.黄河流域绿色发展效率的时空演变特征与

影响因素 [J]. 地理研究, 2022 (1): 167 - 180.

[7] 郭晗, 任保平. 黄河流域高质量发展的空间治理: 机理诠释与现实策略 [J]. 改革, 2020 (4): 74 - 85.

[8] 哈肯. 大自然成功的奥秘: 协同学 [M]. 凌复华, 译. 上海: 上海译文出版社, 2018: 11.

[9] 韩增林, 朱文超, 李博. 中国海洋渔业经济韧性与效率协同演化研究 [J]. 地理研究, 2022 (2): 406 - 419.

[10] 何爱平, 安梦天, 李雪娇. 黄河流域绿色发展效率及其提升路径研究 [J]. 人文杂志, 2021 (4): 32 - 42.

[11] 黄寰, 郭义盟. 自然契约、生态经济系统与城市群协调发展 [J]. 社会科学研究, 2017 (4): 106 - 112.

[12] 黄剑, 黄卫平. 中国经济 "新常态" 下的创新驱动与转型调整 [J]. 江淮论坛, 2015 (6): 40 - 47.

[13] 蒋衡, 刘蓬, 刘琳, 等. 基于 PSR 模型的磁湖流域生态系统健康评价 [J]. 湖北大学学报 (自然科学版), 2021 (6): 661 - 666.

[14] 金凤君. 黄河流域生态保护与高质量发展的协调推进策略 [J]. 改革, 2019 (11): 33 - 39.

[15] 李崇勇, 陈森林, 范源. 区域生态经济系统可持续发展评价指标体系研究 [J]. 中国农村水利水电, 2007 (4): 1 - 4, 8.

[16] 李福柱, 苗青. 黄河流域城市生态保护与经济高质量发展耦合的空间网络特征 [J]. 统计与决策, 2022 (5): 80 - 84.

[17] 李琳, 刘莹. 中国区域经济协同发展的驱动因素: 基于哈肯模型的分阶段实证研究 [J]. 地理研究, 2014 (9): 1603 - 1616.

[18] 李奇伟. 从科层管理到共同体治理: 长江经济带流域综合管理的模式转换与法制保障 [J]. 吉首大学学报 (社会科学版), 2018 (6): 60 - 68.

[19] 李雪松, 曾宇航. 中国区域创新型绿色发展效率测度及其影响因素 [J]. 科技进步与对策, 2020 (3): 33 - 42.

[20] 刘海霞, 任栋栋. 黄河流域生态保护与经济协调发展的现实之困及应对之策 [J]. 生态经济, 2021 (7): 148 - 153.

[21] 刘琳轲, 梁流涛, 高攀, 等. 黄河流域生态保护与高质量发展的耦合关系及交互响应 [J]. 自然资源学报, 2021 (1): 176 - 195.

[22] 刘同超. 黄河流域生态环境与经济发展耦合胁迫关系研究 [J]. 人民黄河, 2021 (7): 13 - 18, 23.

［23］刘杨，杨建梁，梁媛．中国城市群绿色发展效率评价及均衡特征［J］．经济地理，2019（2）：110－117.

［24］宁朝山，李绍东．黄河流域生态保护与经济发展协同度动态评价［J］．人民黄河，2020（12）：1－6.

［25］牛雪琪，马晓君．中国宽口径区域经济效率测度和差异分析［J］．统计与决策，2019（15）：116－120.

［26］秦华，任保平．黄河流域城市群高质量发展的目标及其实现路径［J］．经济与管理评论，2021（6）：26－37.

［27］任保平，豆渊博．黄河流域生态保护和高质量发展研究综述［J］．人民黄河，2021（10）：30－34.

［28］单海燕，杨君良．长三角区域生态经济系统耦合协调演化分析［J］．统计与决策，2017（24）：128－133.

［29］宋周莺，康蕾，刘毅．中国区域投入产出效率的综合测度与时空格局［J］．地理研究，2019（2）：326－336.

［30］孙继琼．黄河流域生态保护与高质量发展的耦合协调：评价与趋势［J］．财经科学，2021（3）：106－118.

［31］孙建国，王亚杰，张海艳．黄河流域科技创新与生态经济研究：基于Super－SBM模型和PVAR模型［J］．生态经济，2021（9）：61－69.

［32］田璐，邱思静，彭建，等．基于PSR框架的内蒙古自治区沙漠化敏感性评估［J］．地理科学进展，2018（12）：1682－1692.

［33］王介勇，吴建寨．黄河三角洲区域生态经济系统动态耦合过程及趋势［J］．生态学报，2012（15）：4861－4868.

［34］习近平．在黄河流域生态保护和高质量发展座谈会上的讲话［J］．求是，2019（20）：4－11.

［35］习近平．在深入推动长江经济带发展座谈会上的讲话［N］．人民日报，2018－06－14（2）.

［36］辛龙，孙慧，王慧，等．基于地理探测器的绿色经济效率时空分异及驱动力研究［J］．中国人口·资源与环境，2020（9）：128－138.

［37］薛澜，杨越，陈玲，等．黄河流域生态保护和高质量发展战略立法的策略［J］．中国人口·资源与环境，2020（12）：1－7.

［38］杨红娟，胡峻豪．基于Lotka－Volterra模型的云南少数民族地区生态经济系统协调度研究［J］．生态经济，2018（5）：60－65.

［39］杨兰品，陈姣余．长江经济带创新系统协同发展水平评价：基于哈肯模型

的实证研究 [J]. 北京邮电大学学报（社会科学版），2020（6）：30 – 40.

[40] 殷航. 黄河流域生态保护及经济可持续发展策略 [J]. 社会科学家，2021（9）：98 – 102.

[41] 曾俊伟，钱勇生，朱雷鹏，等. 西部地区多维轨道交通与新型城镇化协同发展演化 [J]. 经济地理，2021（11）：77 – 86.

[42] 张占斌，周跃辉. 从战略全局来科学认识和主动引领中国经济新常态 [J]. 中共党史研究，2015（11）：9 – 20.

[43] 郑树旺，边小涵. 旅游业与环境污染治理协同发展机制研究：基于哈肯模型的实证 [J]. 生态经济，2016（9）：122 – 125.

[44] 郑玉雯，薛伟贤. 碳中和导向下丝绸之路经济带沿线省份经济发展与生态环境的协同演进研究 [J]. 贵州财经大学学报，2022（1）：100 – 110.

[45] 周伟. 黄河流域生态保护地方政府协同治理的内涵意蕴、应然逻辑及实现机制 [J]. 宁夏社会科学，2021（1）：128 – 136.

[46] 朱玉林，李明杰，顾荣华. 基于压力—状态—响应模型的长株潭城市群生态承载力安全预警研究 [J]. 长江流域资源与环境，2017（12）：2057 – 2064.

# Co – Evolution of Ecology and Economy in the
# Yellow River Basin

## —Analysis Based on Haken Model

**Zhang Yongzhi    Tan Xiao**

[**Abstract**] The coordinated development of ecology and economy is an inevitable requirement for high-quality development. Taking the nine provinces (regions) in the Yellow River Basin from 2010 to 2019 as the object, the entropy weight – TOPSIS model and the super-efficiency DEA model were used to measure the ecological protection index and economic development efficiency respectively, and based on the Haken model, the 2010 – 2014 and 2015 – 2019 The characteristics of the co-evolution of the two are described in two stages. The results show that the economic development efficiency dominates the system co-evolution in the two stages of the Yellow River ecological economic system, and plays the role of an order parameter. In recent years, the overall synergy effect of the basin has been enhanced; Therefore, it is necessary to improve the ecological compensation mechanism of the river basin, adhere to adapting measures to local conditions, and establish a cross-regional interaction, cooperation and collaborative governance mechanism to achieve high-quality development of the Yellow River Basin.

[**Key words**] Ecological Economic System; Co – Evolution; Ecological Protection Index; Economic Development Efficiency

# 《东北振兴东北亚区域合作》第一至十辑总目录

东北经济：人力资本是经济发展的强心剂吗？/ 李梓旗

**● 东北亚区域合作 ●**

东北地区振兴与跨海通道建设：基于"中心—外围"拓展框架的地缘政治

  经济学分析 / 徐昱东 亓 朋

**● 理论探讨 ●**

1992 年以来国内规制经济学研究演进

  ——基于核心期刊数据库的分析 / 王 喆 谢 思 胡彧彬

## 第三辑（2019 年第 1 期）

**● 东北经济 ●**

新时代东北老工业基地全面振兴：理论内核、科学特质与建构方略 / 吴云勇 葛林芳

吉林实体经济结构优化再平衡路径研究 / 李 刚 金兆怀

基于因子分析法的沈阳市政务微博影响力评价与比较研究 / 孟迎辉 和逸群

**● 海洋经济专题 ●**

中国海洋经济政策演变的过程与趋势

  ——基于中国 262 项海洋经济政策的实证分析 / 孙才志 王甲君

环渤海地区海洋产业生态系统可持续发展能力及耦合研究 / 李 博 张志强

**● 国有经济 ●**

国企混合所有制改革红利测算与实现对策 / 刘涤非 曹艳秋

**● 金融研究 ●**

信贷配给阈值效应实证研究 / 赵秀芳 王乾乾

小微企业抵押信贷配给与异质性甄别 / 张德昌

上市银行资本结构与经营绩效相关性实证研究 / 陈献勇 骆梦柯

## 第四辑（2019 年第 2 期）

**● 东北经济 ●**

习近平关于东北振兴的重要论述主要内容及实践路径 / 张志元 李明霞

以生产要素的有效流动和高效集聚助力辽宁经济高质量发展 / 曲永义

东北振兴以来辽宁省人口就业特征及对城市化的作用演变 / 王永超 刘 畅 邓 因

辽宁三线工业遗产保护现状与对策

  ——基于桓仁县小三线工业遗址的案例分析 / 黄 巍

# 第五辑（2020 年第 1 期）

## 第六辑（2020 年第 2 期）

● **东北亚区域合作** ●

辽宁加快建设对俄开放合作高地研究／刁秀华

● **东北经济** ●

辽宁数字经济现状、问题及对策研究／白云飞

数字经济推动辽宁新基建发展的路径研究／黄立强　韩朝阳　智　青

● **金融科技** ●

基于区块链技术应用的科技金融创新研究／张德昌

数字普惠金融使用状况城乡差异研究

　　——基于辽宁省多地区田野调查数据／林　春　郑舒迟　杨书文　秦　音　满　雪

● **比较与借鉴** ●

区域一体化视角下"昌九一体化"建设研究

　　——基于 SWOT 模型／胡学英

● **理论探讨** ●

任职限制、年龄约束与经开区官员引资动力研究／张　伟

差序格局下基于熵权 TOPSIS 的企业网络成员评价研究／于永海　李巧丽　洪茹燕

新时代非公有制经济领域统战工作新情况新问题及对策研究／贺　城　刘向红

## 第七辑（2021 年第 1 期）

● **东北经济** ●

十九大以来习近平关于东北发展重要论述综述／和　军　樊玉仙

东北地区人口流动对经济发展的影响及应对策略／乔　榛

振兴东北政策的产业结构升级效应研究

　　——以辽宁省为例／王　青　刘思良

东北工业基地与新中国工业化／黄　巍

● **东北亚区域合作** ●

中国东北地区与俄罗斯东部地区经济合作研究／李　艳

● **比较与借鉴** ●

上海工业设计服务与制造业融合发展研究／于　辉　左学金

制造业高质量发展目标下中部地区工业竞争力评价研究／胡学英

● **理论探讨** ●

人力资本与高质量发展实证研究／白云飞

我国四大区域全面小康实现程度评价／张　依

## 第十辑（2022 年第 2 期）

● 老工业基地全面振兴笔谈 ●

区域协调发展战略与东北振兴的优势分析／黄泰岩

中国式现代化视角下东北振兴的新变化、新方向和新突破／宋冬林

深入贯彻落实党的二十大报告精神　为中国式现代化贡献金融力量／张远军

● 东北亚区域合作 ●

打造对外开放新前沿下辽宁省对俄区域经济合作研究／刁秀华

● 东北经济 ●

振兴东北政策的产业结构升级效应研究

　　——以辽宁省为例／王　青　刘思良

东北装备制造企业制造系统集成创新模式研究

　　——以 Z 公司为例／李　飒　王　波　刘　鑫　吴丰光

东北老工业基地特殊性分析与转型路径／徐逸超　张凯赫

● 高质量发展 ●

新贸易保护与新发展格局构建：一种政治经济学视角的诠释／乔　榛

国企效率研究的知识图谱分析／孔　晓　杜奕璇

中国数字营商环境的测度评价：区域差异与动态演进／蔡　璐　李春平